漯河印记·文史资料集萃

河上风物

政协漯河市委员会 编
吕岩 主编

中国文史出版社

《漯河印记·文史资料集萃》
编委会名单

序

漯河市政协主席　吕岩

沙河、颍河如两条闪亮的丝带，从漯河大地上穿境而过，亘古不息。她们忠实地记录了这块土地上演绎的故事。

远古时期，这里是先民们刀耕火种、开拓缔造的摇篮。一万年前，黎明时分，大岗之上响起“哼育！哼育！”的号子声，穿着兽皮、草裙的男女以打制石器、烧制陶器、狩猎采撷为生；八千年前，贾湖部落在悠扬的骨笛声中，走出地穴，走下干栏，把美酒洒向天空，祈愿稻粱早日成熟；越千年，郝家台上筑起了一座城，以黑陶的名义宣示着薪火相传、生生不息的文明；三代连绵交替，留下了动人的传说、英勇的故事、壮阔的城郭；两汉以降，汝水、颍水成为行政区划重要地标，流域之内渐趋繁盛，文化遗存星罗棋布；直至平汉铁路通车，河上街始现市镇雏形。

近现代以来，国家命运多舛，洪波涌起、激浊扬清，推翻“三座大山”成为主旋律。铁路工人在“二七”怒潮中率先觉醒，中国共产党的组织在三县生根发芽。北伐战争如火如荼，将士热血沃四岸；救亡图存浪潮席卷，民先春笋立百竿。抗日战争时期，先后走出了沈东平、赵伊坪、李曾志等著名英烈，也涌现出效信�、蔡永令、支天雷等地方武装和孤胆英雄。三年横扫残章，中国人民解放军二野四兵团诞生在此，“打过长江去，解放全中国”唱出了浩荡绝响。

新中国成立七十年，社会主义在探索中前进，汝颍大地同样发生着翻天覆地的变化。特别是改革开放的东风唤醒了城市和乡村，创造出一个个历史性的奇迹。1986年区划调整，漯河向区域性中心城市迈开新生的步伐；1992年创办内陆特区展示了敢为人先的胆识与气魄；南街村一枝独秀率先实现了亿元梦想；双汇集团日益增长成为全球领先。

七届漯河市政协恰逢三十而立，一批地方文史学者提出整理建市以来前三十年《漯河文史资料》的设想，这无疑是顺应文化复兴潮流，彰显地方文化特色之良策。文史资料工作是人民政协重要的基础工作，具有不可替代的“存史资政，团结育人”作用，支持这个动议理所当然。整理工作专班历时三年多的时间，从浩繁的文史稿中精选出689篇，逐篇审读，删繁补简，纠正讹误，做必要的注解和附录，达到了“去伪存真，去粗取精”的目标，并几经研讨，提出了按目分类的出版方案。

抚摸案头的十二册书卷，不能不感佩历届政协委员和社会各界人士的辛勤耕耘，赞叹三十年来政协文史工作者的孜孜追求。其成果必将成为漯河记忆里弥足珍贵的见证。

今天，漯河已经进入新时代，正阔步走在建设社会主义现代化，实现中华民族伟大复兴的新征程上。许多时点熠熠闪光，许多人事灿若星辉，也期待更多的人秉笔记录，让后来者因我们而更加自豪，也因我们而更加发愤。

本丛书定稿恰逢中国共产党百年华诞，谨以初版献礼志庆。

2021年6月19日于许慎故里

卷首语

“沙河东流碧，螺湾汇双河。舟行此焉薄，估客南来多。江淮百货萃，此处星辰罗。”这是明永乐年间郾城知县王季立笔下漯河码头兴旺、商船云集的景象。漯河地处京广铁路和沙澧河交汇之处，历史上航运便利，水陆运输发达，自古就是商埠重镇、水旱码头。

漯河航运是一部厚厚的史书，无论是风云诡谲的王朝交替时期还是轰轰烈烈的新民主主义战争时期，无论是英雄辈出的抗日战争时期还是摧枯拉朽的解放战争时期，无论是波澜壮阔的新中国发展时期还是绽放活力的社会主义发展时期，它都经历过不可磨灭的峥嵘岁月。

河流是这座城市的脉搏，铁路是这座城市的魂魄。一声声悠扬飘荡的沙河号子，一排排顺流而下的大小船只，一座座通往河上街的桥，一条条连接乡村与市井的路，是沙河航运最难忘的记忆；一声声冲破云霄的火车汽笛声，一道道向四方延伸的轨道，一座座写满沧桑的或在用或废弃的站台，一个个关于铁路工人运动的传说，是小镇觉醒的辉煌过往。

“河上”是一地理概念，既有“漯河”民间旧称“河上街”的通俗称谓，有“河上”即漯河的地域性表述，也有沙河从西向东流经全境，形成航运通道所产生的习俗和文化。“风物”则含有民间风情、历史文化、风情物产等民俗概念的宽泛内容。本辑所集内容，既有厚重的历史变迁，也有地方特色的演进，无不见证物质和文化的丰富。

本卷集录《漯河文史资料》第一辑至第二十三辑（从 1987 年至 2016 年）刊印的相关文章 54 篇、20 余万字，含《水旱码头》《人文荟萃》《风情物产》《曲苑回望》《民谚诗文》五个部分。在整理过程中，需逐字逐句参照有关文献资料点读、点对、点校。特别是《风情物产》部分中由马树奇、闫稚聿辑录的《中原地区古代民间风俗》一文时，作者将《荆楚岁时记》中的全文、《东京梦华录》和《梦粱录》两书中的岁时风俗部分进行了辑录，但辑录过程中并未注明依据出处，加之整理过程中扫描识别、文字录入等技术原因，导致较多可疑之处。我们参照中华书局于 2018 年 8 月辑校刊印的《荆楚岁时记》和 2010 年 6 月刊印的《东京梦华录》《梦粱录》等文献进行了逐一点校。

本卷整理工作因水平有限，难免挂一漏万。尽管如此，我们遵循从古至今的时间脉络，以文史资料整理的基本方式、方法为遵循，参照中国古籍整理的规范，争取让《河上风物》以新的面貌呈现给广大读者。敬请广大读者不吝赐教。

编　者

2021 年 12 月

目　录
Contents

水旱码头

人文荟萃

风情物产

曲苑回望

民谚诗文

水旱码头

千古水运业绩伟

邢富功[①]

漯河亦是大禹治水的主要活动区域。原始境内多条河道，遍地乱流，大禹曾在此治水多年，获得治水成功，为沙河航运创造了重要条件，后来曾隐居于此。

西周时，即有皮筏在潕、汝流域航运。到春秋战国时期，潕、汝二水成为各诸侯国运送粮草的主要航道，在秦统一六国中也起到了特殊作用。

东汉建武十八年（42 年），汝南太守邓晨修复毁于西汉成帝时的鸿郤陂，兴修水利、灌溉农田、疏导航运，开渠 400 余里。魏黄初六年（225 年）三月，魏文帝曹丕东行至召陵境内，修讨虏渠（今源汇区以东沙河堤段），用于航行和灌溉。是年五月，曹丕在此发师 10 万人，讨伐东吴。东晋太元八年（383 年）淝水之战时期，前秦苻坚率兵 90 万南进，运粮草船只万艘，自黄河转入洛阳石门达于汝、颍河道东运。洄曲镇是途经的主要河道和船只的停泊港口。

唐宪宗元和十一年（816 年）十二月初，置淮颍水运使于洄曲镇，从江苏扬州运粮五十万石（一石十斗 300 斤）、稻草一千五百万束，经淮阳、斥淮水入颍河至项城，再入潕水输于洄曲港口，以馈讨淮、蔡诸军使用。

南宋高宗绍兴十年（1140 年），宋、金两军交战期间，郾城区域是主战场，从南方运来两淮地区大批军粮和草料。运至螺湾河的船只，为防抢劫，每十五只船为一帮，由宋兵押运，唯螺湾河码头拆粮速度快、

① 邢富功，漯河市源汇区寨内人，1930 年出生，1949 年参加工作。曾任源汇区政协副主席，区老促会会长。

数量多，受到南宋高宗的嘉奖，并钦定螺湾河为“上口镇”。

元惠宗至元二年（1336 年），为充分利用沙河水运往京都洛阳运粮，截唐水入澧河，截洄曲引汝水全部入沙河。因沙澧二河汇流，形成海螺湾形，故名螺湾码头。从此，螺湾河渡口便成为中原地区最大的水运港口，并逐步成为周围“六陈”[①]集散地。明初，螺湾河镇为钧、许、陈、蔡、汝、申诸州的交通要冲。到了清代末期，即 1906 年京汉铁路通车后，沙河航运逐渐活跃，货运增多。

进入民国以后，铁路南北贯通，沙河航运东西顺达。许多货物由铁路转水运，又有许多货物由水运转铁路运输。1914 年，漯河的水旱码头开始形成，但货船都偏小（20 吨以下）。直到 1935 年，沙河航运量还没有一个精确统计。

1936 年，漯河港的运船每月有 300 只在此装卸货物，因水运安全，运费低，很快发展到千只航船的大港口。其中，漯河至舞阳、襄城县的运船达 300 多只，漯河至淮阳、界首的运船达 700 多只。往东运的煤炭、粗碗、石槽、石磨、桑杈等，年货运量达 2500 吨以上，回运来漯的有茶、麻、竹、木、帆布等。从淮阳运来的有黄花菜、瓜子、苇席等。全年由东运漯河的货物 2000 吨左右，粮食约占 40%。

由于航运业的发展，招来上海、无锡大批客商。当时，河下的剥削机构较少，只有私行和极少私卡，搞船运业收入可观。一吨运费三串钱到四串钱（一串为一千文），每船装 20—50 吨。流传有“一只运船顶百亩良田”的俗话。

1938 年抗日战争爆发后，国民党汤恩伯的部队在界首以东，为阻挡日军的军船南进，派大船载石头填河，连船带石头同归于尽，日军的飞机不断对商船扫射轰炸，加上汤恩伯军队的勒索抢劫和漯河铁路被炸，造成运输萧条。

1944 年，漯河沦陷，整个沙河沿线属中原地带，日军控制较严，强

① 泛指粮食。

迫船民并船搭浮桥。因此，生产破坏，无货可运，大部分船民远避而逃。有的船民将船锁在河下，回乡种田；有的船民低价把船卖掉；有的船民干脆把船烧毁。所以沙河系运船大量减少。据统计，漯河至襄县水段，仅剩下不足 80 户船民，漯河至淮阳、界首的船只仅有 100 余家。

1945 年秋，日本投降后，形势又趋好转。漯河水运重新兴起，沿河修船、造船，重操旧业。1946—1947 年，由逍遥运往漯河的烧柴，一年之中有 1000 多万斤，蔬菜 300 多万斤，还有一部分农具。每日停岸装卸 20—30 只船。从襄县、郏县运往漯河煤炭、石器、粗碗，每日数十只，均为小船。

1947 年 12 月，漯河解放，刘邓大军挺进大别山，沙河系在人民解放军的控制之下，漯河既是途经中心，又是港口要道。因此，1948—1949 年大军南下期间，沙河系从漯河运往蚌埠的军粮 8000 多吨，运往六安的军用物资 25000 多吨，运船达 3000 只。从漯河至界首船搭浮桥 60 多个，船民、船工积极支援人民解放军对敌作战。如沙河办事处的船民王槐东直接参加渡江作战，获有第三野战军渡江光荣证书和奖品。

1947 年以前，沙河系各港口（包括漯河）没有真正的“官方”机构，只有地方性的船行和工会。漯河港有 5 个船行，又名“过寨行”，是港口码头上出名的游人组建的，受当地商会管辖，统揽货源，管理商船和运输。他们从货船运费总收入中抽 20%—30% 的手续费。船行名义上是为船民介绍货物，实际上是敲诈勒索船民的组织，是控制货源、卡压船民的黑组织。谁的船想装货，必须先请船行头头吃、喝、嫖、吸（毒品），有时还得拿现金买通船行头目。除船行之外，还有船业工会，是由大船主组织起来的。他们是官府、商会的帮凶，他们欺压小户船，经常派差收捐，剥削船民。

沙河系上的船民原来不分港籍，只分“帮”。“什货帮”是有钱有势的大船主，在河道上属于上等人物。“窑货帮”是贫苦的小船主组成的，受上层多种压迫。普通船民的苛捐杂税很多，除佣金之外，还有救国捐、寒衣捐、壮丁捐、户口捐、卫生捐、码头费、灯油费、打更费、巡逻费等，有的叫船钱、过卡钱、上船钱、下船钱、搭抽钱等。因此，漯河港口名义上为自由港，实际上是压榨船民最厉害的口岸之一。

中华人民共和国成立后，漯河港口完全改变了那种乱收乱派的现象。1950 年 4 月，河南省航务局建立。5 月，漯河航运站建立，配备国家干部 4 人，5 月 10 日开始办公，张青山为站长，随之接收了航运业务和漯河船业工会等 5 个组织。9 月 5 日，省航务局迁漯河办公。10 月，更名为省内河航运管理局。11 月，漯河港新的船业工会成立，并组建 13 人的管理委员会。

1951 年 9 月 19 日，漯河渡口被漯河市人民政府接管，建立漯河渡口管理所，配备干部 6 人。1952 年全沙河系配干部 41 人，其中漯河站 9 人。1952 年 10 月，河南省航运工会在漯河成立。同日，漯河也成立了港口航运工会，对工人进行整顿、教育。

1952 年春，河南省航运局决定建立漯河造船厂，定名为河南省沙河航运管理局修造船厂，厂址在漯河铁路桥南头东。当时配备干部 5 人，招收工人百余人。1953 年，造船厂新造木帆船 6 只，修理木帆船 161 只。1955 年制修船 563 只。1956 年修理木帆船 186 只，新造驳船 4 只，客轮 1 只，小汽船 1 只，小驳 5 只，小划船 8 只。1960 年，造船厂关闭。

1952 年 8 月，省航运局决定进行全省内河航运水上民主改革，省委抽调干部 9 人组成以航运工会主任王重华为首、由当地党委参加的中共沙河民主改革委员会。1953 年 2 月，漯河市开展水上民主改革运动，经过上下发动、检举揭发，逮捕惯匪、汉奸、恶霸、封建把头 11 人。省委民船改革工作委员会把漯河港作为我省民船改革工作的试点之一，决定成立漯河民船协会，师吉训（中共漯河市委常委、市委组织部部长）为筹委会主任，高明山（漯河沙河办事处书记）为筹委会副主任，很快发展会员 1758 人，其中共产党员 1 人、共青团员 8 人，并组成船民协会 13 人领导小组。1953 年 6 月，漯河正式成立船民协会，陈玉成当选为协会主席。

船民协会在上级和当地党委的领导下，把旧有的船民工会组织统一并入船民协会，船民运输社的所有财产也移交给协会。其中接收会费452000元，文教费1378389元，船民运输社积累资金2978700元，计4809089元（旧币）。船民协会受航运站行政领导，主要任务是组织货源，发展运输和副业生产，并积极引导船民走互助合作的道路，为以后的社会主义改造创造条件。

民主改革后期，漯河港没有单独建立人民政府管理机构，市政府委托天桥街街公所代管，不久建立了水上公安组，设立水上派出所。1954年冬，漯河港成立水上办事处。1955年改为水上区政府，闫清科任区长。1957年水上区政府撤销，航运业务直接受沙河办事处领导。1958年改名为沙河航运管理处。从此，漯河港口的运输业务一直归沙河管理处管理，其行政事务与漯河市人民政府协调管理。

从1953年开始，根据过渡时期社会主义总路线的要求，本着“积极领导、稳步前进”的方针，对漯河航运进行社会主义改造。第一步通过运输生产，组织常年互助组；第二步以自愿互利的精神，将互助组再提高一步，做到统一经营、统一调度；第三步建立初级运输合作社，逐步将私人船只折价入股，劳动力按劳取酬，实行按股分红的中级分配形式，并从总收入中提取一定的“公益金”和“公积金”。

1954年，在漯河市委和沙河办事处党委的领导下，通过摸底调查、培养教育、启发诱导、典型引路，在“自愿自主”的原则下，漯河港籍的贾纳旺、李国祥两个基础较好的航运互助组首先成立第一个航运生产合作社。1956年元月，全港有船民818户，4799人，运船87只，运输能力158431吨。共组建成21个航运生产合作社，18个公私合营航运小组。接受改造的船户694户，3588人。其中入社的467户，入组的227户，占总户数的84.84%，占总人口的74.76%，占船只总数的89.67%。

1958年7月，漯河港成立红旗航运人民公社，即沙河系红旗人民公社第二运输大队，后改名为船民公社，有社员4100人，运船500只，载重8000万吨。1968年省革命委员会指示：漯河船民公社归属漯河市直接管理，仍有船队 22 个，船民船工 5000 多人。1970 年有船队 14 个，运船 80 多只，船民船工 700 多人。

由于沙河系上下游先后在马湾和周口西郊建设拦河坝，均未留过船闸门，河道航运衰落，大部分船只流转淮河营运，少数船只转作他用，有 200 多船民被漯河市接收安排。

选自 2003 年 9 月《漯河文史资料》第十一辑

一座城市的记忆——漯河航运

张旭坤[1]

每座城市都有其独有的记忆。螺湾古渡始于何时何处，我们尚不得知。但几十年前，桅杆林立、舟楫争渡、车载肩扛、熙熙攘攘、渔舟唱晚的美景肯定是当年螺湾码头繁华风光的描述。漯河航运是一部厚厚的史书，记录着一段漯河发展史上不可磨灭的峥嵘岁月。随着陆路运输的发展和航道运输枢纽的转移，那些水码头运输功能渐渐衰退，但漯河航运文化，依然影响着漯河人的品格形成和思维走向，承载着又一代人振兴航运的梦。

曾在中原久负盛名

泱泱沙澧水，悠悠螺湾渡。景致的浮华和沧桑，演绎出物换星移的轨迹，水旱码头的船工号子销声匿迹时，漯河航运似乎也在那一刻停止。如今，漯河航运在许多人心里已经成为一抹渐行渐远的记忆，但在当年的老船民那里仍然十分清晰。在他们的记忆里，不仅有惜别的万千愁绪，更有守望变迁的见证。点滴往事都掺杂着航运文化对漯河城市发展影响的记忆。

漯河素有“中原商埠”之称，就是因兴盛的水路贸易闻名而取得的。据相关资料，漯河周边（鲁山、宝丰、平顶山、叶县、襄城、郾城、西华、商水、周口等地）的货物、商品均在漯河的码头集散，码头

① 张旭坤，1985 年出生，漯河市郾城区人，相继担任过编辑、记者、编剧、导演，创办过艺术学校等。目前任《影像漯河》杂志常务编辑。

贸易的红火、商业的繁华还带动了造船、劳务、住宿、餐饮等行业的发展。通过水路向南方输送木材、煤炭、粮食，并向北运盐，使漯河成为河南、安徽的贸易重镇，最远可达上海。从 1947 年年底至 1949 年大军南下，从漯河调往蚌埠和六安的军粮和其他军用物资计 3.3 万多吨，投入运船达 3000 多条（次）。漯河船民王槐东随军参加渡江作战，荣获第三野战军渡江光荣证书。

曾在沙河航运管理处工作的付保善老人如今仍清晰地记得：1906 年，京汉铁路建成通车，而后铁路南北贯通，许多货物在漯河由铁路转为水运或由水运转为铁路运输，漯河“水旱码头”的交通优势凸显出来。当年河南省共有 3 条航运路线，分别是黄河、沙河、淮河，其中沙河的航运办事处就设在漯河。1950 年 9 月，省航务局（即后来的省内河航运管理局）曾一度迁到漯河办公。1953 年，漯河港定港定籍木帆船由 1949 年的 130 条增至 525 条。此后，漯河港有了木质机动船、铁壳机动船、机动拖轮等先进航运工具，生产方式发生了根本性变革。从 1954 年开始，漯河市政府在沙河南岸铁路桥两侧分别建起碎石斜坡码头和水泥码头 7 处，使漯河港年货运量超过 42 万吨，占沙河水系的 87%，成为河南省最大的河港。与此同时，漯河的商业地位达到了一个高峰。而滨河邻近水旱码头的地段，由于货物运卸较为便利，遂聚集起许多商旅，生意十分红火。最辉煌的时期，沙河航运管理处有船近千条、员工几千人，我就是其中的一员。

见证船民生活百态

如今，水旱码头已经被历史的烟云所湮没，漯河航运的繁华景象更多地留在老漯河人的印象里。老人们非常乐于讲述这段历史，他们希望通过自己的分享，让漯河航运文化给后人留下丰满生动的印象。

付保善说，他家祖上就是船民，他从小就跟着父辈们在水上漂，14 岁开始上船，与船和航运打了一辈子交道。以前，船民的生活是清苦的，为了生计，风里来雨里去。他在沙河航运管理处上班，老婆在码头附近开理发店，就靠此营生养家糊口。在一旁理发的阿姨边给客人修剪头发边说：“以前，生活苦，挣钱少，这边离码头近，来往人多，就靠我这点理发手艺养家，我这都干一辈子了。”

跑船是个苦差事，在以前，一般人都不愿意从事船舶运输来谋生计，除非生活所迫。付保善深情地回忆道：以前航道不畅，机械化程度很低，船舶运动基本都靠人力；有时候遇到浅滩容易搁浅。漯河到周口段浅滩到处都是，主要有黑龙潭、大路李、小窑（逍遥镇）、龙城沟等几处。如果是冬季，船搁浅了，就必须脱了棉裤跳到水里用木板将船撬出浅滩，冷的时候，流动的冰碴子常将大腿划得鲜血直流。当年那些老船工年纪大了都会患诸如风湿、关节炎等疾病。成立管理处前，水上治安不太好，人身安全无保障。我们归属航运管理处后，属于公司职工，再加上那时候人都很实在，人身安全还是基本有保障的。但船在水上走，除背井离乡、要长期忍受与亲人的分离之苦外，还是难免出现意外情况。印象最深的是 1984 年的时候，在安徽黄湾遇龙卷风，我们单位的拖头沉了，致五人遇难。

沙澧旅游公司船长郭木义也是在船上长大、在船上谋生的。他说，以前在船上生活，很多小孩子都背了一个“水葫芦”。“水葫芦”的两头缝了两条布带子，绑在小孩子身上，直到晚上睡觉时才解下来，“葫芦”从孩子会走路时就开始背，一直要背到他们学会游泳。这样做主要是为孩子的安全着想。孩子们就背着“葫芦”玩泥巴、滚泥球，这是孩子们最喜欢的游戏。现在想起来，那真是一些十分美好的回忆。另外还有一些码头场景让人难忘，以前沿河两岸每天都会有许多在河边洗衣服的妇人，她们是沙澧河真正最美的风景。若是夏天，浅水的地方经常有人洗澡，尽是些半大小子，扎猛子、打水仗，水花溅得老高老高。一个一个赤条条的、光着屁股、翘着小鸡鸡朝河里比赛射尿尿。顽皮一点的小孩子则往岸边洗衣女人身上拂水，立即会招来她们一顿笑骂，顽皮孩子遂“嗖”的一个猛子扎进水里，在不远处露出一个湿漉漉的头来，冲着岸边的人“嘿嘿嘿”地坏笑。这就是那时候的生活。

即将再现繁华盛景

不同的历史时期，漯河航运扮演着不同的角色，发挥着不一样的历史作用。20 世纪 60 年代和 70 年代，舞阳马湾拦河闸和周口拦河闸相继建成，由于两个拦河闸均未设船闸，曾经辉煌的漯河航运逐渐萎缩，持续 2000 年的漯河航运在此时点了个逗号，停航了。虽然漯河港已经断航多年，但是漯河还有很多船民在阜阳、蚌埠、芜湖等地工作。这些漯河籍船民主要是在外面的大货船上工作，他们每年也会定期回漯河老家探亲。

郭木义船长说："虽然我天天工作在船上，闲的时候还是想到沙河边逛逛，看沙河的风景。每次站在沙河边，昔日的码头盛景犹如一道风景历历在目……现在，虽然老码头没有了，我依然能感受到当年的情景。我和船打了几十年交道，习惯了，真让我离开沙澧河、离开船，我还真舍不得。而且我现在开的是豪华游艇、观光游艇、画舫船、摩托艇，全是国内、国际顶级的船，比我们当年强多了。"

如今，沙澧河将迎来新的历史使命，国家规划的主枢纽港、交通部和河南省政府的重点工程——漯河港正在建设，中断了几十年的"黄金水道"即将迎来复航。据悉，沙颍河周口至漯河航运开发工程（漯河段）是河南省重点项目，项目总投资 3.85 亿元，计划工期三年。主要工程内容包括航道工程和港口工程。航道工程按照Ⅳ级航道标准建设，全长 13.5 公里；港口工程即漯河港，占地面积 522.3 亩，设计年吞吐量 460 万吨，包括 11 个 500 吨级泊位（一期建设 9 个泊位）和 1 个工作船泊位。港区物流园区作为漯河港的重要组成部分，建设内容为散货堆场、集装箱及杂件堆场、仓库和信息服务中心等工程。漯河港建成后，将与京广、孟平铁路及京港澳、南洛高速和 107 国道等，形成三位一体的强大运能，对促进沙颍河水资源综合利用，推进豫、皖两省水运业发展，发挥重要的推动作用。新建的漯河港将成为漯河又一处重要景点，同时又将作为游船和未来水上公交巴士的停靠点，兼具旅游、商业、交通运输等多重属性。到那时，“水旱码头”即将重回历史舞台，再现当年繁华盛景。

在沙澧河畔静静地品味，感受那画中烟雨江南的灵秀，陶醉在美景中，任绵长的回忆牵动思绪翩飞。忆起曾经商贾云集，千帆点点的美景时依然怡情难忘。这是一座城市的记忆，承载着漯河航运从繁华到没落再到即将恢复通航的轨迹，见证着漯河的城市发展。

选自 2015 年《漯河文史资料》第二十二辑

沙河航运与晋商

——“拉不完的赊旗店　填不满的北舞渡”解读

廖新中[①]

站立在沙河岸上，举目望去，河水清澈，蜿蜒如练，波宕东去；抚史溯源，勾昔日沙河航运史沉之迹，感慨万千：眼前虽不见往日岸上岸下商贾云集、车水马龙，也不见艘艘航船货物满载、百舸争流，但也难掩其荣耀无限，这里毕竟给人们留下了一段段让人骄傲的悠久历史，留下了一个个让人回味的美好佳话。

“青青河边草，绵绵思远道。”

历史上（1957 年前）沙河航运事业曾经十分昌盛，在河南乃至全国不少地方，那句用以形容当时繁荣情景的俗语“拉不完的赊旗店，填不满的北舞渡”，至今仍然脍炙人口，流传不衰。

为有源头活水来

沙河与汝河汇流处的岔河以上古称滍水，以下系商水，通称汝水，亦称溵水。沙河源于伏牛山东麓石人山，全长 300 千米。因河水多沙，清代至民国年间逐渐演称今名。上游流经鲁山县、平顶山市、叶县，于叶县张徐村东流至舞阳县河湾村入境，经章化、北舞渡、侯集、太尉、莲花镇，然后入郾城境内。下游流经郾城县、漯河市、西华县、商水县至周口市入颍河，继续东流达淮入海。它不仅是淮河的一条大支流，也是我省境内的主要航运河流之一，乃至在全国的内陆航运史上也曾显耀

① 廖新中，1950 年 8 月出生，舞阳县人，1968 年参加工作。曾任舞阳县供销社主任、县商业局局长、县文联主席、县委宣传部副部长。

一时，而且演绎出了一个个动人的史事。

《河南航运史》载：春秋战国，魏惠王十年（前 360 年），魏国开挖了历史上著名的鸿沟。鸿沟上与魏都大梁（开封）黄河沟通，下注入颍水（沙颍河），成为当时南起淮、颍，北至滦河之南，沟通“四渎”、规模最大、流程最长、影响最远的人工运河，即历史上的鸿沟水系，从而开发了古代河南航运。

东汉建武十八年（42 年），汝南太守邓晨在如今的郾城区邓襄以东，开渠 200 余千米疏通航道。(《郾城县志·大事篇》)

魏黄初六年（225年）三月，魏文帝曹丕东行至漯河以东沙河地段，修讨虏渠。是年五月，他在此发10万水军，讨伐东吴。(《郾城县志·大事篇》)

东晋太元八年（383年），淝水之战，秦主苻坚率百万大军，南下攻晋，运粮万艘，自洛河入石门，达于汝颍郾城境时为漕运要道。(《郾城县志·大事篇》)

唐元和十二年（817年），唐军队于三月渡过溵水，进至郾城，李愬雪夜入蔡州，歼敌十之二三，生擒叛朝节度使吴元济。

元末明初，通过淮河至御河（今南运河）之间的水陆接转通道，沟通南北物资交流，沙河也曾长期发挥作用。当时，沙颍河上的北舞渡、周家口、唐河畔的赊旗店、贾鲁河畔的朱仙镇、卫河畔的道口镇、淮河畔的乌龙集（今淮滨）等港口，都因水运繁盛而成为商贾云集的名镇，直到清初。(《河南通典》第416页）

昔日，漯河的船民们曾经在这条“黄金水道”上来往穿梭、繁衍生息，为两岸地域和人民留下了繁华和美好。

拉不完的赊旗店

赊旗镇现属河南社旗县，明代时尚是裕州（今方城县）兴隆店，也就是一个过路小店，就连当时的河南地图上也未曾标出。到清代，赊旗镇才有所发展。康熙四十七年（1708年），颇有经济眼光的裕州（今方城）知州董学礼招流民数十人，在潘河、赵河汇入唐河的三河交汇之地兴隆店起集，叫兴隆集，这就是赊店镇的前身。应运而生的兴隆集发展迅速，到雍正初年规模初具，有了20多家贸易公司——过载行。当初“赊旗店是四方客商集货兴贩之墟，码头买卖行户有数家，年来人烟稠多，开张卖载者二十多家……”成为重要物资的中转站和运作成功的水陆码头。随着发展，这个小镇声誉日隆，成为“北走汴洛，南航襄汉，西趋川陕，东进皖浙”的全国性交通和经济中心。乾隆年间，已经成为商业巨镇。其鼎盛在乾隆、道光时。镇上 500 多家商行经营百货，21 家骡马店朝夕待客，48 家过载行日夜装卸不停。所以，当时人说“拉不完的赊旗店”。

填不满的北舞渡

北舞渡镇现属河南舞阳县，古称定陵，是西周东不羹国的封地，春秋时胡国又在镇东胡城建都。春秋末，楚灭不羹，又扩大其城为“千城之国”。战国至晋设定陵县，后燕慕容氏毁城，晋至唐又设定陵郡及北舞县（今北舞渡沙河两岸）。宋金为北舞镇，属舞阳县，元代改为北舞镇巡检司，明清时为北舞渡镇。当时，由于这里扼河南中部水陆交通之要冲，已是河南著名商埠之一。据北舞渡镇二郎庙内刻于北镇元顺帝至正三年（1343 年）的碑文《护国圣烈惠灵显仕佑仕重修庙记》中说：“去县之北六十里，有镇曰北舞，地跨㶏水，南北二镇，千有余家。”南镇清代修钟鼓楼记说：“南阳舞阳之北舞渡，为舞阳一大都会，山陕之人，行商于南，云至而集。”清道光六年（1826 年）创建牌坊碑载：“南阳舞阳之北舞渡，恃水陆并进，商贾云集，无穷之重镇也。”“镇临汝水，西通汝洛，东下江淮，北转郑汴，南连荆楚。江南山货，东海芦盐，由此吞吐中转。秦晋商人云集于此。”“陆行者易舟，舟行者易车。”鼎盛时期，北舞渡的商号多达 500 多家。“市面繁盛，甲于诸邑。”有“日进斗金”“九门九关小北京”的盛名之称，被誉为“中州巨镇”、水旱码头。因此，有“填不满的北舞渡”之说。

得益晋商航运兴

据史料证明，赊旗镇、北舞渡镇处中原南北两地，其繁荣不仅得益于晋商，而且两镇相辅相成，相得益彰。沙河航运也由此兴盛。“拉不完的赊旗店，填不满的北舞渡”正是有力证明。

北舞渡镇，古为定陵城，始自战国时期；赊旗镇，其前身为兴隆店，始自康熙四十七年（1708 年）。因此，北舞渡镇要比赊旗镇历史悠久得多，但两地真正的繁荣兴盛都始自清代康熙时期，而且都得益于晋人在此行商。

山西人自古以来就有经商的传统。西汉时期，河东商人依靠盐铁之饶，贸易四方，开辟了通往欧洲的商路。唐宋以后，长城内外的物资交流大都由山西商人操纵。到了明清时期，山西商人发展为国内商帮之首，独领风骚 500 年，而且经营项目多，人员广，足迹遍及天涯。加之自明初开始，乡土观念极强的山西人被大量移民中原定居，因此，中原成了他们商贸往来的必去之地。而且，他们为了接客迎仕，商贾联谊，所到经营繁荣之时，都要与陕西同行一起合资兴建一个富丽雄伟的同乡集会的场所——山陕会馆。这是他们在当地行商兴盛的象征。而北舞渡镇和赊旗镇两地山陕会馆的建立，基本上都是在 18 世纪 50 年代的乾隆时期。

据北舞渡镇山陕会馆的“创建牌坊碑”载，“乾隆十八年（1753 年）时，这里就有春秋楼、大花戏楼、大殿、铁旗杆、钟鼓楼、照壁……”清道光六年（1826 年）又修建了彩牌楼，为河南省清代建筑艺术之冠。

赊旗镇的山陕会馆始建于清乾隆二十一年（1756 年），历经嘉庆、道光、咸丰、同治、光绪等 6 帝 136 年建成。在乾隆年间，赊旗镇已经成为商业巨镇。

北舞渡镇和赊旗镇两个商业名镇，虽然位处中原一北一南，但由于晋商往来，将其联系在了一起，使之繁荣，而且带来了沙河航运的兴盛。

清康熙年间，社会趋于稳定，中国经济再度复苏，商业渐趋繁荣，沉寂的唐河又繁华起来。当时，南来北往的货物急需寻找一个适合“南船”与“北马”两种运输方式转运的“交换站”，而晋商选中的就是赊旗店、北舞渡镇。

赊旗店地处汉水流域的唐河上游，潘赵二水环绕如带，由镇东北与西南流过，后二水合流，向南入唐河。唐河南流入湖北襄阳（今襄樊），最终汇入汉水，直通汉口；向北经方城、平顶山，可直达洛阳、开封。于是，清代的赊旗店逐渐成为一个四通八达的水陆要冲，与湖南、湖北、江西、福建、河南、安徽、河北、山西、陕西九省通畅，也是北京通往云贵驿道的中间站。因此，山陕等省的商人纷纷到此建房设店，流寓定居，使赊旗舟楫车马热闹非凡。粮食、棉花、食盐、布匹、煤炭、竹木、茶叶、桐油、生漆、药材、曲酒等各种物资汇集此镇贸易、储存、转运，形成一个物资商贸中心。当时仅从事南北货物过往成交的过载行就有 48 家。赊旗店迅速发展成为“人烟繁密，有街七十二、商业繁盛、南船北马、辐辏于此”的“著名水陆码头”和“北走汴洛、南船北马、总集百货”的繁华巨镇。而在赊旗店最活跃，最有势力的商人就是山西商人。他们把江南的商品由水陆两路运抵汉口，由汉水至襄阳，转唐河北上达赊旗店。再改陆路，由马匹驮运北上平顶山、北舞渡镇。在这两个地方又分两路，一是从平顶山继续北上，渡黄河，入山西，经晋城、长治、祁县，到太原、大同，再经张家口或归化（呼和浩特），用骆驼穿越戈壁沙漠，运至库俄仑（乌兰巴托）、恰克图，进而深入西伯利亚，与俄蒙商人进行贸易。一是从平顶山和北舞渡镇进入沙河，东去经过郾城、漯河、西华、商水、周口入颍河，继续东流进入淮河。因而赊旗镇和北舞渡镇便成为南北两个重要的商品贸易中转站。沙河也由此成为非常繁荣的商品运载重要航运线。直到20世纪初（1906年）京汉铁路建成通车，北舞渡镇航运大部分商家才迁移漯河。20世纪六七十年代，舞阳、周口等地拦河闸相继建成，未设船闸，曾经辉煌的漯河境内沙河航运从此趋于消无，水旱码头日见衰微。

江山笑，烟雨遥，涛浪海尽红尘俗事知多少。而今又传沙河复航佳音，不远的将来人们又见美好。

选自2006年《漯河文史资料》第十四辑

走进河上街

张翠华[①]

河上街是漯河的俗称，正像一个人的小名一样，是最亲的人从小叫起来的，或带着这个人的特点，或带着父母深深的希望与祝福。河上街就是这样，它携裹着漯河独特的水城风韵，蕴含着漯河丰厚的历史底蕴，承载着漯河人深深的情、浓浓的爱。

我最早知道漯河是从“河上”二字始，小时候听大人们说去漯河不是这样说，而是说“上河上”“去河上”。听到“河上”这两个字时，脑海中浮现的不是关于城市的景象，而是缓缓行进在沙河之上的帆船，那时候沙河是通航的，在家乡的沙河道里还经常看到从河上街方向驶来的帆船。故乡距漯河不过30里地，但听大人们说起河上，便觉得如海市蜃楼般可望而不可及，心向往之多少年才成就了“河上”之行。永远不会忘记第一次到河上街的情景，与故乡完全不一样的楼房、街道、市场及不同于故乡的行人，都让我童年的心感到神奇。

一

让我感到神奇的，还有漯河为什么俗称河上街这个问题，很多朋友也一定心存疑惑。据说和一条街道有关，这条街道的名字正是河上街。河上街本名顺河街，它以西高东低的姿态依偎在沙河的南岸，有200多米长，地势比市区其他地方高，最高点海拔60多米，是市区地理位置的最高点，因其街面与河堤高低相等，所以又被称为河上街。为什么河

---

① 张翠华，女，西华县人，出生于1966年9月，毕业于郑州大学历史系。曾任漯河市档案馆副馆长、馆长，漯河市史志档案局副局长、调研员等。

上街这条街道可以承载漯河的俗称这样一个重任？我带着这样的疑惑翻看有关史料，河上街曾有的繁华也在眼前渐渐清晰起来。

河上街的繁华在沙河水运的发展中打下了基础，又随着京汉铁路的通车而如虎添翼。沙河的水运历史悠久，春秋战国时期，溵、汝二河就成为各诸侯国运送粮草的主要航运通道，东汉、魏、东晋时期均有关于航运的记载，唐朝和南宋发生的历史大事件更能说明沙河水运的重要作用。唐朝开元年间，唐朝宰相裴度率军讨伐淮西叛军，在漯河郾城驻扎，并取得了平定叛军的胜利，在这一过程中沙河航运发挥了很大的作用。唐元和十一年（816 年）专门设置了淮颍水运使，从扬州运米、绫经淮河、颍河入沙河，至郾城以馈讨淮西诸军。南宋宋、金两军交战时，溵水镇与周家口是淮、颍河流域最大的两个码头。因螺湾河码头卸粮速度快、数量多，受到高宗的嘉奖，并钦定螺湾河为上口镇，以后这里形成了螺湾河渡口。但是到了南宋末年，战争和水患给这里的人们带来了极大的灾难。你可能不相信，在明朝初期，螺湾河渡口只有几户人家、几十口人，直到明洪武年间从山西洪洞县迁来人口后，螺湾河渡口才又凭着其正居许、禹、陈、蔡、汝诸州交通要冲的优越位置渐渐繁华，至明永乐年间已形成“舟行此焉薄，估客南来多。江淮百货萃，此处星辰罗”的繁华景象。

河上街的繁华也与京汉铁路的通车有关。1906 年京汉铁路通车后，漯河陆路交通也变得十分便利，由于双河汇流，舟楫便利，东通于海，西达于山，又南北陆路畅达，故商旅群集，百货荟萃。

再来说说河上街镇。它在被称为河上街镇之前经历了很长的发展历程，早在新石器时期就有人类在此生息繁衍，夏商为相传的“古郾子国”属地，春秋战国时期隶属召陵邑和郾邑，隋朝置郾城县后，历代均属郾城县。但直到南北朝时才有北魏建有奇雒城，一般我们说起漯河的历史习惯于说漯河启于北魏，盛于明清。漯河早在中唐时期就被称为洄曲镇、溵水镇，南宋时被宋高宗钦定为上口镇，明嘉靖十九年于郾城县城东五里，沙、澧二河交汇处东南侧建螺湾镇，清称螺湾河镇，民国年间改为漯河镇，漯河镇镇公所一直设在顺河街也就是河上街。

民国时，漯湾河镇简称漯河镇，是郾城县最著名的镇。周围有丰富的农副产品原料和优越的水陆交通条件，迅速成为豫中重要的工商业城镇。大量的工业产品和农副产品在此集散。布行、粮行、油行、盐行林立，钱庄、当铺到处可见，绸布、杂货、土特产品布满大街小巷，各地客商纷至沓来。

河上街发生过很多难忘的事。抗战时期，由于豫北和两湖战乱，漯河镇成为豫南的政治、经济、军事、文化中心，豫西警备司令部曾设于漯河镇寨内。1945 年 8 月，由原国民党高级将领刘峙主持的抗日战争胜利中原战区受降仪式就在河上街西部的沙澧河交汇附近的三晋乡祠举行。1948 年 8 月，豫西二地委（漯河人民办事处）设于该街。1949 年 2 月，第二野战军四兵团在漯河组建，陈赓任司令员兼政委，二野四兵团司令部设在顺河街附近的寨内福音堂，在寨内广场举行第四兵团南下誓师大会。在这里，陈赓司令员命令部队踏上了渡江作战的征途。

二

按照 1920 年北京政府颁布的县自治条例，500 户以上的“镇”可以称为“街”。有时候我们无法清晰地判断河上街这个漯河的俗称到底是来自河上街这条繁华的街道，还是来自河上街这个著名的古镇，只能说河上街这个漯河的俗称与二者都有关系，河上街在河上街镇温暖的怀抱中安静地繁华。

不管是因为河上街作为一条临河的繁华街道而闻名，还是河上街作为郾城最著名的镇而著称，渐渐地，人们把河上街作为漯河的俗称。是谁是何年何月叫响它的，我们已无法考证，只知道它的名字从一条街延伸出去，扩大为一个城市的代名词，可见这条街的影响力。漯河俗称“河上”足以说明漯河人对于“河”的深情厚谊，我也体会到了一种对河的无限感恩之情。至今，穿城而过的沙河、澧河及依托两河兴建的沙澧河风景区，在给漯河人以诗情画意的生活时，也成为漯河人的骄傲。

1986 年，经国务院批准，漯河升格为省辖市，实行市带县体制，将原市辖区域正式设置为一个区，命名为源汇区，河上街的名字渐行渐远。如今，漯河的名声越来越响亮，食品名城、汉字文化名城全国闻名，贾湖文化、许慎文化影响世界。但漯河人的“河上街”情结依然在内心深处深情涌动，年长些的漯河人对河上街更是充满眷念的深情，提起“河上街”几个字，心中便会升腾起一种亲切感，禁不住回味起河上街的人和事，那河面的华灯，那水中的彩船，那沙河岸边响起的船工号子，如一个个美丽的梦永远静静地安放在心灵深处。河上街已成为热爱漯河的人们的一种情愫，这种情愫带着回忆的美好和怀旧的深愁浅绪，长久地萦绕在他们心田。

三

有的时候，我久坐于沙河边，认真地品读我们的城市，想找出这个城市与别的城市的不同，想曾经的河上街人给我们留下了哪些宝贵的精神财富。因为我知道，即便是有了十分便利的水陆交通条件，也不能够成就河上街闻名遐迩的繁华，毕竟这只是一种外在的因素，在这片土地上一定会有一种精神在支撑着繁荣的天空。两河交汇让我们收获了城市的名字，也一定让一代又一代的河上街人从中品味出爱的含义。是的，这是一个充满爱的城市，沙河、澧河在这里相会后合二为一浩荡东去，多少年来一定会有很多人站在两河交汇处感叹不已。河上街曾经让漯河以一种繁华的姿态闻名遐迩，河上街人以开放、包容的心态迎接着八方来客，河上街人很早就通过沙河通江达海，将外面世界的精彩带进来，所以河上街人并不保守，他们有着创新的情怀，有着外界难以想象的接受新事物的能力，曾有“小上海”“小香港”称号。我不禁想到八千年前生活在沙河畔的贾湖先人以开放创新的心态创造了很多个世界第一，东汉的许慎也以这样的心态完成了世界上第一部字典，这种开放创新的精神在今天的漯河人身上同样能找到踪影。望着河上街的方向，想象着远去的河上街林立的店铺、熙熙攘攘的人群，我仿佛看见夕阳西下时沙河纤夫奋进的身影，仿佛看见夜色中河上街店铺亮起的彩灯，仿佛听到雪落沙河的清冷早晨，河上街店铺里传出的吆喝声，远去的是河上街旧梦，一个崭新的漯河正在沙澧河畔谱写着发展的最强音！

河上街，一个如此古色古香又温情脉脉的名字，真希望河上街古镇能和全国其他古镇一样，对人们有一种强烈的吸引力，成为中原地区著名的旅游景区，越来越多的人能够来到这里感受河上街的魅力，真正扩大河上街古镇在全省乃至全国的影响。河上街景区重现了漯河历史上的繁华景象，将古与今巧妙地联结在一起，让老漯河人对河上街的情愫有了宣泄的出口，让年轻的一代更多地了解漯河的历史，感受中原文化的博大精深，在对河上街多一份感怀的同时，更深地走进我们生活的这个城市的内心，体味它独特的神韵。

选自 2016 年 12 月《漯河文史资料》第二十三辑

上河的路

李满堂[1]

我老家贾尧在漯河东稍偏南方向，至于路程幼时就听说是30多里，也有人说将近40里，说法不一，反正我猜想都是人们估摸的，谁也没拿尺子去量量。不过现在有车了，想必车上的里程表比用尺子量还准吧，前些时候我留心打表，并经过多次验证，从老家到漯河火车站的路不多不少刚好18公里。

因为以前漯河曾经叫“河上街”，所以我老家那一带的老百姓都习惯把漯河叫做“河上”，把去漯河叫做“上河”。我第一次上河是1968年的秋天，那是我和哥哥一块去北京探望在那里工作的父亲。去北京要到河上坐火车，而那时没有代步的交通工具，去河上是要全靠两条腿走路的。

那天一大早，我们兄弟俩就背着母亲准备的干粮上路了。那时还没有公路，所走的路只是乡间小道，弯弯曲曲，高低不平，村连路，路连村，任你随便走，但人们都会拣最近的路走，走的人多了，小路就成了官道，即使没有去过河上的人，也省去了问路的麻烦，反正顺着走或者跟着别人走就是了，不会走错的。当时所走的路线大致是：贾尧→皇甫店→郭庄→邓襄寨→韩庄→方庄→白坡→娄庄→黄岗→解放路→四大坑→翻越京广铁路（当时还没有人民路、八一路涵洞）→汽车站→火车站。那时候我们年龄尚小，加之生活困难，营养不足，身小力薄，走路没力气，觉得上河的路非常漫长。我们俩走走歇歇、歇歇走走，饿了啃口干馍，渴了喝口凉水，走的筋疲力尽，走到漯河火车站天早已过午，

① 李满堂，汉族，出生于1959年11月，漯河市召陵区人，毕业于中国地质大学经济学专业。曾任漯河市政协学习文史委员会主任、港澳台侨委主任。

算起来 30 多里路我们足足走了 6 个多小时。好在我们这里有亲戚——在漯河市民政局工作的舅爷家的表叔宋彦北，到河上后的落脚、买票、送上车及与我们父亲的联络，都是他照料的，使得我们俩顺利乘车到达北京。

曲曲弯弯上河的小路上，路过的第一个村庄——皇甫店，然后是背后我们的村庄——贾尧。这段路长约 1 公里，是 18 公里上河的路中唯一一段土路。之所以还是土路，一者因为公路南移约 1 公里，车辆都绕之而去；二者因为这里是召陵、郯襄、万金三镇的交界之地，无好事者将其硬化。所以，至今仍保持原始状态，平时偶有行人通行，更多的作用是田间生产道路。不过，这倒正合我意，只要不是下雨天，每每回老家都喜欢走一走，不但很惬意，而且会勾起许多当年上河时的遐想。

到了 20 世纪 70 年代初，上河的路修成了“公路”。所谓的公路，也不过是路面比原来宽了点儿，走的人、车多了点儿，路的长度也更长了些，不只是到我老家了，而是通到了更远的地方，但它仍然是土路，坑洼不平，晴天是“扬灰路”，雨天是“水泥路”。好在是个公路吧，偶尔还能看到汽车经过。那时汽车不但很少，而且看到的就那一两种。那时不是有个顺口溜形容不同级别的领导所坐的车：“地委书记两头挺、县委书记帆布棚、公社书记幺三零、大队书记铁丝拧”（“两头挺”指小轿车、“帆布棚”指吉普车、“幺三零”指客货车、“铁丝拧”指自行车），“两头挺”和“帆布棚”很难看到，所以偶尔看到的都是“幺三零”和解放牌汽车。因而有很多人还把这条公路叫做“汽车路”。

有了公路，生产队里还添置了马车，而且不时上河去拉煤，而我想上河也有了坐马车的奢望。但是，你别看那不起眼的近似原始的交通工具——马车，也不是谁都能“享用”的。那时候不是还有个顺口溜形容人的不同地位：“一是有权、二是有钱、三是听诊器、四是方向盘。”也就是说，除了有权和有钱人外，就数医生和开车的地位高了。在我那时看来，赶马车的“大把”就相当于“方向盘”，长鞭一甩，神气十足，谁要是想趁趁车，哼，不是沾亲带故或者不给个小恩小惠，还真不让你坐！

一天，我和一个小伙伴约好上河照相，刚好听说生产队的马车也上河去拉煤，想顺便趁一趁，于是头天晚上我们就去找“大把”。因为我们俩都与“大把”不沾亲也不带故，所以只有好言相求，小惠奉送（漯河卷烟厂生产的每盒8分钱的“大白鹅”牌香烟一盒），他才勉强答应让我们坐车，而且还只能坐单程，也就是说去的时候是空车，可以坐人，回来时是重车，不能坐人，仍然要步行走路。就这让我们兴奋得一夜没睡好觉。

记得那时正值冬天，天很短，不管是步行上河还是坐车上河，都得起大早出发，不然回来时越晚天越黑，看不清路，非常难走。马车大约是凌晨5点出发，我们兴高采烈地上了车，还不时哼上个小曲呢。但是，谁知道这次乘车上河却惊心动魄，终生难忘。马车大约走了半个多小时，离家五六里远的地方（即赤塜店与坑韩中间的路段），有一个连续急转弯，也就是路正向西方向，突然一个90度拐向南，约30米后，又一个90度折向西，因此，人们都把这个弯形象地称为“镰铲把”弯儿。当马车路过这里时，因为天还没亮，看不清路，而且急转弯处外侧有个洼坑，当时马车走得比较快，“大把儿”[①]也没吆喝牲口减速，马车突然侧翻了，想跳车都来不及，吓得我们魂飞魄散！好在路边的行道树帮了大忙，马车幸好歪在了一棵大杨树上，没翻到沟里，除了一个年龄稍大者脸上磕破一点皮外，车上的人和拉车的牲口都有惊无险，否则，后果不堪设想。待惊魂稍定，我们一起把马车掮起扶正，才又赶路了。

当时的马车没有减震装置，而且空载车轻，再加上路面坑洼不平，坐在车上颠簸的屁股不着地，尤其是马车跑起来的时候，感觉五脏六腑都要颠出来了。再者，因为是冬天的黎明时分，天气很冷，平板车又没什么遮挡，不多时身上就冻透了，尤其是脚冻得生疼，甚至麻木失去了知觉，无奈之下只好下来跟着车跑一段，再上车坐一段，这样还好受一点。大约8点钟终于到了河上。我们两办完事，下午步行返回家中。这是我第二次上河。

① 即车把式，驾车人的简称。

后来，父亲由北京调回了漯河，我随父亲到漯河上学，来往走上河的路就多了。

1975 年，漯河地区发大水。8 月 8 日下午，连续下了几天的大暴雨终于停止，天气基本放晴，太阳也露出来了。这时突然有大队干部奔走呼号，说是大水就要来了，让群众赶快行动，随时准备转移，对此我还有些半信半疑，天不下了，怎么还会有大水呢？但此时，祖父牵挂远在河上的我父亲，因为他知道河上就在河边上，涨大水有险情时首当其冲，所以，嘱我去趟河上，看看我父亲那里情况如何。由于路途较远，而且大雨刚停，路上一定很难走，等他话音一落，我就急急忙忙上路了，谁知道还没出村就发生了惊险的一幕！事情是这样的：我们家在村子东头住，往西走到村子中间，路左边是个坑塘（我们东头人都称之为西坑），右边是通往汾河的排水沟，由于坑塘水漫溢，往排水沟里排泄，先把路冲断，形成了很深的沟壑，进而水位上涨又把沟壑埋住，而我不知情，涉水路过时一下子就掉了进去，水深没顶，衣服全湿透，幸亏我会凫水，否则，会有生命危险！我赶紧钻出水面，爬上沟壑，因怕耽搁时间，湿衣服也不换了，反正是夏天，也不冷，一会儿就干，就继续赶路了。

我踏着泥泞，跳着水坑，快步向河上赶去。谁知过了邓襄西边的方庄，进入白坡东坡（也就是现在的市沙南污水处理厂、华电漯河发电厂一带）时，因地势低洼，很长一段公路都被水淹没，连路两边的沟里和低洼的农田里都是水，放眼望去，几乎是一片汪洋。此时很少有人走路。面对“汪洋大海”，是蹚水继续往前走，还是半途而废拐回去，我犹豫了。但想想祖父的嘱托，也牵挂着在河上的父亲的安危，而且这条路自己走过无数次，对路况很熟悉，哪里有个埂，哪里有个洼都记得一清二楚，况且路两边有行道树，顺中间走就是了。于是我壮壮胆子，硬着头皮往前蹚去。然而，水深没膝，有阻力，蹚水走路是很慢的，高一脚低一脚的怎么也走不快。好费劲蹚了几百米，来到黑河桥上（现市污水处理厂东北角处），因桥面高于路面，此时桥还露着，我正要坐在桥边休息一下，突然，眼前的景象让我惊呆了：天呐！黑河水居然倒流，而且水位急剧上涨。我很快回想起大队干部的口信儿，猜测是南边老王坡的洪水漫溢北流，涌入黑河，致其下泄不及，顶托逆流而上，河水倒流。此时我害怕了！一则太阳已经落山，马上天一黑，就看不清路旁的标志物了，而且洪水汹涌，不断上涨，再往前走会很危险，想拐都拐不回来；二则出发前就听传言，漯河上游沙澧河决口，洪水已经进入市区，市民都在往铁路上和寨内等高处转移，我去了不一定能找到父亲，黑更半夜也没地方去。想到此，我不敢再迟疑，急忙转身，原路返回，走着走着洪水就已经快齐腰深了。待我蹚出水面，天已经完全黑下来了，回头看见了漯河上空的亮光，我知道那是路灯反射的亮光。一路上我不时回头瞭望漯河上空，心想，只要漯河的灯还亮着，就说明水灾还不严重，父亲和广大市民就还是安全的。也同时默默祈祷漯河人民有惊无险，平安度过这场灾害。

我回到家时，夜已经很深了，但是村子里还很嘈杂，叫喊孩子的、吆喝猪狗的，叫声不绝于耳。原来是社员在大队和生产队干部的组织下，正在做转移的准备。要转移的地点是村北方的合村、西皋等召陵岗区一带，我们村与合村、西皋隔着汾河，因河水很大，桥都埋住了，夜里转移很危险，所以大队和生产队干部一边安慰群众不要惊慌、沉着应对，一边提醒大家提高警惕，做好准备，随时准备转移。约莫过了几个小时，天刚蒙蒙亮，转移就开始了。我爷爷不愿离开家，自己连夜扎个木筏留守看家，我和母亲就急忙加入了浩浩荡荡的转移队伍之中。汹涌的洪水有几里宽，一片汪洋，已分不清哪是河流哪是田地，就连转移要通过的唯一一座小唐桥上洪水也有齐腰深，好在大队、生产队组织得力，派年富力强且熟悉水性的青壮年在桥两端拉上绳索，并且一个个搀扶背驮，才使得全大队 16 个生产队 3000 多名群众安全转移。两天后洪水退去，社员们才返回村里。其实，我们村的地势也不低，加之赤塚店至万金一带的高地阻拦，洪水只一小股流到村子里，坑塘水位还没有前两天下大雨时高。

洪水过后，我才又急忙赶往河上见到了父亲，父亲安然无恙，但是屋子里却进了水，好在是砖墙，没塌，虽然水已退去，但湿漉漉的地面和墙上留下的水印则清晰可见。父亲告诉我，那几天他和广大市民一样，都是在铁路上露天打地铺度过的，洪水虽然很大，但因为有防备，政府组织得力，基本没有人员伤亡。8 月 8 日那天，他上午去学校组织师生转移东西，下午去地处老王坡北沿、干河岸边的西平县人和公社金山孟村的二姑家，看望在她家居住的祖母，因路上有水，沿京广铁路走又被冲断，也半途而归，未能如愿。

到了 20 世纪 70 年代末，父亲省吃俭用买了一辆旧自行车。记得有一年的大年三十（其实，这年腊月是小月，并无年三十，这一天是腊月二十九），我与本家新国叔一大早骑自行车去往 60 里开外的商水县郝岗村，给新过门的嫂嫂家过礼（送娶亲礼）。下午新国叔返回家，我直接上河，去漯河铁路中学替父亲值班。谁知夜里下起了雨，由于那年春节比较晚，在阳历二月，气温不太低，没下雪，下的是雨，而且地面也不结冰，猜测路上肯定不好走。但是，第二天就是大年初一了，回家的心情非常急切，早上一交班我就冒着还在淅淅沥沥下着的小雨骑车上路了。出校门沿解放路往南是柏油路，很好走，然后下解放路进入黄岗和娄庄等郊区路段，虽然不是柏油路，但是土路上边铺有煤渣，也还能骑着走。可是，再往前出了郊区就不行了，纯土路，越走越泥泞，不能骑行了，开始是推着走，后来车轱辘上粘的泥多了，推也推不动了，只能扛着走。那时的自行车都是加重型的，很笨重，扛着非常沉，而且脚下一溜一滑的，很不好走，加之头天晚上和当天早上两顿没吃饭（那时正处在计划经济和绝对的卖方市场年代，屈指可数的国营饭店、商店年前到腊月二十三就关门了，年后不过罢正月十六根本不营业，所以更别说大年三十和初一了，想吃饭或者买些食品根本不可能），又累、又饿，雨水加汗水，衣服早已湿透，走起来热，停下来冷，扛扛歇歇，歇歇扛扛，每走一步都很艰难。而且除了路过的村子外一路上没碰上一个走路人，寂寞无助，难为得要哭。折腾了几个小时，耗尽了体力，差一点累倒在半路上，最终也没能把自行车扛到家，还是放在了离家七八里的邓襄东边郭庄的姨家。那时的我很幼稚，信奉大年初一不兴吃别人家饭的习俗，亲戚们再三让我吃饭，我说吃过了，就是不吃，于是忍着饥饿非常艰难的继续往家走去。家人本以为我一早就能赶回来，贤惠的嫂嫂关怀备至，很早就把饭准备好，甚至把刷牙的牙膏都挤在了牙刷上，等我回去用。但是，我回到家时天已经过午了，别人家都吃过了午饭，而我们家人还在焦急地等着我。我三下五去二的吃完饭，一骨碌瘫倒在床上，睡了两天才算歇过来。有了这一次骑车（准确说应该是扛车）上河的经历，以至于以后好长时间还谈这段路“色”变呢！

当今社会讲究以人为本，修路建桥一般是不断路的，道路改造整修采取半幅通行，桥梁整修改造在旁边搭建浮桥或临时简易桥，想方设法让车辆、行人继续通行。而那个时候就没有“人性化”这个词，凡整修改造就断桥断路，而且工期拖得很久，长时间有路不能走。记得当时娄庄村东，也就是现在的南环路、燕山路口西 300 米处有条排水沟，排水沟上原本没有桥，一遇汛期雨水从路上漫溢，甚或把路冲坏，需要建一座几米宽的小桥，结果把公路挖开，完全断路达两年之久。路断了，人们还要生产活动、生活走动，依然还要上河。怎么办？此路不通，另寻他径，绕呗！于是上河的路变得五花八门：有出村子往北走，穿过西皋、拐张，绕道漯周路；有出邓襄往西南绕到西平县人和公社的高桥、邓店一带；还有过邓襄到方庄村西头（也就是现在的市污水处理厂、华电漯河发电厂东 400 米处）一直北上漯周路；而最接近修桥断路地点的绕道方法就是钻入白坡村（即现在燕山路南洛高速公路立交桥东边那个村庄），经过无数次拐弯抹角也能最终绕到河上，但这需要具备很大的“本事”，熟悉村庄、地形的人才能走得通。这给上河的人们增添了多少麻烦，浪费了多少时间，多走了多少冤枉路，谁能算得清啊！因此，尽管过去近 40 年了，但对上河绕的道仍然记忆犹新。

记得有一天，我和好友姚振乾骑自行车上河办事，那时正值寒冬腊月，天寒地冻，我们选的道是从方庄村西头北上漯周路。土路上不是很滑，勉强还能走，可是一到漯周路上就不行了，柏油路面结了一层厚厚的溜冰，光滑如镜，刚一上去就摔倒了，再试再摔倒，根本骑不成，而且推着都不听使唤，不是年轻恐怕骨头都摔断了，我们俩干脆扛着自行车走。哎，不由让人感叹：在柏油路上扛车走，真是世间罕见，这都是断路惹的祸啊!

到了 20 世纪 80 年代初，上河的路才开始修建真正意义的公路。1981 年春开始动工，挖高补低，填平了路面，取直了很多弯道，基本消灭了 90° 的陡转弯。直到 1982 年秋才修成了 8.5 米宽的三合土（黄土、砂子、石灰混合在一块）路。到 1984 年，上河的路总算铺上了柏油，油层宽 6 米，为县道二级公路。至此，人们上河才终于告别了泥泞和推车、扛车的烦恼。

之后的 20 多年里，上河的路虽然进行过多次修缮，但都是小打小闹、小修小补，一直维持着原状。直到 2010 年，才又进行了彻底的扩宽改造，路基宽度由 12 米增加到 15 米，柏油路面由 8.5 米增加到 12 米，当年 4 月开工，年底建成通车，据了解总共花了 4000 多万元。改造后的道路由县道升级为省道，道边栽植观赏树木，宽阔美观，平直顺畅。

而人们上河的方式也随着路的变化而变化，由当初的步行变成了以车代步，交通工具更是今非昔比，由坐马车到骑自行车，再到摩托车、电动车、公共汽车，直至开着小轿车。以致上河的路程似乎也变短了，上河所用的时间由原来的几个小时逐步缩短为几十分钟。

现如今，上河的路越来越宽阔了，路上的车辆也越来越多了，走路的人却越来越少了。这些年，我酷爱走路，尤其是重走上河的路，更是乐此不疲，单位有车我不用，公交车我也基本不坐，就爱徒步走路。尤其是春天，走在田间小道上，一望无际的麦田如绿茵、似地毯，真让人心旷神怡，美不胜收。但是，心里又有了无路可走的感觉，原因是大公路越来越多了，乡间小道却越来越少了。常走路的人都知道，不是万不得已公路上是不能多徒步走的，道理也很简单：一是脏，有大量的汽车尾气和扬尘；二是不安全，往路里边走，车多危险，往路边上走，有石子、砂子，一驰一滑的不好走。再说土路，尤其是雨过天晴后的土路，无尘土，有弹性，还带有清新洁净的泥土香味，非常适合徒步走路。星期天、节假日，我经常独自一人或者约上刘长海、井立平、苗国辉、董清慧、贾喜峰、王科、王蕾、宋红浩、王新卫、蒋向军等好友步行回老家，虽然每次都是绕来绕去，尝试寻找能走的路，尽量避开车水马龙的公路，但是随着时间的推移，乡村间也都修成了水泥路，适合人走的乡间土路甚至田间小道却越来越少。

徒步没了合适的路，不免又怀念起几十年前那弯弯曲曲上河的小路来了。

选自 2015 年 12 月《漯河文史资料》第二十二辑

漯河八码头

邢富功

漯河市是沙河系历史上有名的航运大港口，它为漯河的经济发展繁荣起过重要作用，早被载入史册。漯河港口由于历史悠久，新建设码头也有重大演变，故而分述如下。

远古漯河港口码头

从春秋战国以来，漯河沙（㶏）汝（澧）二河码头逐日扩大。东汉建武十八年（42 年），汝南太守邓晨兴修水利开辟㶏汝河航运，㶏阳城（漯河寨内）始建码头。魏黄初六年（225 年）三月，魏文帝曹丕东行召陵县境，修讨虏渠（今漯河及东沙河堤段），以利航运和农业灌溉。五月，曹丕以皮舟发运兵粮讨伐东吴。当时漯河港码头已具相当规模。东晋太元八年（383 年），淝水之战，前秦苻坚率兵 90 万南进，运粮草船只万艘自洛阳龙门转入沙、颍河航道，东运㶏阳城（今漯河市源汇区寨内），定㶏阳城为内河航运的重要停泊码头。

唐宪宗元和十一年（816 年）置淮、颍水使于洄曲镇（今漯河市源汇区寨内），从江苏运粮草，经淮水入颍河至项城进㶏水（今沙河），输于洄曲镇港口（即源汇区大北门处）拆卸，因货物量大，码头又扩展到小西门（今漯河二中西侧）和小北门。

南宋高宗绍兴十年（1140 年），宋、金两军在郾城小商桥一带决战。宋军所需的大批军用粮草从南方运往两淮地区，成都的运输船只在螺湾河渡口（今漯河市源汇区）码头拆卸。因速度快，数量多，获宋高宗嘉奖，封“螺湾河镇”为“上口镇”。

元惠宗至元二年（136 年），为充分利用沙（汝）水往京都洛阳运送粮草，在此截流引水，汇沙澧二河，形成螺湾，故名螺湾河（今源汇区）码头，又开设大北门和小北门渡口码头。从此，螺湾河港口成为中原地区最大的水旱港口码头和重要的“六陈集散地”之一。

明初，螺湾河镇已成为钧、许、陈、蔡、汝、申诸州的交通要冲，港口规模随之大矣。到明代中期，由于连绵战争，加水患天灾，人口大减，港口码头衰落。后来为发展生产，从山西往此大量移民，螺湾河码头由于地理位置独特，很快又兴盛起来，到清代进入大发展时期。

近代漯河渡口码头

清光绪三十二年（1906 年）京汉铁路通车之后，漯河码头的发展速度大大加快，车站以西的大片土地成了黄金地段，四方客商争相来此开发。马路街、老街、煤市街（公安街）、竹木街、天桥街、万祥街等 7 条大街很快建成，沿街先后开设有豫庆、豫汉祥、豫隆、大同、广兴、公兴存、三盛公、和丰、原丰等 9 家转运公司货栈。为火车运输和航运装卸服务的码头工人在一年之内发展到 1000 多人，有河下班、火车装卸大队等城内的商业也逐步东移于火车站附近。除源汇寨小西门、大北门、小北门 3 个码头仍起着作用之外，民国年间，在医院后（今交通路大桥西侧）、大新面粉厂后（大新街北口）、大椿树下等处又建起 3 个新码头。这 6 个码头各有特色。小西门码头，主要装卸石料（石槽、石磙、石磨、青石碑、门踩石）和农具等；大北门码头，主要装卸粮食、烧瓷类（碗、盆、缸）和农具；小北门码头，主要装卸煤炭；医院后和大新面粉厂后码头主要装卸六陈和食盐、布匹、竹木、蔬菜、农具、纸张、大刺、烟叶、棉花、棉线、土杂品、农产品、水产品、金针菜、木耳、丝绸、衣帽、白糖、花生等。码头上车辆、行人不断，日夜一派繁忙景象。一时曾有“小上海”“小武汉”之称。

这时的码头均为土码头，随着河水的涨落，码头不断移动，给装卸货物带来很大困难。

漯河濒临沙、澧二河，历史上曾以水旱码头得名。北经汝水可达襄县，东顺沙河可达周口、淮阳、界首、阜阳。沙河是淮河水系中较大的支流，古有“长淮八百三十里，七十二道归正阳”之说。沙河一直是河南对外物资交流的主要内河航道。据1953年统计，沙河水系货运占河南内河航运总量的38%，漯河港又占沙河水系的87%，所以漯河港是河南省最大的内河航运港口。1953年实行船员定港定籍时，有各种木帆船525只，载重8307吨。1957年货物吞吐量达326891吨，实有职工1000多人，与船民相协调的搬运装卸工2000多人。1974年货物周转量达1166万吨/公里。

漯河码头的鼎盛期

1947年冬，漯河解放。1948年秋，建立漯河市人民政权，由镇改建为县级市。漯河港运码头也随之进入鼎盛期。

由于市区中心东移火车站，码头也随之东移于铁路桥两侧，原有的小西门、大北门、小北门、医院后4个码头逐渐失去存在的价值。

1953年10月，国家投资修建漯河大椿树码头。当年12月中旬，因天气太冷工程告一段落。1954年3月25日又全面施工。计划投资69820000元（旧币），实际开支59036439元，节约10120000元。这个码头俗称大椿树码头，即漯河第一大码头。

1955年春，由于生产大发展，漯河港的航运量大增。当时建沿河码头15个，其中12个是土码头，货物装卸最高月份完成12万吨。

1959年，大椿树码头新装两个探照灯，保证昼夜繁忙装卸。1965年9月，省航运局决定修建漯河二码头（大椿树东100米）和三码头（翟庄村西），维修一码头，共拨款27188.38元。两个码头建成后，大大改善了漯河航运的基础条件。

选自2003年9月《漯河文史资料》第十一辑

漯河水运及船舶、船民

范子文[1]

漯河地处沙、澧河交汇处，是发展航运的有利条件。

唐朝以前，因沙河水量小，无航运的记载。唐时，沙河河面加宽，河漕加深，水量逐渐丰富起来，因而沙河漕运初具规模，西连关陕，东达江淮。唐宪宗十二年（817 年），"唐军与淮西军夹溵水而军，诸军相望，无敢渡者"（《郾城县记》）。因而唐政府设立了淮颍水运使，专管水运事业。唐代平淮西之乱，运扬子院（扬州）之米，"自淮阴溯淮入颍，至项城入溵，输于郾城"。由于水运的方便，人口的聚集，唐王朝在沙澧交汇处重建溵阳城。《商水县志》："溵阳城在大水之南"，即今源汇地区。解放后，在顺河街、澧河岸，发现大量文物，证明唐王朝在此建有重要城镇。

南宋时期，沙河水运更加发达，漯河与周口成为沙河上两大重要码头。根据运输的数量、效果，皇上特命漯河为"上口"、周口为"下口"。

元朝时期，由于在汝水（沙河）之上两次截流，大大增加了沙河的水量，开辟了沙河航运的新局面，促进了漯河商业的快速发展。明永乐十年（1412 年）郾城县令王季立的《螺湾贾棹》："沙河东流碧，螺湾汇双河。舟行此焉薄，估客南来多……"具体地描述了当时航运的情况。

清朝乾隆时，漯湾河镇帆樯列岸，商贾云集，古人有"烟光隐现水涯东，片片飞帆渡晓风""何处客舟楼外过，东风吹送一帆间"等诗句

① 范子文，郾城县人，1921 年出生，1949 年参加工作。曾任郾城一、二中，孟庙、商桥、李集等乡镇高、初中教师。

的描述，可谓备矣！

民国时期，为了加强水运的管理，国民党政府在漯河设立了船舶管理所。船舶自漯逆流而上，可达襄城；顺流而下，可达周口、界首、颍州（阜阳），入洪泽湖经运河至长江。漯河北门外（今泰山桥南端）西抵小西门，东至老虎滩（原美国医院）经常帆篷相连，装卸繁忙。

据统计：民国时期，漯河从事航运业运输的有 203 家，木船 203 只（沙河中 168 家，澧河中 35 家）。

1949 年，有木帆船 130 只，载重 1657 吨。

1953 年船只定港定籍，有木帆船 525 只，载重 8307 吨。漯河占沙河水系航运总量的 87%，成为河南省最大河港。

1956 年，沙河水系船民 858 户，船 931 只。

1960 年，沙河于舞阳马湾建立了拦河坝，1974 年于周口西郊建立了拦河闸，均无过船闸门。从此，一千余年来漯河与中原腹地广大农村联系的沙河航运中断了。

航行于沙河的船舶为木帆船、无铁驳船和机动船。渡车渡人为单木船，一或二人撑篙，行动缓慢。大水时，渡口多不开船。如须开船，只能坐人。如从大北门渡口驶向对岸小李庄，须将船往西上提到澧河口，然后斜驶过去。水深不能用篙撑，换用桨划。船上坐的人皆忐忑不安，鸦雀无声，双目凝视着汹涌的河水，总望求天保佑，平安无事。渡船直驶对岸，因水流速大，是很难渡过的。所以，多数人无急事，水大（平漕）时是不过河的，以防意外。

运输货物，主要船舶为“对连划”（对头划子）大木帆船，前后两节组成，船长 20—26 米，宽 1.3—4 米，船桅 2—3 根，载重 30—57 吨。“普艄”，船长 9.3—13.1 米，宽 2.6—3.42 米，一篷一桅或二篷二桅，适应风大水深航行，载重 20—30 吨。“芒子”，船长 10—13.1 米，宽 2.4—3.42 米，一篷一桅，卧舵，载重 20—40 吨。

清光绪二十八年（1902 年）京汉铁路漯河铁桥建成后，东西运货之船，行经铁桥，必先将桅杆放倒，待从桥下过去后，再竖起来。

船上，住着船户全家（除老者外），装上货物后，启锚开船。大船须由一人掌舵，司船行方向；2 人撑篙，2—4 人拉纤。三者互相配合，保持船的正常行进。

载重帆船若逆水上行，需要拉纤，拉纤的人名为纤夫。他们沿着水边，弓着腰，夹板套在胸前，步履艰难地向前行进。夏天赤着脚，有泥踏泥，遇水跳水。冬天湿着鞋，踩着水边的冰碴，脚冻得红肿麻木，叫人看着实在可怜！

下行船，无风时也需要拉纤，提高船行速度。

船民成年累月生活在船上，饮用河水，船到某沿河集镇上购置一些油盐柴菜，以备应用。一两岁的小孩，一般不出船舱，如在船头上必须用绳一头拴住腰，一头系在船上，求得安全。

但船民生活，亦自有乐趣。日日水上行，时时环境新；与天地为伴，同自然作邻。夜晚，群舟停泊港湾，或明月当空，群星灿烂；或黑夜孤灯，舟舟映辉，琴弦声声入耳，谈笑妙趣横生，亦可谓“心旷神怡”“其喜洋洋者矣”！古人有“灯前说笑归来夜，明月照船送到家”（郭震《宿渔家》）、“月黑见渔灯，孤光一点萤。微微风簇浪，散作满河星”（查慎行《舟夜书所见》）的诗句，描写船民生活。

两次截流：第一次，元世祖忽必烈至元二年（1336 年），为了往京都运粮，在漯河寨南干河嘴截断汝水不使东流，使澧河水全部流入沙河。第二次，元惠宗至正十三年（1353 年），在舞阳西（今章化乡西北军李村北汝水正东大转弯处）截断南流之北汝水，使北汝水全部流入沙河。

两次截流处现痕迹明显存在，如下图所示。

选自2003年9月《漯河文史资料》第十一辑

漯河码头话沧桑

范子文

1955 年，春节刚过，北京中国人民大学经济地理教研室的几位研究生来到河南做生产实习调查，他们把目光投向了素有“水旱码头”之称的漯河，将其作为调查的重点。几位年轻的学者怀着极大的兴趣对漯河的经济地理、人文景观作了客观、公正、翔实、全面的调查研究，后来由胡兆量、黄河清执笔写出了《漯河市经济地理——沙、汝、澧河流域经济地理调查报告》，刊登在中国人民大学《教学与研究》1955 年 3 月第十期。这篇文章中提道：“漯河市是河南省最大的河港，有专赖航运为生的船户 700 余家，大小船只 800 只，其中经常航行的 500 余只，运载能力达 1.4 万余吨。沙河水系占河南省航运总量的 38%，漯河市占沙河水系航运总量的 87%。航运担负着漯河市与腹地广大农村联系的任务，北经汝河可达襄城，东顺沙河可至逍遥、周口、槐店、界首。”

漯河水旱码头这一特点，在漯河有文字记载的至少 650 余年。明代永乐十年（1412 年）郾城知县王季立写过一首诗:《螺湾贾棹》，其中有这样几句:“沙河东流碧，螺湾汇双河。舟行此焉薄，估客南来多。江淮百货萃，此处星辰罗。”当时的螺湾河真乃樯桅林立，篷帆云集，江淮一带的商人及长江、淮河装载的货物大批汇集到这里，形成一个庞大的商品集散地。王季立这首诗被漯河历届领导频频引用，证明漯河远在 15 世纪初就是一个繁华的水旱码头。最近，我看明代嘉靖年间出版的《郾城县志》，还有一首诗说明当时漯河的盛况。作者为庐陵人刘咸，明代佥事（掌一省刑狱之官，正五品官级），他在《郾城怀古》中写道：“裴城东向召陵西，形势峥嵘入望迷。螺湾日晚人争渡，龙井天寒乌乱飞……”螺湾码头形势峥嵘，人们争着渡河，500 年前的繁荣景象，跃然纸上。

明清和民国初年，漯河最大的码头是源汇寨大北门码头（即现在的彩虹桥处）。这里是古之许州到信阳州的必经要津。渡口两岸船只一艘接一艘，人喊马鸣，装船卸货，起锚拉纤之声此起彼伏。其景观可与张择端所画《清明上河图》媲美。有人说它是沙河水系最大的码头也并不夸大。在它的附近澧河嘴，有小西门码头，又叫小宋庄渡口，这是连接夹河里（即现在的双龙区）与源汇寨的主要纽带。夹河里的小宋庄、吴庄、周庄、挂刀营、宁庄的卖菜、卖豆腐、卖馍的都在这里过渡，到寨内北大街赶集或到车站做生意。从孩提时代我就住在渡口的古槐树脚下。每逢到了夏季，大北门渡口来往的车辆全靠河下班（装卸工的组织名称）的工人往船上推车，其骡马不能用船渡，就由我们两岸的少年包了。我们把牲口赶到河里，一手拿根柳条，一手拽住骡马的尾巴，在水里游走，很是快活。那时赶一头牲口可得 5 分钱，既玩耍又能挣钱还能锻炼水性。我还记得人车一多，河坡码头上排着好多货物、车辆，商人们都急得满头大汗，但又无可奈何。那时我认为沙河就是世界上最大、最宽的河了。1947 年冬，大北门渡口突然出现了一座桥，那是国民党四十一师用汽船搭起的浮桥，是作军事用的。老百姓谁都不能从上面过，否则枪毙。古老的渡口突然紧张万分，冷清万分，一切的船只、商人都销声匿迹，战争的恐怖笼罩着两岸。不久，刘邓大军南下解放了漯河，汽船浮桥像泡沫一样消失了。大北门渡口又恢复了往日的繁荣。20 世纪三四十年代有两次冬季奇冷，沙河冰封雪冻，来往渡口的人都沿冰而过，甚至大车也从上面过。

这个渡口还有一大景观，那就是涨水季节。平时的沙河很文静，一到涨水季节，河水像泥浆一样泛着土黄色，水头排山倒海般压来，浪涛如万马奔腾，咆哮声如响雷，令人不寒而栗。但河堤上的人却络绎不绝，一是看河水暴涨的壮观场面，二是看那船上水手艄公的表演。平底船上站满了人，“开—船—了—”，一声长喊，撑船的用篙一点岸，船就离岸驶向河深处。只见水手们将篙收起使劲地摇起橹来，船在波涛上起伏前进，摇橹人喊着高亢嘹亮的杭唷声，不到半小时就渡过一船人。人下船后无不念“阿弥陀佛”，总算平安过来了。小李庄的水手们都是剽悍勇猛的英雄好汉，他们会玩船，水性也好，就像浪里白条张顺，即使在惊涛骇浪中摆渡也从未出过事故。我说这都是 50 年前的事了，以后的水手们可没这种本事。

解放初期，丁湾也有船只摆渡，但还未形成码头。

大高庄码头，地点在老大桥西侧南岸原人民医院东门口，是沟通沙河南北两岸另一重要渡津。沙北的大高庄、小高庄、李盘庄、张店、邱李、孟庙等均由此到沙河南市区进行买卖。1949 年，为支援南下解放军打过长江去，解放全中国，漯河市民在此搭浮桥，有力地支持了南下大军。

由大北门码头溯沙河上游有郾城南关码头、新店码头，入舞阳有北舞渡码头，到襄县有三里沟码头，水量大时可延伸到郏县的长桥码头。禹州的瓷器，襄县、郏县的石槽、石磨顺汝河进入沙河，到达漯河各个码头，然后装船或装火车外运各地。

尽管漯河码头历史悠久，名气很大，但旧中国遗留下的码头港口均系沿河堤坡道装卸，处于自然原始状态。有的坍塌残缺无法使用，一遇雨雪，尤为艰难。再者，各码头装卸货物，全靠人抬肩扛，效率甚低。新中国成立后，随着经济的迅速发展，航运业务日趋繁重，原码头落后的状况已成为航运任务的障碍，形势的发展迫切要求港口码头的改善。《河南航运史》一书指出：“沙河系与京广铁路运输中转换装的漯河吞吐量大，帆樯云集，货积如山，是河南省有名的水旱码头。由于码头条件差，船只停泊待装待卸现象极为严重，遇有紧急运输任务，不得不利用沙河南北交通的木桥装卸货物，既妨碍交通又影响木桥使用年限，对船只周转和运输任务的按时完成影响更大。在港口码头停泊的船只，重船待卸，空船等装的时间一般长达 5 天以上。为此，省航运局成立后，在抓紧治理河道的同时，也以漯河这个大港口为重点，自 1951 年开始，着手进行了修建码头和改善装卸设备的工作。”

1953 年 11 月，新建了漯河仓库一栋。1954 年 3—6 月，河南省航运局在铁路桥以东，解放路北头河堤上（即大椿树处），修建了一座水泥、石料结构的斜坡式码头，又叫一号码头。由于该码头在一棵有 300 多年的大椿树处，漯河人习惯称之为大椿树码头。该码头坡长 123 米，宽 7 米，是河南省河道史上第一个水泥混合结构码头。一号码头的修建，极大地改善了装卸条件，提高了工作效率。1953 年，吞吐量为 125677 吨。到 1956 年，高达 513632 吨，其中进口货运量为 107122 吨，出口货运量为 406510 吨。重船待卸、空船待装的现象不复存在。沙河船只往来如梭，港区樯桅林立，呈现出一派繁忙兴旺景象。煤炭、石料由火车或上游船只运来，在此卸下后，再装船到沙河下游的逍遥、周口、沈丘、界首，更远者到安徽的寿县正阳关入淮河进入长江。大椿树码头曾辉煌几十年，名震沙颍河系，上海黄浦江的很多商人都知道大椿树码头。

河南省内河航运管理局为了加强港务管理，逐步改善码头设备，不断提高装卸效率，加速船只周转，挖掘运输潜力，充分发挥水运优势，本着“以码头养码头”和“取之于码头，用之于码头”的精神，于 1955 年制定了《河南省内河码头征收管理暂行办法》，以漯河港为试点，先后在各河系执行。这不仅适应河南航运日益增长客货运输的需要，而且加强了运输市场的管理，维护了航运秩序，进一步提高装卸效率，促进了水陆运输之间转换业务的发展。

到了 1959 年，由于沙河与京广铁路的交叉，已具备豫东、豫南水陆中转的漯河港，成为名副其实的水旱码头。诚如《河南航运史》一书所指出的：“位居全省港口之首。”港口码头线总长 610 米，拥有 2 个水泥码头，5 个一般码头，港区外还设装卸危险物品的专用码头。可供 150 只载重 2500 吨的船只停靠装卸。港区北岸有锚地一处，长 1500 米，锚地水深 0.7 米，可供 300 只载重 6000 吨的船只靠泊。港口还自建货仓 1 座，有效面积 478 平方米，专供货物中转换装临时存放。码头装卸拥有架子车 1700 辆，经常有搬运公司固定为码头装卸工 300 余人，1960 年又增加 200 人。另外，由当地组织的亦农亦搬的装卸队 300 人，在装卸任务大的时候船队还开展了自装自卸。货物装船多采用架子车直接上船的办法，既省力又高效率。日装卸量一般达 2000 吨至 3000 吨，最高可达 4000 吨。

1958 年“大跃进”时期，中共漯河市委成立了铁路、公路、航运、搬运“四运合一”联合办公室。1959 年，又吸收钢铁、粮食、基建、商业、中转、水利六个产销部门，组成了产、运、销“十合一”一条龙联合办公室。漯河港最高日装卸量高达 9159 吨。

漯河码头的自然特点是岸高、坡度大。我在大椿树一号码头看到，煤炭由架子车直接从河堤上卸到码头坡道上，然后再由架子车盘到船上。船上的货往岸上运时，费劲可大啦，一辆载重 400 公斤的架子车，上坡时需要 3—4 人拉。有的码头用畜力拉，以减少人的劳动强度，但效率并不明显。1959 年，搬运公司组织人员搞技术革新，经过反复试验制成了码头拉坡机。将铁链子扣到架子车下盘上，用电动马达牵引，上坡时只需一人轻轻架车，一两分钟即可将载重 400 公斤的 8 辆架子车拉上来，比人力拉车提高效率 96 倍。这种拉坡机具有制造简单、取材容易、操作方便、生产效率高的特点。我很欣赏这种拉坡机，每在河堤上散步看着拉坡机的铁链子循环地上着，听着它那哗哗啦啦的响声，比看着搬运工人如牛负重吭吭哧哧的难受样子心情大不一样。

选自 2003 年 9 月《漯河文史资料》第十一辑

漯河海员俱乐部

——水旱码头的见证

张文明[①]

我所知道的漯河原来有四个俱乐部，即铁路俱乐部、沙河俱乐部、运工俱乐部、工人俱乐部，然而有人告诉我还有第五个是海员俱乐部，并且即将被拆，我得知这个消息立即前住探查。在市区滨河路解放路口东北角沙河河堤外坐落着一个门窗凋敝、屋瓦破烂的大礼堂，就是见证漯河水旱码头的海员俱乐部。

俱乐部坐北朝南，有六扇黄色的大门，大门及上端的亮窗都镶刻着长方形或正方形的图案，其上装着透光性强的平板玻璃。门窗上方是刻有树叶图案的出厦，东西两端翘角，类似于条几几面的构造。往上是五扇玻璃朱窗，再往上即书有“海员俱乐部”五个行草，而“乐”字还是个简化的草书汉字。再其上是海运徽记，可能人为的破坏，有些地方不清了，圆形的外面由金黄色的麦穗包围，内有水草，上是铁锚，下是舵轮，舵轮中间是三条黄杠，黄杠中心似打结的流苏。图案中心为一面黄杆的旗帜，旗面左上方和中间的图案被人有意地凿掉，分不清是红五星抑或是什么东西。

东行数步，是海员俱乐部的侧面，只见大礼堂南北有 15 间房子长，东西有 7 间宽。掐“头”去“尾”，即除去大门、舞台，还有 11 间为观众留的空间。在第五、第九间，两厢各为应急出口。现在整个礼堂已是门坏窗破玻璃烂，连屋顶上的石棉瓦也斑斑驳驳，不遮风雨。

① 张文明，1940 年出生，鹿邑人。幼读私塾，中学毕业后入北京鲁迅文学院，专攻文学和摄影，后就职于郑州铁路局，1980 年秋调入漯河铁路中学任教。

见证漯河水旱码头的海员俱乐部

走进破败的礼堂，仰望楼板，荡然无存。只有几个放映电影的方洞尚且完好。四壁空荡，脚下到处是垃圾。进入场门，瓦砾满地，顶棚狼藉！阳光从无遮无拦的门窗射进，光线倒是充足，越发照得机制红瓦的碎尸横陈，不堪入目。举目细观，屋架完好，顶格方正，只是吊顶用的并非钢筋，而是垂直木条，由于年久失修，七零八落，残缺不全。

步入大厅内，更是满目凄凉：四处是尘落的碎瓦、遗弃的废物。当漫步到舞台前，舞台上的棚板全部不翼而飞，跟乐池连在一起，成了藏污纳垢、半人多深的大坑，里面还斜躺着一口当年装沙盛水，用于消防的大缸。

拾级而上，沿乐池，登舞台，转入耳房，泥坯脱落，秽物遍布！转身从门洞走出，是榛莽丛生、断壁残垣的室外踏步。

我不忍再看下去了。油然产生了一种思绪：一座见证当年水旱码头的海员俱乐部，何而衰败到如斯地步？但我打儿时就听人说，河上街码头，特别是大椿树码头，是异常热闹的。这里不只是牲畜的聚散，而且有着粮食的聚散、商品的聚散……在不到200米宽的河道里，常常有上百艘船在漯河—周口—蚌埠—上海间穿梭往来。那满河的风帆、林立的桅杆、悠扬的沙河号子，每每令人流连忘返，津津乐道，赞叹不已！所以，才有了“滬水风帆”壮观的美景！

我在采访中常听人说，海员俱乐部当年热闹得很。沙河里不止有上百吨位的木船，而且有通江达海的小货轮，既有冲船使帆的艄公、船老大，又有金发碧眼的洋人和掌舵的海员。他们经常到海员俱乐部消遣，看戏、跳舞、会餐、表演、放电影……洋海员爱跳舞，舞台上彩灯闪闪，乐池里洋鼓、洋号、风琴、提琴、萨克斯管齐奏，随着嘭嚓嚓的旋律，洋人搂搂抱抱，蹁跹起舞。

我想象着昔日的繁华，想当年建造俱乐部时，数以百计的大小船只，数以千计的人口，数以万吨的货物聚散，无不依赖于码头生存，是何等的繁荣昌盛啊！虽说有铁路运输，但在兵荒马乱的岁月里，廉价的水运依然是人们的首选。从某种意义上说，河上街的荣光，于1948年前后沾的是水运码头的“光”，并非沾了铁路运输——旱路码头的“荣”。

记得儿时，跑到沙河去玩，大椿树码头旁边一艘挨一艘停满了装货卸货的大木船。靠近水边，是堆积如山的货物，犹如垒积木似的，搬搬运运，掏掏垒垒，永远装不完、运不完。一条条铁链伸向堤岸，铁链上拴着大铁锚，在金灿灿沙滩上参差不齐地锚成一片。沙滩的空地上架着待修的木板船，两个拉大锯的木工站在高高的木桩上你来我往地解着板；几个赤膊的汉子，或剁着麻捻，或用桐油调着腻子，或在石臼里砸着批灰……只见修船的人们，抡斧的抡斧，使凿的使凿，批灰的批灰，油船的油船……忙得不可开交。只有几个卖“冰糖薄荷糖”的、“烟卷——哈德门新都”的和“莲花豆面蚕豆”的提篮小贩，在河滩穿梭叫卖。

那时的码头，随着共和国的成立再度焕发出勃勃英姿。当国民党炸毁京汉铁路、尚未修通之际，以及在新中国成立初期，大椿树码头是空前的繁华。那时，北盐南货，东进西出，卖出买进，购物运输，多仰仗这廉价的水运。整个码头，船来车往，好不热闹。特别是大椿树码头，桅杆林立，千帆竞发，货堆如山，装装卸卸，熙熙攘攘，车水马龙。放眼望去，停靠在岸边的一艘艘舱船，首尾比肩，鳞次栉比。只见扛大个儿的脚夫，人抬肩扛，上上下下，有如蚂蚁行雨，络绎不绝。船升船降，舱盈舱虚，货垛如山，连绵起伏。而那载货的牛车、马车，推货的宏车、土牛（小推车），熙攘往来，嘎嘎吱吱，唧唧扭扭，和着吆喝声、炸鞭声、艄公的号子声、小贩的叫卖声，组成了一曲雄伟、浑厚的码头繁华交响乐章。当此时也，站在大椿树码头，朝坡下望上一望，那拉坡的一头头小毛驴，在一道道鞭影下，一个个伸长脖子，挣紧襻带，奋蹄直套地朝上冲，也是一道非常好看的风景！

何止是大椿树码头！沙澧交汇处，位于北大街（即今彩虹桥西）的码头，当年亦繁华得很哩！由北舞渡满载粮食的船只逶迤数十里，扬帆顺流而来，东面沙河驶来的货船亦在此处交汇，大槐树旁，船来船往，你出我回，蔚为壮观！你看吧，沙河号子响起，使船的、弄舟的、掂篙的、抛锚的、搭翘的、卸货的、装船的……宛如蚂蚁行雨、鲫鱼过江，连宽宽的堤岸、二道堤都垛满了货。

听上年纪的老人讲，不说划子、舢板，单说沙河里的对屁股、有桅杆的大船，就有近千艘。从大槐树到母猪圈设立的永久性码头有 2 个，自然码头十多个。每每扬帆开船，三五十米长的大船首尾相连行进在河道中，延绵百里，十分壮观。公私合营那阵子，20 吨以下的小船一概不入，仅 50 吨以上大船加入近百家。据不完全统计，从事航运的人数达 6000 多人。今天，河南省龙源航运实业有限公司的娄新国书记向我说了个数字，他说:“截止到 1996 年，全省当年被划作‘水上资本家’的共 707 家，而漯河就占了 500 多家”。由此，亦可折射出昔日沙河航运的繁华程度！

我记得“大跃进”那年，我们到西华黄泛区国营农场勤工俭学，就是在大椿树码头乘船去的。20 世纪 60 年代末，当地新闻还曾报道漯河载货的船队浩浩荡荡地从大椿树码头出发，过周口、经蚌埠、直抵上海的消息。到了 20 世纪 90 年代，我从年轻作家方方的《风景》中阅读到她写“河南棚子”那段“打码头”而提及周口的往事中，隐隐约约地感悟到了昔日的船民们波及四方的情景。而作为仅有10万人口的河上街水旱码头，也早已闻名遐迩了！

漯河海员俱乐部现状　漯河政协文史委摄

在沙河航运史上，曾经在过年中有着“帮船”“搭财神棚子”等习俗。据石金江先生所著《沙河船工过春节的风俗习惯》一文讲，即有专为“大王爷”——“一种七寸长，像蛇一样的动物（实际是水蛇）”进香、烧纸、放鞭炮、“请剧团唱戏”等记载。新中国成立后，梨园的身份提高，沙河业余剧团也在这种情况下应运而生，较之铁路剧团成立得早。他们自然要走上自己的舞台，“三五人，千军万马；六七步，走遍天下”的在海员俱乐部舞台上演出。如果再加上有乐队伴奏的舞会、电影放映、开会、聚餐等一系列活动，当年的海员俱乐部红火得很咧！

沙河航运的凋敝，正确地说，漯河水运码头的衰落，是肇始于漯周公路及铁路的建成。汽车、火车的轱辘转得快了，就给货物快捷的运输提供了便利。“时间就是金钱，效率就是生命！”这口号提得非常振奋人心，殊不知那也是一柄双刃剑！快捷是要付出消耗能源、污染环境、破坏生态、占据大量可耕之地、投入巨大资金等一系列的代价的。首先，它冲击了近万人的工作问题，到了20世纪70年代，大批船民不得不面临弃舟登岸、重新谋生的抉择。在我的记忆中，他们办过拉链厂、拔丝厂、综合加工厂、石灰窑等产业。可惜，没有一个兴隆的，先后倒闭、停产，有一些老船民不得不以捡破烂维持生计，将原本低碳、环保、廉价、就业人数多、利用可再生能源的水运，逼上了行将消失、岌岌可危的地步。尤其是拦河大坝、水闸、水库的建设，无疑又使很不景气的沙河航运雪上加霜。据娄新国书记讲，目前挂在漯河航运的船只，也不过五六十艘，无法跟当年红火时拥有的船只相提并论。

可慰藉的是，近年来不断传说要恢复沙河通航，所幸的是，前年沿河拆迁，漯河市将这个千疮百孔、见证水上码头历史的海员俱乐部给保留了下来，如今孤零零矗立在拆迁的一片瓦砾及垃圾堆里，像个久经风霜的老人。

我希望见证水上码头历史的海员俱乐部得以修复，我希望水旱码头不是过去的历史，更希望它能在今后成为漯河人民引以为傲的现实！

选自2012年12月《漯河文史资料》第十九辑

老漯河的陆路交通

范子文

老漯河的陆路交通，东达江淮，西至川陕，南到楚湘，北抵京津。自古以来，为中原交通之枢纽，各方来往之要津。因而人们无不视漯河为“物华天宝，人杰地灵”。远古时期，先民们即在这里居住，繁衍生息。降及后世，随着社会的发展，由部落到渔村，并逐步建起了集市城镇。

由于漯河的地理位置适中，陆路交通的便利，各地商人不惮道途遥远，佥来投资经商或兴办企业。人们生产、生活所需要的各种物品，以各种运输工具陆路运至漯河，同时本地土特产品，适应各地需要运往四方。明时，商业已呈“舟行此焉薄（泊岸），估客南来多。江淮百货萃，此处星辰罗”的繁荣景象。此后，历经清、民国300多年，漯河工商业的发展，更是惊人。特别是1906年铁路通车后，“车马辐辏，五方杂处”，漯河的发展，由寨内延至火车站周围，大南门外。面积由1平方公里发展到3平方公里。到新中国成立前，市区共有较著名的街道57条，里巷48处，“固为一都会矣”（《郾旧志》）。

现就老漯河的陆路交通路线和陆路运输工具分别说明如下。

陆路交通路线

老漯河陆路交通路线，四通八达。以老漯河为中心，辐射河南省各重要城市，继可延至国内各省。计有：

1.（南、北）京广驿道

古代为传车、驿马（文书马）的通行而开辟的大道，又叫官路（官道）。北自临颍大石桥入境至郾城南九空桥（淤泥河）出境，长 54.88 公里。途经：大石桥→临颍城→十里铺→大沟桥→小商桥（北）→隋拱桥→小商桥（南）→沙埠口（宋时走乾勒桥）→王店（宋时走蒋堂）五里岗→郾城东门→漯河南北街→干河陈西→小村铺→九空桥→西平境。

为了缓解驿道运输压力，方便漯河西南各地与漯的物资交流，在驿道之西，郾境南部又开辟了两条副道：

（南）郾城→三里桥→指挥寨→叶岗东→老于→宋寨东门外→西平境（现废）。

（西南）漯河寨（车站）→干河陈→舞阳路口→孟寨→叶岗东→杨店西→半坡朱（出境）→西平（现废）。

2.（东北）漯西公路

漯河寨北门→五里庙→黑龙潭→逍遥→西华→淮阳→商丘。

3.（西）漯叶公路

（为漯界公路的一段）原为旧东西驿道，地位次于京广驿道。

漯河北门→郾城城东（今许慎农贸市场）→北关→十五里店→新店→裴城→襄城→洛阳。

4.（东南）此路原无名，现漯上公路

漯河寨南门→人和→高桥→五沟营（出境）→上蔡→汝南→潢川→武汉

漯河寨（东门，东南门）→娄庄→白坡→邓襄寨→五沟营。

5.（东）漯周公路

漯河寨（车站）→母猪圈南堤下→贾店→召陵→归村→周口→界首→阜阳→合肥

6.（西南）此路原无名，今漯舞公路

漯河寨南门（车站）→牛行街（人民路）→干河木桥→舞阳路口（今泰山路南与金江路交汇处）→指挥寨→大刘→问十→舞阳→南阳。

牛行街南端正西南至指挥寨一段公路，原为人行小道，不通大车，故大车旧时皆绕干河陈西（今泰山南路东）经舞阳路口到指挥寨。1927 年，冯玉祥主持豫政时，将这一段路辟为大道。

7.（西北）此路无名

漯河寨北门→郾城北关→仲李→庄店→波刘→崇岗→大郭→颍桥→禹州→洛阳（今废）。

陆路运输工具

老漯河地处平原地区，向为“车马辐辏，五方杂处”的经济发达城市。为适应经济的发展和人民生产、生活的需要，老漯河具有各种陆路交通运输工具，但十分落后（笨重、缓慢、效率低），有些还是原始型的。

1. 背、驮、扛、挑、抬　三二十斤重的东西，如粮食，可装在口袋里背；稍重的可放在背的上部双肩之间驮；七八十斤重的东西可放在肩上扛；100斤左右的可挑，如过去乡下贫苦农民经常挑柴到寨内柴火市街出卖，因而形成柴火市（今泰山路沙河桥南端东南角）；更重的如100斤以上的，为了省力二人合抬，如过去修河堤，大半用抬的方式运土。

2. 推车（小车）　根据构造用途分两种：

平车　全木结构，两把把前铺以木板，下置小轮，两手抓把。为了减轻臂力，推者可在双肩上搭以襻带，挽住车把，推之前往。一般可推200—500斤的货物，亦可推人。

红车　较平车载重量大的人力推车。全木结构，形式较大，构件较粗，两把把前双架，架下置较大木轮，直径约70厘米，（山）枣木作轴，双架两旁各置平架，装载货物。一般一人可推千斤左右。为了减轻推手劳动强度，车前亦可一人拉梢。

3. 大车（畜力车）　各路来漯河的畜力车，形式不一，大小不同，皆由于各地适用本地相沿而成的制造形式。计有：

马车　车轮较大，多用木轮，外箍以铁皮，车厢多为平板，引出两根长木以为辕，由一骡或马驾辕，前以索（长撇绳）套2—3匹骡（马）拉梢，故名三套骡车。载重可达千斤。为老漯河陆路运输的主要工具。

汽马车　为加快车行速度，以原马车为基础，将车轮改造成橡皮轮胎，车轴上安以钢珠转动。现仍使用。

太平车 北宋时已有大型太平车，车为全木结构，四个木轮外箍铁瓦，轮与车等高。车厢方形，内载货或乘人。部件结构衔接处，联钉以长形铁板钉，以防部件脱离。车前并列套3匹骡子或牛拉动，车前一人执鞭，车后一人握把，转动方向。载重可达数千斤，但行动慢，如遇雨雪，土路难以通行。它的特点是平稳，故名太平车。

双驾辕车 南阳地区来往漯河运输，多用此车。此车两轮、车厢前装入一根长木，长木前端装一横木，使用时长木两边各驾一牛，拖拽前进。牛脖子上戴着大铃铛，牛走着铃铛有节奏地响着，给人一种美的享受。俗称“二牛抬杠”。

民初地理学家吴世勋著《分省地志·河南》中描述：“漯河西南360里至南阳……沿途平畴沃野，村落相望，大道荡荡，车夫常倚车假寐，绝无倾跌之虞也”所述之车，即此类也。

铁角车 农家小户大半用此种车。体积比马车较小、轻便，铁轮、每轮重150斤，双杆、平厢两把。辕可套牛、马、驴一牲驾拉，车前可套一两个梢子。载重千斤左右。新店、郾城、漯河等处常用此车载人，俗称趟车。

驮骑 骑及负物之用，有马、骡、驴三种。人骑以马为速，负物以骡为健，买值以驴为贱。

使用马、骡、驴驮物品，俗称驮子，山区、丘陵地带使用较普遍。特点是方便、灵活。豫西地区一些笨重物品如煤等，解放前不少用驮子运至漯河。

轿 高级豪华的交通工具，旧社会为封建豪绅或富有家庭所据有，贫民不敢问津。县官出巡坐轿，衙役跟后。地主富豪专用花轿（如今天见到者然）。富家大门有过轿门，轿可以至庭院，入内室，新娘在房内上轿、下轿。婚嫁用的轿数一顶、二顶较为普遍，排场家也有三顶（个）的，红绿搭配，新娘坐红轿，新郎坐绿桥，轿前执事、仪仗，有旗牌、闹伞、扇、乐队等。

轿车 轿车就是载人用的马车。两轮，轮上装有木制的车厢，前后有门，或中间两侧开门。车厢有窗，挂布帷遮挡，其上有盖，以避雨雪。有两座和多座的。因车厢像轿子，故名轿车。这种车一般套骡马。

黄包车　通称人力车，也叫东洋车，因它是从日本传入的。清光绪三十三年（1907 年）传到开封，接着传到漯河。初为铁裹轮，敞座无篷，后改为橡胶轮，座上加半圆形篷，可防风雪、遮日晒。解放前，郾漯公路（郾东关—小李庄）上多行此车，但大都为富商巨贾、达官贵人乘坐。

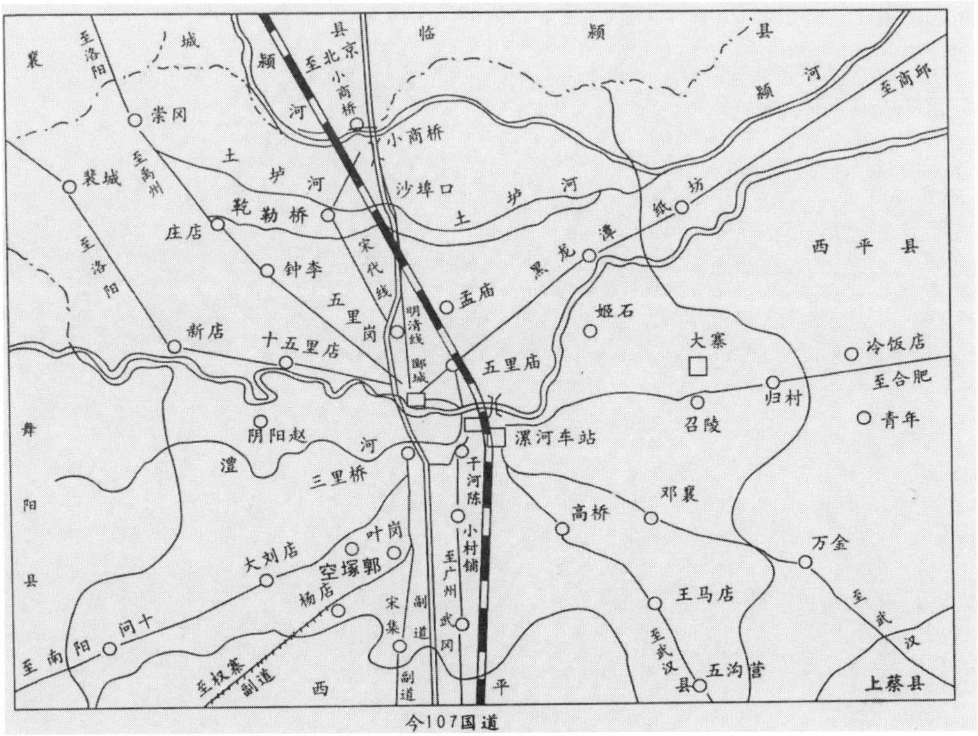

漯河古代陆路交通地理形势图

自行车　以前叫洋车，据说不少自行车都是进口的洋货。一辆车需银洋四五十元，除达官贵人外，一般人买不起。

汽车　民国 9 年（1920 年），许昌商人郑开先等，经河南省政府批准，借用官道，在开封至漯河线上办汽车公司。民国 10 年（1921 年）1 月，商人袁世斌在周口至漯河之间又办了汽车公司。但当时汽车数量很少，货运用的不多，直到 1949 年漯河无客运汽车。

角儿驴 生活无着，东借西磨买一头小毛驴，在公路上载来往行客，速度比坐车快。

架子车 解放前，除一些大运输公司、商家使用外，乡村里用的很少，因价值高（银洋一二十元），农民们买不起。

选自 2004 年 7 月《漯河文史资料》第十二辑

漯河铁路史话

李满堂

自清光绪二十三年（1897年）清政府开工兴建卢汉铁路，漯河土地上开始出现铁路和火车，至今已走过了117年的发展历程。100多年来，漯河境内铁路从无到有，由少到多，由1条增加到6条，运营里程由46公里增长到238公里。现按时间顺序分述于下。

一、京广铁路

京广铁路始称卢汉铁路，因最初的设计北起卢沟桥，南至汉口，故因此而得名。由于卢汉铁路是当时中国修建的里程最长、规模最大、影响最广的一条铁路，而且卢汉铁路途经漯河有其必然性，但更多的是偶然因素所致。因此，这里不妨从它的来龙去脉说起。

世界上最早的铁路，是1825年英国人史蒂芬森建造的一段铁路，并发明了蒸汽机车。在中国大地上最早出现的铁路，是上海吴淞铁路。而说服清政府同意修建铁路，并使修建铁路合法化的是李鸿章（1823—1901年），力主修筑卢汉铁路的非张之洞（1837—1909年）莫属，使张之洞的主张能够得以实现，并且改变整个中国铁路历史命运的仍然是洋务派领袖人物李鸿章。

清朝末期，因我国煤炭开采与运输的窘境，北洋大臣李鸿章曾多次上奏朝廷，希望“效仿西法”开采煤矿，以解决进口煤炭价格高昂和易受洋人挟制之弊病，但清廷并不上心。直到1874年日本入侵台湾，随着时局吃紧，清廷高层意识到加强海防的重要性，才允许“试办开采煤铁事宜”。直隶境内的开平煤矿煤炭储量大，不仅是我国航运业的命脉，更关系到北洋舰队乃至整个国防的安危。1881 年开平煤矿出煤，产量不成问题，问题是有煤运不出去。有识之士敏感地意识到，修建铁路势在必行。

中国大地上最早修建的铁路，是 1876 年以英国怡和洋行为首的资本集团秉承其国家的旨意，采用欺骗手段，以修筑一条“寻常马路”为名，非法擅自修建的上海吴淞铁路，通车后 16 个月被清政府以 26.5 万两白银赎回并拆除。时任直隶总督兼北洋通商事务大臣的李鸿章早就有修建铁路的想法，但是由于有这次强行拆除铁路的前车之鉴，李鸿章向朝廷报告谎称为了运煤，他修建的是“快速马路”，实际上却在 1881 年 6 月于这条“快速马路”上钉入了中国修建铁路的第一颗道钉。为了能保护好这条来之不易的铁路并加以延长，1887 年 3 月的一天，李鸿章借护送慈禧太后和光绪皇帝扫墓之机，称一位洋商要报效太后的恩典，愿在颐和园内修建一条观光用的小铁路。其实，这个所谓的“洋商”就是李鸿章本人。让人称奇的是，被后人描绘成昏庸守旧、贪婪凶残的慈禧太后（叶赫那拉·杏贞，1835—1908 年），居然毫不迟疑地将这个“在大内之地修建铁路”的烫手山芋接了过去，还欣然命令立即动工。1888 年 5 月，颐和园铁路顺利建成通车。同年，李鸿章又开始修建“紫光阁铁路”，位于中南海的这条铁路大大拓展了慈禧太后的活动范围，体会到了铁路给她带来的惬意，她也不自觉地逐步改变了对这种新生事物的看法。李鸿章趁热打铁，又向慈禧太后建议修建从天津到京师通州的津通铁路，很快得到了慈禧太后的“依议”和“朱批”。李鸿章欣喜不已，迅速着手筹建，并于 1889 年 1 月顺利完成了勘路工作。可是，就在即将动工之时，突然发生了变故，津通铁路的修建立马搁浅。

其原因何在呢？就在慈禧太后批准修建津通铁路的第四天，以帝师翁同龢（1830—1904 年）、大学士恩承（？—1892 年）为首的大批中枢要员联名反对修建铁路。由于遭到朝廷中枢的高压弹劾，慈禧太后于是下令“海军衙门和军机处妥议”。同时，慈禧太后传谕李鸿章，令其写个折子，对所列罪名给出个合理解释。李鸿章在奏折中认真驳斥了被指责的问题，同时还在《议复疏》的折子上向慈禧太后提出一条建议：“可否请朝廷将我的奏折和反对修建津通铁路的奏折一并发给各地方督抚，请他们对这事发表发表意见。”这就是清末历史上出现的“围绕‘中国是否修建铁路’的全国督抚大讨论”。

最后讨论的结果，除了台湾巡抚刘铭传（1836—1896年）认同李鸿章修建津通铁路的主张外，其他督抚却并未做出太多表态。而最后一份奏折是两广总督张之洞的，出乎所有人意料的是他“别开生面，异曲同工”（恭亲王的评语）的提议，一下子成为这场大讨论的转折点。

张之洞的奏折有什么魔力，竟能令铁板一块的中枢大臣们转变观念，同时还得到恭亲王的肯定？这源自他在政治上的宽阔视野和灵敏嗅觉。张之洞的奏折超越了所有争论中的各方，他将“促民生，争利权”作为铁路建设发展的首要战略目标，巧妙回避了能否修建铁路的问题。他反对修建津通铁路，却大胆提出修建卢汉铁路，认为卢汉铁路是打通中国南北方要害地带的交通命脉，而且是在内地修建，没有洋人从沿海的天津长驱直入进入京畿重地的威胁。他从战略的高度阐述了国家修筑铁路的重要性，提出“中国应开铁路之地甚多，当以卢汉一路为先务。”并列举修建卢汉铁路的八项好处，其中重要的有四条：一是广开商旅之利；二是促进煤铁开采；三是方便漕饷之运；四是有利军队调动。不久，光绪皇帝颁布上谕，采纳张之洞的建议，缓建津通铁路，宣布修建卢汉铁路。这是光绪以大清皇帝名义作出的第一个重要决策，也是铁路兴废之争的终结，中国铁路建设从此合法化。

铁路的修建议决之后，随之而来的就是如何修建、由谁来负责的问题。当时中国并没有专门的铁路建设管理机构，只是在李鸿章掌管的海军衙门中设有这方面的职能，朝廷本意是想让李鸿章、张之洞二人联手修建卢汉铁路。张之洞时任两广总督，远在广州，离卢沟桥有4500里，离汉口也有2000里之遥。自己出力，别人得名，李鸿章岂能愿意干这种事，面对这样的境况只得感慨道：“鸿章老矣，报国之日短矣！”况且他夙愿难偿，又被无端扣了帽子，此时索性以“年衰力辱”为由不愿承担，逼着小自己14岁的张之洞亲自挑起修建铁路的重任。而张之洞并不推辞，欣然同意。

1889年8月，满怀修筑铁路雄心的张之洞卸任两广总督，被朝廷任命为湖广总督，并正式上奏清政府，建议修筑卢沟桥至汉口铁路，不但陈述了修建理由，提出分四段8年完成的施工方案，而且附有初步的线路图，得到清政府批准。

时值清朝末期，西方列强大肆入侵，肆意掠夺，企图瓜分中国，致使中国经济严重衰退，民不聊生，国库异常空虚。为了修建卢汉铁路，张之洞向清廷提出每年拨款200万两银子以备修路之用，得到了允诺。同时，为生产卢汉铁路所需要的铁轨，张之洞开始筹办汉阳铁厂等一系列重型工厂。但每年200万两银子，对于庞大的卢汉铁路工程无疑是杯水车薪，并且仅仅拨款一年，就因东北局势紧张，清廷下令“移卢汉路款先办关东铁路”。于是，卢汉铁路的修建被搁置。

这一搁置就是5年。直到1894年，张之洞会同直隶总督王文韶（1830—1908年）再次奏请修建卢汉铁路，复经清政府批准。1896年10月，为加强铁路的建设与管理，王文韶、张之洞奏请设立铁路总公司，以大官僚买办、天津关道盛宣怀（1844—1916年）为督办大臣，统筹卢汉铁路的修建。

清政府原打算铁路实行“官督商办”，不动用、拨付官款，实际也无款可拨，由各省富商集股修建，但当时时局很不稳定，华商“各怀观望”，无人问津，不得已只好依靠外商、举借外债。借款修筑铁路的消息一经传出，美国、英国、法国、比利时等国的公司代表蜂拥而至，竞相兜揽。张之洞、盛宣怀经权衡后认为其他国家胃口太大，而比利时是个小国，钢铁资源丰富，铁路技术成熟，最主要的是他们“于中国无大志”，比较让人放心，于是倾向于比利时。

1897年3月17日，比利时驻汉口领事法兰吉应约与张之洞见面，开始商谈筑造卢汉铁路事宜。经过数次谈判，清政府最终与比利时人达成了合作协议。1898年6月，《卢汉铁路比国借款续订详细合同》和《卢汉铁路行车合同》正式签订，清政府向比利时公司借款450万英镑，年息5厘，9折后实付405万英镑，期限30年。该合同规定，筑路工程由比利时公司派人监造；所需材料除汉阳铁工厂可以供应外，其余都归比利时公司承办，并享受免税待遇；在借款期30年内，一切行车管理权均归比利时公司掌握。这不仅使中国丧失了铁路主权，还在经济上受到巨大损失，为以后帝国主义者利用债款关系掠夺中国铁路权开了一个很不好的先例，但在当时也是无奈之举。

在与比利时公司谈判借款的同时，1897年4月卢汉铁路正式开工建设，先期开工的是卢沟桥至保定段，款项是原本预算的官款，因款项不到位等原因，修筑工程时断时续，到借款合同签订时，仅修筑了100多公里。

就在卢沟桥至保定段开工建设的时候，一个意外的事情着实让张之洞、盛宣怀紧张了好一阵子，也使卢汉铁路的修建又险些夭折。中国近代史上首位留学美国、耶鲁大学法学博士、被誉为“中国留学生之父”、

京汉铁路汉口起点：大智门火车站

中国近代早期改良主义者容闳上书，提出兴建天津经清江到镇江的津镇铁路设想，竟然得到了支持，并获取修筑津镇铁路的特许状。此事令张之洞、盛宣怀大为不安，他们多次上奏朝廷，据理力争，最终使清廷放弃了修建津镇铁路的设想。张之洞、盛宣怀随之放下心来，放开手脚抓紧时间修建卢汉铁路。

不过，容闳的设想最终还是实现了，即后来修建的津浦铁路（天津到江苏浦口），只是修建时间放在了京汉铁路10年之后，于1908年7月开工，1911年9月钢轨铺通，1912年建成。加之先前（1897—1900年）修建的京山（山海关）铁路的北京至天津段（也就是前述“搁置卢汉铁路先办关东铁路”而修建的这段铁路）及1905—1908年建成的上海至南京的沪宁铁路，并于1968年南京长江大桥建成连接两条铁路后形成今天的京沪铁路。

按照合同规定，包括卢沟桥至保定段在内，全路统交比利时公司接办。比利时公司接办后，南端起点由汉口通济门改为玉带门，于1897

正阳门车站（现为中国铁路博物馆）

年 7 月从南北两端同时开工。

1898 年 12 月，清政府又以同样的条件，向比利时公司借款 1250 万法郎。

1900 年（庚子年），清政府与八国联军开战，史称庚子之战，并于次年（辛丑年）签订了丧权辱国的《辛丑条约》。战争中卢保段铁路遭到破坏，战后由比利时公司进行修复。同时，清政府同意了八国联军提出的把卢汉铁路延展到北京的要求，遂于 1901 年将该铁路向东北延伸 14.8 公里至北京正阳门车站。至此，卢汉铁路改称京汉铁路。

1903 年 3 月，京汉铁路修建到漯河。京汉铁路自临颍县石桥车站北 775 公里处至西平县人和车站北 821 公里处，在漯河市境内共有 46 公里。京汉铁路原本不经过漯河，最终却经过了漯河，这个巨大的变化应源自袁世凯的念想和干预，也就是本文开头所提及的偶然因素。

铁路的路线设计需要考虑的因素很多，但其中的利用价值最大化，即通过位置重要的地区与走捷径、尽量缩短线路长度、降低建设成本这

1901 年时的北京正阳门车站

两个因素是一对矛盾，需要统筹兼顾。按照最初的设计，卢汉铁路从卢沟桥出发，一路稍偏向西南，目的是要经过保定、石家庄、邯郸等要地。而过安阳后，经过开封、周口到汉口，基本上是正向南一条直线。加之开封是七朝古都、当时的河南省省会，繁华程度和地理位置重要自不必说；周口当时是河南省四大名镇之一，又是淮河上重要的水旱码头，地理位置也非同一般。而郑州那时还是郑县县城所在地，一个不起眼的小镇，除了商代在此建都外，没什么名气。因此，卢汉铁路的设计，直线经过开封、周口到汉口，就是顺理成章的事。那为什么卢汉铁路最终没走开封、周口，而是经过郑州、漯河了呢？这得从袁世凯说起。

袁世凯（1859—1916 年），河南项城县石腰庄（今项城市王明口镇袁寨村）人。曾任清末直隶总督兼北洋大臣、内阁总理大臣，北洋政府首脑，中华民国临时大总统。1915 年 12 月称帝，建立中华帝国，当了 83 天的洪宪皇帝。后迫于声讨压力和内外交困的局势，废除帝制，于 1916 年 6 月 6 日病逝。

袁世凯的老家在周口南偏东方向，如果铁路走周口向南，与其老家东西直线距离也就十多公里，恐怕火车的汽笛声就会听得很清楚。这样铁路从家门口通过，袁世凯有两大隐忧：一是那时候人们对火车还不很接受，虽然称奇，但视其为庞然大物、怪物，因此，袁世凯担心铁路会冲断、破坏了他家地脉，带来不祥之兆，欲敬而远之；二是铁路是交通大动脉，人流、物流量大，沿线最易发生战乱和匪盗之患。尤其是先期建好的卢沟桥至保定段铁路沿线，是义和团运动最激烈的地区，义和团在抗击外国侵略者的同时，也焚烧教堂、拆毁铁路，这都是镇压义和团的袁世凯亲身经历、亲眼所见。

再说了，袁世凯身居要职，有权有势，有这个能力改动铁路的走向。在京汉铁路的修建过程中，为了强化行政管理，清政府指定，京汉铁路以黄河为界，北段由袁世凯监修，南段由张之洞监修。1901 年 11 月 17 日，清廷任命袁世凯为直隶总督兼北洋大臣，袁世凯接任直隶总督时，也是京汉铁路全线复工之时。事实上，京汉铁路从开工至此时，虽然已过去三年半时间，但进度很慢，除了北段修到正定，南段也只修了一小段，中间很多路段根本就没有动工。袁世凯既是直隶总督兼北洋大臣，本身就负责着京汉铁路的修建；同时，京汉铁路督办大臣盛宣怀是李鸿章的干儿子，也是袁世凯的结拜兄弟，如果袁世凯对铁路的修建设计提出修改意见，盛宣怀不可能不同意；而且，袁世凯是中国近代史上的军事人物，精通军事，但对修筑铁路与国民经济的关系了解较少；还有，据说袁世凯非常顾家，老乡和家乡观念很浓，当他看到京汉铁路从家乡经过的蓝图，不是高兴，而是担忧。因此，他为了家乡的安全，从“地方保护主义”出发，建议京汉铁路西移。理由是开封一带多为黄河故道和泛滥区，地质复杂，土质松软，尤其黄河大桥是关键性工程，此段黄河是有名的地上悬河，河床摇摆不定，建桥难度会很大，将来定有后患；而郑州段地处邙山之尾，地质坚硬，河床稳定，河面较窄，此处应是线路经过的最佳选择；同时，漯河的水旱码头已形成，地理位置也很重要。至此，京汉铁路改变最初设计路线，向西移动约100里，绕了个大弯儿，经过郑州、漯河、信阳一路南下到达汉口。

若不是袁世凯的一念之举，河南省省会不会搬迁到郑州，郑州也难以形成中国主要的铁路枢纽，更不会有漯河车站地区的繁华和今日豫中南重要的交通商贸流通区域中心，就是在漯河土地上出现铁路，恐怕至少也是半个多世纪以后的事情了。

就在京汉铁路的大方向确定之后，在漯河地段的具体线路选定和车站选址上也颇费了一番周折，先后几易其址。原因何在呢？经仔细考察分析，主要是沙澧二河这一天然屏障的影响。

从地图上看，从孟庙北过来直线向南，应是沿今天的嵩山路一线，这是捷径，但是要将线路选择在这里，有两个大问题：第一个问题是要越过沙河、澧河两条河流，需要修建两座大型桥梁，显然，这要加大修路的难度、投资的额度和工期的长度。第二个问题是这个线路选择使车站的选址受到了限制，如果把车站建在沙河以北或者澧河以南，距离居民区都比较远，人们乘车不方便，而车站的最适中位置应是两河之间，但是这又有两个问题，一是两河之间的南北距离短，只有1000米左右，尽管眼前建得下，但不利于以后的发展；二是车站建在这里，与居民区隔澧河相望，河上没有桥，人们来往车站更不方便。鉴于此，设计者们放弃了这个捷径，线路向东移动，经过源汇寨东门外，大桥地址选在了沙澧河交汇处的下游约 700 米处，也就是现在的泰山路彩虹桥与老虎头之间。但碰巧的是，1900 年夏末，就在大桥快要建成时，刚好遇到了大洪水，大桥正处于沙澧河汇合后的急水头上，大桥被冲垮了。看来通过这里也不行，假使硬着头皮重建大桥非要走这里，将会后患无穷。

无奈之下，桥址再次东移，而且移动较多，向东移动约 1300 米，也就是今天铁路大桥所处的位置，这里不仅距离急水头较远，而且是漯河段沙河河道最窄的地方，同时，车站的选址也不受任何限制，可以向南扩展。1905 年冬，下部水泥柱桩、上部钢铁结构的京汉铁路漯河大桥建成，这就是今天我们看到的沙河铁路大桥最西边那座。

京汉铁路沙河第一桥

漯河铁路大桥经过多次移址，虽然最终找到了合适的位置，但是也遗留下了新的问题，而且是一个永远也解决不了的问题。桥址的移动，使铁路线向东偏离南北直线约 3 公里，铁路线从孟庙先折向东南，然后在沙河大桥北边再拐向南，形成了一个几公里长的 S 形弯道，对行车速度影响非常大。为安全起见，火车通过这个弯道时都要慢行，尤其是在漯河站不停车而直通的火车，在这里必须减速通过，直接影响了行车速度。

1905年9月，京汉铁路南北两段线路建成，在黄河北的詹店车站附近接轨。当年11月25日，黄河铁路大桥建成。1906年4月1日，京汉铁路全线建成通车。

京汉铁路通车仪式

解放初期的京汉铁路

京汉铁路全长1215公里，全部工程投资43498787两白银，平均每公里造价为35801两白银。工程量巨大，全线共修建各种桥涵2317座，其中钢铁桥975座、石桥202座、木桥1座、涵洞1139个，总延长19825米，隧道2个。京汉铁路初设车站70个，后陆续增加至125个。所使用的机车是蒸汽机车，机车车辆最初都是由比利时提供，之后又从美、英、法等国进口一部分，机型、品种很多，大多都是他们淘汰下来的破旧车，牵引动力小，运输效率不高，即使在平原地段牵引定数也只有700至1200吨。尽管如此，京汉铁路通车以后，营运红火，盈利颇丰。

1907年，在义和团运动的影响和全国人民收回铁路主权的要求下，邮传部（内设铁路总局）尚书陈璧提议筹款赎路，获得清政府同意。于是，由交通银行发行公债1000万两，年息7厘；拨借官款500万两，年息6厘；借川汉铁路局100万两，年息7厘；在京汉铁路盈利中暂行提用100万两。上述几笔款项合起来缺口还很大，便另借新债。1908年

10月8日，由邮传部与英国汇丰、法国汇理两家银行签订合同，商借款项500万英镑，年息5厘。1908年12月28日，由中国驻比利时使臣李盛铎将所有应还本息各项共折合法金12700万法郎，约合白银4600万两，在法国巴黎全数付清。并于1909年1月1日，将京汉铁路所有权、管理权全部收回。邮传部派铁路总局局长梁士诒、京汉铁路总监督郑清廉将比国公司经手各项事宜一并接收。至此，京汉铁路成为国有铁路。

1928年6月，国民政府将北京改称北平，京汉铁路也随之改称平汉铁路。中华人民共和国成立，北平改称北京，平汉铁路又复称京汉铁路。

京汉铁路通车后，历经八国联军及义和团反帝运动、军阀混战、北伐战争、抗日战争、解放战争。战争中，各方为利用运输通道，首要争夺控制的是铁路，为阻止抑制对方，破坏遭殃的依然是铁路。因此，从建成通车到新中国成立前夕的近半个世纪里，京汉铁路基本没有平静安稳的时候，大多是在损毁—修复—再损毁—再修复，时断时续中度过的。

就在卢汉铁路筹办开建的同时，粤汉铁路的修建也被提及。1896年5月，张之洞、盛宣怀在督办卢汉铁路时，顺势提出修筑广州到武昌的粤汉铁路建议。1896年10月，清廷同意并下旨修筑粤汉铁路，但张之洞、盛宣怀等正在全力组织卢汉铁路的修建，无暇顾及粤汉铁路，而卢汉铁路的全线开建，刺激了全国铁路事业的拓展，广东、湖南、湖北三省绅商跃跃欲试，提出由其自行集股，修筑粤汉铁路，张之洞不反对他们修路，但不相信三省绅商有足够财力承担此任，他仍主张官督商办。粤汉铁路全长1059.6公里，而且多山脉、河流，地势复杂险要，工程难度极大，所需资金巨大，筹集款项绝非易事。果然不出张之洞所料，筹建事宜进展缓慢，直到1900年7月才动工，至1903年8月仅建成49公里的广州至三水支线。1905年7月，在卢汉铁路即将完工之时，张之洞奉旨接手督办粤汉铁路，并比照卢汉铁路修建模式，官督商办，以同样条件与德、英、法三国银行团签订《湖广铁路借款合同》，借款550万英镑。1909年10月，就在其踌躇满志、加快修建粤汉铁路的当口，张之洞因病去世。临终之际，他仍念念不忘修路之事，对未能亲眼看到京粤这条南北铁路大动脉全线贯通甚是遗憾，但是他对中国铁路建设所作的贡献已永载史册。同年，著名工程师詹天佑出任商办粤汉铁路总理兼总工程师，负责粤汉铁路的修建。1911 年，湖南境内的长沙至株洲段建成。1916 年 6 月，广州至韶关段完工。1918 年 9 月，武昌至长沙段建成。之后时断时续，直到 1936 年 8 月，粤汉铁路才全线竣工通车。

至此，京汉铁路与粤汉铁路相继建成通车，但两条铁路在汉口和武昌被长江天堑所阻隔，火车要通过轮渡才能往返于两条铁路线上。因此，在长江上建桥，把京汉铁路与粤汉铁路连接起来，成为几代中国人特别是中国铁路人的夙愿。1950 年，中央人民政府提出建设大桥的初步意见，由铁道部着手大桥建设的前期工作。1954 年 1 月，政务院第 203 次政务会议作出了建设武汉长江大桥的决定。1955 年 9 月 1 日，武汉长江大桥正式开工建设。经过两年的奋战，1957 年 10 月 15 日，万里长江上第一座公路、铁路两用大桥胜利建成通车。从此，京汉铁路与粤汉铁路连成了一体，正式更名为京广铁路。

我国国民经济发展第一个五年计划时期，工农业生产快速恢复发展，人民生活水平不断提高，货流、客流量加大，铁路运量激增，已经进行了技术改造的京广铁路通过能力趋于饱和，运能和运量的矛盾日益尖锐，增建复线势在必行。1954 年 11 月，石家庄段复线建设首先开工。1955 年，郑州铁路局向铁道部提出京广铁路安阳至江岸段复线建设的意见和设计方案。经批复后，当年 12 月，京广铁路中段复线建设在河南信阳李家寨至湖北广水孝子店的大别山区段率先开工，随后各段陆续开工建设。1969 年，武昌至衡阳段复线建成开通。1971 年，北京至武昌段开通。剩余衡阳至广州段因大部分地处南岭山脉中，山势险峻、河流众多、地质复杂，工程异常艰巨，大部分路段不是桥梁，就是隧道，仅其中著名的大瑶山一条隧道，全长就有 14.3 公里，岩石坚硬，施工难度极大。因此，衡广段铁路直到 1978 年才开始复线建设，历经停建、缓建至 1987 年末基本完工，1988 年建成通车。至此，全长 2300 公里的京广铁路实现双线通车，其运力紧张的局面也得到彻底改善。

20世纪50年代中期，我国自行生产的蒸汽机车开始上路。1954年，国产“解放型”蒸汽机车开始在京广铁路上行驶，之后陆续实现了机车车辆国产化。1972年12月16日，国产“东风型”内燃机车首次亮相，牵引旅客列车在郑州至信阳间正式运行。到80年代中期，京广铁路线上的牵引机车全部实现内燃机化，蒸汽机车转移至支线上运行。

已经停止行驶的国产蒸汽机车

1975年8月5—8日，受3号台风影响，漯河、驻马店地区普降大暴雨，引发特大洪水，京广铁路以西的板桥、石漫滩两座大型水库及几十座中小型水库相继溃坝，设计最大库容量4.92亿立方米的板桥水库溃坝时有库水6亿立方米，最大出库流量达78100立方米。加上漯河以上沙澧河漫溢决堤，共计60多亿立方米的洪水顷刻下泄，冲向村庄，冲向京广铁路，把小商桥至确山间102公里的京广铁路严重冲毁。大段大段的路基连土方带石砟被冲个精光，其中有44公里的钢轨连同轨枕脱离路基或悬在半空，有14公里钢轨严重变形呈麻花状，40多座桥涵及多个车站都被冲垮冲坏，多台机车和几百辆车辆被颠覆或冲走，其中最远的重达几十吨的车皮竟被冲离京广铁路5公里之外，连100多吨重的火车头都能冲出老远，可见洪水之凶猛。8 月 7 日 21 时 35 分，京广铁路中断行车。与此同时，孟宝铁路裴城至丁营段 11 公里、焦柳铁路草店至九里山段 37 公里因水害出现险情，两条铁路也中断行车。洪水过后，迅速对京广铁路进行抢修。首先集中抢修下行（东侧）线，经过修路大军 16 天的昼夜艰苦奋战，8 月 23 日下行线抢通。9 月 22 日，上行线抢通。至此，完全中断行车 16 天、单线中断行车 46 天的京广铁路恢复正常通车。

京广铁路电气化改造始于 20 世纪 80 年代中期。1985 年，为进一步提高京广铁路的运输能力，国家决定利用世界银行贷款，对郑州至武昌段连同孟庙至平顶山段铁路进行电气化改造。从 1986 年 6 月开始，先进行前期技术改造，改造内容包括扩建沿途主要车站（现在的漯河火车站就是那时新建的），修建漯河至孟庙第三线和跨京广铁路特大立交桥，车站到发线有效长度由 850 米延长为 1050 米，钢轨由 50 公斤 / 米更换为 60 公斤 / 米，个别区段 70 公斤 / 米，线路最小曲线半径由 600 米改为 800 米。前期技术改造于 1988 年底基本完成，1989 年 3 月电气化主体工程开工建设，1991 年 3 月开通运营。京广铁路实现电气化后，机车由内燃机车更换为电力机车，马力更大，牵引定数大大提高，客车达到 1000 吨，货车达到 5400 吨；年输送能力提高 1 倍以上，达到 7200 万吨至 9000 万吨。

20 世纪 90 年代后期至 21 世纪初期，中国铁路先后进行了六次大提速。火车提速前先要进行提速试验，试验路段在京广铁路孟庙至许昌间，因为此段地处我国中部平原地带，位置、气候适中，无坡道，线路平直顺畅，所以每次试验都选择在这里。

1997 年 4 月 1 日零时，第一次大提速正式实施。提速重点是京广、京沪、京哈三大干线，列车运行速度明显提高，旅客列车最高运行时速达到了 140 公里，其他线路的列车运行速度也相应提高，全国旅客列车旅行速度由 1993 年运行图的 48.1 公里 / 小时提高到 54.9 公里 / 小时，增加 6.8 公里。并首次开行了快速列车和夕发朝至列车。

1998 年 10 月 1 日零时，第二次大提速开始实施。这次是全国铁路大面积提速，主干线列车最高运行时速达到了160公里，其他线路的列车最高运行时速也达到了120公里，全国旅客列车平均旅行速度达到55.2公里/小时。

2000年10月21日零时，中国铁路第三次大面积提速。全国旅客列车平均旅行速度又提高了5.1公里，达到60.3公里/小时。

2001年10月21日零时，铁路第四次大提速，提速铁路里程13000多公里，全国旅客列车平均旅行速度又提高到61.6公里/小时。

2004年4月18日零时，中国铁路第五次大面积提速。主干线旅客列车最高时速达到了200公里，全国旅客列车平均旅行速度达到了65.7公里。

2007年4月18日零时，中国铁路第六次大提速正式启动。这次大提速重点在京广、京沪、京九、京哈、陇海、浙赣、兰新、广深、胶济等主要干线上，并首次开行时速200公里及以上的动车组列车，主干线列车运行时速普遍达到200公里，其中京哈、京广、京沪、胶济线部分区段时速达到250公里。经乘坐火车亲身体验观察，六次大提速后，京广铁路线上列车运行速度最快的区段是漯河至郑州段，最高时速曾达到261公里，其他区段最高时速202公里，多数路段在170—190公里。全国旅客列车平均旅行速度达到70.2公里/小时，比提速前加快22.1公里/小时，提高45.9%。

2011年7月23日，甬温线浙江温州境内发生列车特大追尾事故后，为安全起见，全国铁路普遍降速，京广线上动车组列车时速不超过200公里，普通列车不超过150公里，就连先期通车运行的京广高速铁路武汉至广州段列车运行时速也由350公里降为300公里。2012年12月26日，京广高速铁路全线通车运营，京广铁路上的动车组列车全部转移到京广高速铁路上运行，京广铁路只保留普通列车，运行时速均不超过150公里。

中国铁路大提速，实际上是通过两种途径来达到提高火车旅行速度目的的：一方面是提高列车运行速度，让火车跑得更快；另一方面是减少停靠车站，压缩停站时间，使火车旅行时间缩短。因此，自2004年

4月18日第五次大提速，就基本取消了四等以下小站及部分三等站（也就是乡级站及以下）停靠客车，京广铁路漯河市境内的石桥（四等站）、小商桥（四等站）、孟庙（三等站）3个车站取消了客运业务，不再停靠客车。而2007年4月18日第六次大提速，又大幅度减少了县级站的停靠车次。如临颍车站，目前仅停靠4趟客车：分别是K262汉中—北京西、K745郑州—成都东、K909郑州—重庆北、K968/965张家界—北京。

二、孟宝铁路

孟宝铁路，初期为孟平（孟庙—平顶山）铁路，后线路延长至宝丰后始称孟宝铁路，今亦称漯宝铁路。该铁路东起京广铁路孟庙车站，经仲李、裴城，进入许昌市襄城县境内，过丁营后越汝河，进入平顶山市，在宝丰站与焦柳铁路相接，正线全长99.2公里。

孟宝铁路初期计划是为平顶山煤炭外运而修建，东西向的能源运输通道。首期规划建设孟庙至平顶山段，设计标准单线、1435毫米标准轨距、国铁二级铁路，线路全长71公里，漯河境内长28.147公里。

孟平铁路于1956年4月开工，1957年3月竣工，当年7月正式运营，共设孟庙、仲李、裴城、姜庄、丁营、前聂、平顶山东、平顶山8个车站。初期只通行货物列车，未开行客运列车。

1958年，为使该铁路继续向西部能源基地延伸，建设平顶山至宝丰段，线路全长29公里，技术标准与孟平段相同。平宝段铁路于1958年10月开工，原定一年工期，但由于经历了“大跃进”时期，国民经济十分混乱、比例严重失调，农业又连续遭受自然灾害，党中央对国民经济进行调整，因此，这段铁路的建设时断时续，工期拖得很长，直到1963年6月方才完工，当年10月正式通车，建设工期整整5年。共设姚孟、余官营、宝丰3个车站。

孟宝铁路起始站——孟庙车站

1969年11月，焦枝（河南焦作至湖北枝城）铁路开工建设，1970年8月轨道铺通，在宝丰与孟宝铁路接轨。1988年，湖北枝城至广西柳州铁路建成后改称焦柳铁路。至此，孟宝铁路又成为京广铁路、焦柳铁路两大铁路干线的联络线。

1985年，国家决定利用世界银行第二批贷款，对京广铁路郑州至武昌段进行电气化改造的同时，也把孟庙至平顶山段铁路列入其中。孟平铁路电气化改造工程于1986年10月开工，前期先进行技术改造。对既有站（场）扩建改造，车站到发线长度由850米延长为1050米。钢轨由50公斤/米更换为60公斤/米。线路最小曲线半径由600米增大到800米。电气化主体工程于1990年8月动工，1992年5月30日正式开通，为单线电气化铁路，也是郑州至武汉电气化铁路的一部分。

2008年，平顶山至宝丰段电气化改造开工。

2010年底，孟宝铁路增建复线，并列入铁道部、河南省确定的2010年开工建设重点项目，主要建设内容包括续建平顶山至宝丰段既有线路电气化改造、孟庙至宝丰全段增建复线及其电气化。工程线路总长99.2公里，技术标准为国家一级铁路，设计运行速度120公里/小时，电力牵引货物列车 5000 吨，项目估算投资 29.6 亿元。2010 年 12 月 29 日，孟宝铁路复线及其电气化建设工程举行开工典礼，正式动工，计划建设工期 2 年。全线车站由 11 个减为 7 个，保留孟庙、裴城、平顶山东、平顶山、姚孟、余官营、平顶山西（原宝丰车站，2008 年 1 月 18 日更名为平顶山西站）7 个车站，取消仲李、姜庄、丁营、前聂 4 个车站。

2013 年 4 月底，平顶山至宝丰段电气化改造完成。5 月 21 日零时，孟宝铁路全线电气化正式开通运营（仍为单线铁路），并相应调整了列车运行图，将以下 6 对经由陇海铁路运行的旅客列车改经孟宝铁路运行，分别是：恩施—北京西 K50/49 次、郑州—成都东 K745/746 次、南阳—北京西 K184/183 次、西安—广州 K84/81K82/83 次、兰州—汉口 K862/863K864/861 次、南阳—新乡 K1952/1951 次。

孟宝铁路的隶属关系以 1987 年 3 月 20 日为限，之前一直由郑州铁路局管辖。之后，以余官营与宝丰车站 K98+000 处为界，以东由武汉铁路局管辖，以西由郑州铁路局管辖。

截止 2014 年底，孟宝铁路复线及其电气化工程尚未完工，仍在建设中。

三、漯舞铁路

漯舞铁路东起漯河市南郊京广铁路西闫庄村南，西至舞阳县铁山工业区，线路正线全长 58 公里，是轨距 762 毫米的窄轨铁路。

漯舞铁路是河南省乃至全国最早建设的地方铁路，是“大跃进”和全民“大办钢铁”的产物，也是全民动员、因陋就简、土法上马、全部靠人工修建的“土铁路”。

新中国成立后，经过三年恢复和第一个五年计划的建设，国民经济得到了很大发展。1958 年进入“大跃进”时期，工业要跃进，钢铁需先行，遂掀起了全民“大办钢铁”的热潮。而漯舞铁路就是为漯河、许昌、郾城、商水等市、县全民“大办钢铁”修建的运输舞阳铁山、铁矿石的线路。

漯舞铁路于 1959 年 1 月 22 日开工。许昌专区成立了以行署专员王延太为指挥长的“漯舞铁路建设指挥部”，先后动员舞阳、漯河、郾城、商水等沿线及周边市、县的 8 万名民工参加建设，按照自力更生、因陋就简、边设计边施工、先通车后完善的原则，匆忙上马。采用人海战术，人闲工具不闲，日夜不停，施工速度极快，仅半个月时间就全部完成了 180 万立方米的路基土方工程。在桥梁和涵洞建设方面，先集中人员快速建一个做示范，通过现场观摩培训技术人员，然后全线铺开，所有桥涵同时施工。在上部铺轨等环节也得到了有关方面的大力支持，郑州铁路局专门成立支援漯舞铁路建设办公室，先后派出 50 多名工程技术人员到现场指导施工；支援 18 吨蒸汽机车 1 台、货车 9 辆、守车 1 辆、简易道岔 20 副。许昌专区行政公署商业局、邮电局，漯河市商业局等单位支援了大批器材。全许昌专区 14 个县、市的 31 个机械厂全力以赴铸造铁轨、接头夹板，加工道钉和螺栓。

漯舞铁路的建设，真可谓“大跃进”式的高速度，58 公里的铁路，当年 1 月底开工，11 月初铺轨到舞阳铁山，仅用 10 个月就完工了，1959 年 12 月 10 日正式通车。通车时，铁道部、交通部、中共中央交通工作部、中华全国总工会和中共河南省委、河南省人民委员会都发来了贺电，国务院副秘书长卢郁文，铁道部、交通部及中共河南省委、省人委有关领导参加了通车典礼，可见该铁路建成之重要。

高速度加上当时资金、材料短缺和技术力量不足，建起来的必然是劣质铁路：桥梁大多是临时搭建的木桥；涵洞是用砖砌的；路基全是沙土铺垫，上边没有道砟（石子）；轨枕是沿线村庄就地取材的杂木，并由当地群众自行加工制作，宽窄不一、厚薄不匀、弯曲不直，也不作防腐处理，容易腐烂，寿命很短，而且木枕就放在沙土路基上，火车一轧就下沉，甚至完全埋入泥土里；道轨是土高炉炼制生铁铸造的，很容易断裂，养路工人终日忙着换铁轨，仍不能保证行车安全，允许列车行车速度只有 10 多公里 / 小时，还经常出现行车事故。所使用的火车更是五花八门，机车开始是用旧汽车发动机改制的，随后又从外省购进 18 吨的蒸汽机车；车辆有好几种，客车是用旧有轨电车车厢改制的简易客车，货车有载重4—6吨的矿石车，还有发动沿线群众自制的木斗车。有时机车坏了修不好，甚至派人推火车。

尽管如此，总还是一条铁路吧，有它优越性的一面：一是投资少、见效快，解决了运输无车辆的问题。二是运量大，每日按运输400吨计算，就相当于100辆解放牌汽车或800多辆架子车的运量。三是运输成本低，从舞阳铁山运矿石到漯河钢铁厂，当时汽车运费是每吨16元，而通过漯舞铁路运输每吨运费只有9.54元，降低40.4%，若按5吨铁矿石炼1吨生铁，每炼1吨铁可降低成本32.3元。四是为地方铁路的建设与发展提供了经验，在当时经济条件非常落后的情况下，自力更生，大干快上，因陋就简，克服资金、材料、工具短缺等种种困难，攻克了设计、铸轨、铺轨、造车等许多技术难关。1959年11月，正当漯舞铁路竣工即将开通运行之时，河南省建设委员会在漯河召开了土铁路建设现场会，介绍总结了漯舞铁路的建设经验，现场参观了漯舞铁路。会后，在全省掀起了修建土铁路，实现短途运输轨道化的群众运动高潮。到1960年底，全省建成32条土铁路，总长300多公里。

漯舞铁路在开通运营的次年开办了客运业务，因为当时不用说开行整列客车了，就连一节客车车厢也没有，乘客只能坐在货车里。1961年，从北京购置了几辆淘汰下来的有轨电车，改造成简易客车，加挂在货物列车尾部，才算是有了客车，乘车的旅客才免受风吹雨淋之苦。

1958—1960年，持续三年的“大跃进”，经济发展十分混乱、比例严重失调，农业又连续遭受自然灾害，给国民经济和人民生活带来极大困难。因此，党中央提出“调整、巩固、充实、提高”的方针，地方铁路也在调整、改造、提高之列。调整后，河南省只保留漯舞铁路、济（源）克（井）铁路、开（封）柳（园口）铁路和新（乡）封（丘）铁路四条地方铁路，并进行全面的升级改造。

漯舞铁路利用自身积累和国家补助资金，从1961年开始进行改造。最先是更换道轨，把铸铁轨更换成每米18公斤的钢轨，断轨的问题得以彻底解决，减少了列车安全事故。1963—1966年，又进行了全面的技术标准升级和运输能力提高的改造，路基上铺设了15—20厘米的道砟（石子），将大小不一的木轨枕更换为规格统一的钢筋混凝土轨枕，主要桥梁也由木质结构的临时桥改建成钢筋混凝土或块石墩台钢架结构的永久性桥梁，机车更换为28吨蒸汽机车，车辆也由小型矿车、木制车更换为15吨货车。改造后，列车运行时速由10—15公里提高到25—30公里，而且安全系数大幅提高，行车事故大为减少。

经过5年的全面升级改造，漯舞铁路基本上完成了由“土”到“洋”的转变，而且成立了管理机构，加强对站线的维护和运营的管理，使漯舞铁路成为河南省线路标准高、管理规范、运输量大的一条地方铁路。同时，该铁路的主要作用也不仅限于运输铁矿石，而是逐步转向支援农业生产、工业发展、基本建设和运输煤炭、救灾物资等方面，铁路沿线迅速建成一批小型电厂、化肥厂、水泥厂、砖瓦厂等企业。1959—1969年，运送旅客239.7万人，发运货物205.8万吨，在当时公路运输很落后的情况，成了一条带动当地经济发展的运输大通道。

漯舞铁路在隶属关系上也是几易其主，建设期间和建成初期由河南省建设委员会管理；1960年4月，委托郑州铁路局地方铁路管理处管理；1962年9月，归河南省交通厅地方铁路管理局管理；1964年1月，又由郑州铁路局代管；1996年，并入河南省地方铁路局周口分局。

20世纪60年代末期，随着经济社会发展的需要，漯舞铁路开始向南阳延伸。舞钢至南阳段铁路正线全长94公里，于1968年2月筹建开工，1969年11月30日建成通车，全线152公里贯通运营，合称漯南铁路。1975年8月，豫中南地区发生百年不遇的特大水灾，许多水库河流溃坝决堤，漯南铁路舞阳以西至叶县段30多公里基本全部被洪水冲毁。从此，一条铁路一分为二，而且分属于河南省地方铁路局周口分局和南阳地方铁路局两个机构管辖，至今两段铁路也没有连接上。1978年，舞阳至舞钢段修复通车。但随着公路运输的快速发展，南阳段基本闲置废弃了，漯舞段也很不景气，因其与国铁、准轨地铁不能接轨，中转环节多，客运已停止，货运量也急剧下降，变得非常萧条了。

位于漯河市嵩山路南端、毛寨村南的漯舞铁路第一站漯河西站

到了 20 世纪 90 年代，漯舞铁路迎来第二次彻底改造，由窄轨改建为 1435 毫米的标准轨距，并确定为河南省“八五”期间重点建设项目。漯舞铁路改造于 1993 年 12 月开工，将原有的窄轨铁路全部拆除，加宽加高了路基，取直了部分弯道，铺设标准钢筋混凝土轨枕和每米重 50 公斤的钢轨，基本上如同新建一条铁路。同时，将东端线路向南移动约 2 公里（现南环路南侧），向东延伸至京广铁路，与京广铁路接轨，并经过特大桥跨过京广铁路，与漯阜铁路接轨。1994 年年底改造完成全线贯通，1995 年通车运营，从而实现了漯舞铁路准轨化，并宣告中国最早的窄轨地方铁路退出历史舞台。

漯舞铁路跨京广铁路立交特大桥，是漯舞铁路与漯阜铁路的连接桥，横跨京广铁路和漯阜铁路，全长 1740.24 米，其独特之处是整桥线路有 1351.84 米为半径 600 米和 400 米的曲线，占全桥长度的 77.7%。该桥共有 194 孔，主跨为 1 孔 24 米下承式钢板梁，主跨上下各 2 孔 20 米低高度钢筋混凝土梁，其余 189 孔为 8 米普通钢筋混凝土梁。下部为下架拼装式桥墩，结构轻型新颖。该桥于 1993 年开始筹建，1994 年 3

月5日开工，分别由河南省铁路建设总公司和中铁三局三处承建，1994年12月7日竣工，施工期很短，比计划提前了9个月，1995年通车运营。建成后被誉为我国地方铁路第一长桥，远远望去，蔚为壮观。但是，2001年汛期对大桥进行检查时发现“病害”，大桥东段桥墩基础存在不同程度的裂缝，已先后进行过多次精细勘察和维修加固。

改建后的漯舞铁路，中接京广铁路大动脉，西通舞钢至平顶山铁路，西北通过范辛铁路通达登封洛阳铁路，向东连接漯阜铁路，成为连接西北能源基地、东南发达地区的重要通道。1998年4月1日，与全国铁路营业线间办理货物直通运输。

值得一提的是，改建后的漯舞铁路留下了一个很大的后遗症，那就是与所有穿越道路全部平面交叉，尤其是与多条干线公路平面交叉。首先是在市区就与五一路、嵩山路、白云山路（107国道）等主干道平面交叉，然后在源汇区空冢郭、舞阳县辛安、舞钢市枣林三次与漯舞路（省道330、220线）平面交叉，造成公路、铁路人车通行相互影响。加之铁路线两侧未安装防护栏，没有任何遮挡保护措施，人畜等可以自由出入，在铁路线上行走或穿越铁路，存在较大安全隐患。估计将来再投入一大笔资金，建设立交桥或者涵洞解决平面交叉问题，也是迟早的事情，不然火车运行很难顺畅，速度受到限制，公路的通过能力及人车安全都会有较大影响。

四、漯阜铁路

漯阜铁路，即漯河至阜阳铁路，初建时称漯周铁路，因为最初的建设计划是从漯河修建到周口，而以后调整计划往东延伸，并逐段修建至项城、沈丘、安徽界首，最后到阜阳，才始称漯阜铁路。

修建漯河到周口铁路，起初是由周口地区提出来的。周口地处豫东平原，属农业大区，农副产品丰富，而工业不发达，整体经济发展缓慢，居民生活水平不高，这其中的一个重要原因是没有铁路，丰富的农副产品运不出去，急需的煤炭、钢铁等工业用能源和原材料运不进来。

由于煤炭运进不及时，周口电厂、造纸厂、阀门厂等重点耗能企业经常停电停产；广大农村群众迫于生活，冬春农闲时节，用架子车套毛驴长途跋涉到漯河、平顶山、宝丰等地拉煤，往返一趟少者半个月，多者近一个月，给群众生活造成极大不便，也增加了群众负担；由于汽车、拖拉机等运力不足，周口地区及周边各县大批货物积压在京广铁路漯河车站，直接影响京广铁路的畅通。因此，修建漯河到周口的铁路就成为当务之急。

1972 年底，周口地区向河南省革命委员会（以下简称省革委）上报修建漯周铁路的报告。1973 年 5 月，省革委同意了这个报告，省革委生产指挥部计划委员会批复将漯河至南阳窄轨铁路（即漯舞铁路）向东延伸至周口，由省革委生产指挥部交通局组织协调，周口、许昌两地区负责具体实施，并成立由省交通局党的核心领导小组组长韩凤仪任指挥长，省交通局、周口地区、许昌地区有关负责同志杨林波、焦水芳、孙斌、肖管为副指挥长的“河南省漯周铁路建设指挥部”，漯周铁路的建设进入实质性阶段。但是在筹备期间，考虑到今后铁路发展的前景及与京广铁路接轨等因素，从长计议，指挥部提出把漯周铁路建成准轨铁路的设想和建议，在征得铁道部的同意和支持后，省革委批准了建设准轨铁路的方案，并列为 1974 年河南省基本建设重点工程。自此，漯周铁路成了河南省修建的第一条准轨地方铁路。

漯周铁路正线全长 63 公里，其中漯河（郾城）境内长 26 公里，由郑州铁路局在省交通设计院勘测设计的基础上，按准轨三级铁路标准重新设计。漯周铁路于 1973 年 11 月 26 日破土动工，路基土方工程和桥涵建设工程由许昌、周口两地区按各县市辖区包干完成。施工全面铺开后，除沿线的郾城县、商水县所属各公社组织抽调大批民工作为主力军外，漯河市（县级市）组织动员全市机关干部、企事业单位职工甚至学校学生轮流上阵，义务劳动，参与漯周铁路的建设。

所以不难看出，在当时的形势和经济技术条件下，漯周铁路建设还是政治任务，仍然依靠行政命令，沿线群众全民动员，采用人海战术去完成的。加之那时的铁路与道路都是平面交叉，而且从漯河到周口这几十公里又没有要横跨的大的河流，只有汾河北半部的几条支流和一些排水沟，所以情况并不复杂，工程难度也不大。因此，除个别桥涵未建好外，漯周铁路的路基工程两三个月就完工了。

1974 年下半年，由专业施工队铺轨，先从漯河铺起，往东延伸。1975 年 2 月铺轨到周口，全线贯通；2 月 5 日，2116 号蒸汽机车牵引第一列货车驶进周口站。1975 年 4 月竣工试运行。线路总投资 1980 万元，其中国家投资 1000 万元，河南省投资 980 万元，平均每公里造价 31.4 万元。

货物列车正在通过位于扁担张村南的漯周铁路西皋车站

漯周铁路共设 6 个车站，其中漯河（当时为郾城县）境内 2 个，分别是：西皋站（站址在扁担张村南）、砖桥站（站址在孝武营，今青年村南）；周口（当时为商水县）境内 4 个，分别是谭庄站、张庄站、商水站、周口站。6 个车站中周口站为到发站，设 5 股道；商水站为县级站，设 3 股道；其余都是中间站，设 2 股道，各站配建一个面积不大的站房。

漯周铁路先期只开行货物列车，直到 1978 年才开行客车，每日开行一对客车。

漯周铁路的建成开通，在很大程度上解决了周口地区运输力量紧张的状况。但是随着经济社会的快速发展，交通运输量大幅增加，加之漯周铁路设计标准低，受当时经济、技术条件的制约，原材料、资金不足，设施设备简陋，有些材料如钢轨、轨枕等是其他铁路上淘汰下来的，线路建设质量低，运行一段时间后路基又出现“病害”，设施出现老化等问题，却一直没有能力进行大修，存在较多的安全隐患。列车运行速度最高只有每小时 45 公里，部分路段限速每小时 30 公里，运输能力不足的问题再次出现。

再者，随着汽车运输业的快速发展，两头都要增加一次中转环节的短途铁路运输已无优势可言，漯周铁路向东延伸势在必行。而且，安徽西北部的广大地区与周口地区情况类似，也急需修建铁路增强内外运输能力，所以安徽省也有这个愿望。同时，为了缓解京广、陇海铁路干线运输紧张局面，开辟河南煤炭运往华东地区的新通道。因此，河南、安徽两省和煤炭部、交通部共同协商确定，将漯周铁路延伸到安徽阜阳，与京沪铁路接轨。1983 年国务院批准立项，要求河南、安徽两省各自承担本省境内的建设任务，并将铁路技术等级由三级提升为二级，设计年运输能力近期 500 万吨、远期 700 万吨。自此，这条铁路始称漯阜铁路。

漯阜铁路正线全长 206.74 公里，其中河南境内 136.74 公里，安徽境内 70 公里。河南境内周口至省界段 73.6 公里线路，采取分期分段施工。

第一期工程周口至项城段，正线长 31 公里，由河南省地方铁路局设计事务所勘测设计，河南省周（口）沈（丘）铁路建设指挥部承包施工，1983 年 12 月开工，1985 年 3 月竣工验收，当年 4 月 1 日通车运营。

第二期工程项城至沈丘段，正线长 19.6 公里，由河南省交通设计院勘测设计，指挥部承包施工，1985 年 12 月开工，1987 年 3 月竣工，当年 6 月开通运营。

第三期工程沈丘至省界段，正线长 23.6 公里，由铁道部专业设计院和河北省邯郸地方铁路设计室共同勘测设计，1987 年 3 月开工，1989 年 1 月 23 日建成，当年 6 月 2 日通车运营。

安徽境内70公里线路一次性开工建设，1989年1月23日在界首县界与河南段接轨，1990年初完工，当年5月漯阜铁路全线建成通车。河南、安徽两区段铁路分属于河南省地方铁路局周口分局和安徽省阜阳地方铁路管理局管辖。后实施公司化改制，分别为河南省周口漯阜铁路有限责任公司和安徽省阜阳漯阜铁路有限责任公司管辖。

在漯阜铁路周口至阜阳段建设的同时，从1985年开始对漯周铁路进行升级改造，技术等级由三级升为二级。先使用国家贷款623万元，沿途的西皋、谭庄、商水、周口站各增建一条股道，将臂板信号机更换成色灯信号机，周口机车车辆段建设生产调度楼，漯河车站建了办公楼和公寓，使漯河车站职工结束了长期租用旅社办公、住宿的状况。1989年，河南省计划经济委员会从能源交通基金中拨款320万元，中国地方铁路协会（铁道部所属主管地方铁路的机构）投资400万元，建设漯河东站、扩建周口机车车辆段。漯周铁路配套设施有所完善，线路技术等级提高，客货运输量增加。1989年，在市场疲软的情况下，漯阜铁路河南境内完成客运量92.5万人次，旅客周转量3458.5万人公里；完成货运量312万吨，货物周转量2.38亿吨公里，基本达到了升级改造要求。

全线贯通运营的漯阜铁路是全国第一条跨省准轨地方铁路，被誉为“中国地方铁路第一路”。它既起于京广铁路漯河车站，又向西接通漯舞铁路，向西北连接孟宝铁路；向东经郾城、商水、周口、项城、沈丘，进入安徽界首、太和至阜阳，与京沪铁路接轨，并与商阜（商丘至阜阳，商阜杭铁路的一部分）、阜青（阜阳至淮北青龙）、阜淮（阜阳至淮南）3条铁路交汇，成为全国铁路网的一个组成部分，是焦柳、京广、京沪三大铁路干线的联络线，也是西北、华中地区通往华东地区的一条捷径，自漯河经阜阳到上海比经郑州、徐州可缩短运输里程300多公里，对河南和晋东南煤炭东运南下，减轻京广、陇海、京沪等主要干线运输压力具有重要意义。

2003年，漯阜铁路经过10多年的运行，多数设施超期服役，带病运转情况严重，已不能适应经济社会快速发展的要求。因此，经国家计划委员会批准，对漯阜铁路进行全线技术改造。改造工程投资初期预计

7.3 亿元，后确定投资预算 6.37 亿元，其中河南段投资 4.78 亿元，安徽段投资 1.59 亿元，主要用于加宽路基，加厚道砟，更换轨枕、钢轨，更新设备、设施等。

2003 年 9 月 28 日，漯阜铁路改造工程开工奠基仪式在安徽省界首车站举行。按此计划改造后，漯阜铁路线路等级将达到国家新二级标准，可与国铁直通联网运输，牵引方式由蒸汽机车改为内燃机车，列车运行速度由 45 公里 / 小时提高到 120 公里 / 小时。年货运量增加到 1450 万吨，预计到 10 年后的 2013 年货运量达到 2000 万吨，年客运量 280 万人次。但是，由于多种原因，最终这次改造并没有到底，技术标准、列车运行速度远没有达到改造计划设计水平，运输量也没有明显增加。不久，这条铁路又开始了新一轮的升级改造——复线电气化改造。

2008 年，经铁道部批准，对漯阜铁路进行复线电气化改造，设计标准为国家一级复线电气化铁路，列车运行速度 120 公里 / 小时，并预留 160 公里 / 小时提速条件，年货物发送量可达 3000 万吨。线路改造采取多元化投资模式，由铁道部、河南省、安徽省及社会资本共同出资建设，投资估算总额约 60 亿元，建设工期一年半，预计 2010 年下半年建成运营。

2008 年 9 月，铁道部分别与河南、安徽两省签署“省部协议”，将原周口漯阜铁路有限责任公司和阜阳漯阜铁路有限责任公司重组为新的漯阜铁路有限责任公司，新公司以原两公司为框架，由武汉铁路局、河南铁路集团有限责任公司、安徽阜阳市国有资产监督管理委员会、上海铁路局、郑州铁路局、中国铁路建设总公司六方股东出资组建而成，注册资金 20 亿元。新公司管辖运营的铁路包括漯阜铁路、自漯河东站接轨西延上跨京广铁路经舞阳至舞钢的漯舞铁路、在舞阳县辛安镇与漯舞铁路接轨向西北延伸至襄城县范庄的范辛铁路。因该公司管辖运营的铁路在武汉铁路局管辖区域之内，所以新成立的漯阜铁路有限责任公司由武汉铁路局代管。

2008 年 12 月，漯阜铁路复线及电气化改造建设工程正式列入“十二五”规划，改造后纳入国家铁路网。

2008年12月26日，经武汉铁路局批准，漯河工程建设指挥部成立，主要负责漯阜铁路和孟平铁路复线及电气化改造工程建设。指挥部内设综合部、安全质量部、工程技术部、物资设备部、合同财务部，至2010年底有员工24人。截至2010年底，漯阜铁路有限责任公司在岗职工总人数3236人；总资产63.88亿元，固定资产原值10.86亿元；2010年旅客发送量44.2万人，货物发送量239.3万吨。

2008年12月29日，漯阜铁路复线电气化改造工程在河南省沈丘县宋阁车站举行奠基仪式，改造工程正式开工。

2011年底，漯阜铁路复线电气化改造工程总投资调整为66.3亿元，其中河南境内投资43.9亿元，安徽境内投资22.4亿元，已累计完成投资49.5亿元。改造线路全长191.3公里，其中双线并行路段11处，长115.4公里，双绕地段10处，长73.8公里。征用土地14832亩，拆迁房屋62.2万平方米，路基土石方1011.5万立方米，新建桥梁114座，其中特大桥5座，大型桥2座，中型桥46座，小型桥61座。新建涵洞770座，其中平交改立交240处。改（扩）建车站16个。

漯阜铁路复线及电气化改造后，车站将由21个缩减为14个。

原有21个车站分别是：漯河东、西皋、砖桥、谭庄、张庄乡、商水、周口、练集、黄寨、项城、郑郭、沈丘、赵寨、纸店、宋阁、界首、旧县集、太和、界牌集、小梁庄、阜阳西。缩减后保留14个车站，分别是：漯河东、谭庄、商水、周口、项城、郑郭、沈丘、纸店、宋阁、界首、旧县集、界牌集、小梁庄、阜阳西。其中将废弃原周口、项城车站，新建周口、项城两个新车站。新建周口站为二等站（五台七线），项城站三等站（两台五线），沈丘站三等站（三台五线），界首市站三等站（三台五线），太和县站三等站。其中周口新火车站已于2013年12月26日投入使用，项城站及周边设施也早已建设完毕。

漯阜铁路客运始于1978年，每日开行一对客车，下午从漯河站发车，次日上午8时从周口返回。1985年3月28日，周口至项城段正式通车，旅客列车通至项城。

1987年12月1日，项城至沈丘段开通。客车开行至沈丘，并且有了车次编号 601/602 次，客车编组 10 辆，共计 856 个座位，下午从漯河站发车至沈丘，次日 6 时 30 分由沈丘车站发车至漯河，运距 118 公里，运行时间约 3 小时 30 分。

1990 年 5 月，漯阜铁路全线贯通运营。1993 年 4 月 1 日，漯河至阜阳间开行旅客直通列车，车次为 6071/6072 次，车辆为周口铁路分局自备客车体一列，编组 9 辆。同时，漯河至沈丘间 601/602 次旅客列车停运，但 5 月 1 日又恢复开行。

1997 年，沈丘至郑州 4742/4741 次旅客列车开行，每日 6 时 25 分从沈丘发车，13 时 5 分从郑州返回。同时，漯河至沈丘 601/602 次旅客列车停运。

2003 年，因漯阜铁路技术改造，漯河至阜阳 6071/6072 次旅客列车停运。

2006 年 1 月 18 日，周口至北京 K402/401 次旅客列车正式开行，沈

停靠在漯河东站的漯河东—阜阳西客车

丘至郑州4742/4741次列车停运。当年，周口至广州2507/2506次旅客列车正式开行。

2014年7月1日，开行周口至上海K1505/1506次列车，每天9时20分周口始发，当天22时32分到达终点站上海，23时54分从上海发车返回，次日12时40分到达周口站。

2014年6月4日，漯阜铁路有限责任公司、河南省地方铁路公安局周口分局联合在《漯河日报》发布公告："根据中国铁路总公司、武汉铁路局、漯阜铁路公司的统一安排，漯阜铁路复线电气化改造工程漯河至郑郭（项城市郑郭镇）段的接触网将于2014年6月10日起送电，提醒沿途注意安全。"

原计划工期2年的漯阜铁路复线电气化改造，到如今整整6年已经过去。截止2014年12月31日，漯河东站至阜阳段改造工程已基本完工，并且部分区段已经送电，具备了开通运营条件。

但是，漯河市区段还有很多工程没有完成：孟庙南上跨京广铁路大桥已经建成，钢轨铺设完毕，接触网线杆已经竖起，但还没有架设电线。沙河铁路大桥已建成并铺完钢轨。车站建设目前随漯河车站客场改造正在进行，车站整体设置为漯阜线、京广线共站分场线路横列布置，拆除重建既有二、三站台，增建第四站台和几条正线、到发线。车站建设改造完成后，漯阜铁路与京广铁路将共为一个车站，但功能场分设，即京广铁路站场居西，漯阜铁路站场居东，西侧一、二站台之间四股道，中间的两股道为京广铁路正线，两边各一股道为到发线；东侧三、四站台之间四股道，中间的两股道为漯阜铁路正线，两边各一股道为到发线；二、三站台之间两股道为共用到发线。自北向南跨淞江路、黄河路、滨河路、人民路、八一路、湘江路六个市区街道立交桥（涵洞）建设工程，已完成四个，剩余黄河路、湘江路立交桥还没有动工。同时，线路所经过之处的黄河路两侧及八一路至南环路段还有多处建筑物没有拆迁，线路建设进展缓慢，大大影响了整个工程的进度。

尚未折通的漯阜铁路复线工程

从目前情况看，距离漯阜铁路全线改造完成、正式通车运营还有待时日。

正在建设中的漯阜铁路漯河车站

〔附注〕：笔者本人就亲身经历了漯周铁路建设，尽管时光已经过去40年了，仍然记忆犹新。该铁路建设高潮在1974年春天，那时我在漯河铁中上初中，学校响应市委号召，组织师生到漯周铁路建设工地参加义务劳动，每天一个班，约50人，乘坐一辆卡车，劳动地点在郾城县邓襄公社白坡村后（今漯阜铁路燕山路涵洞东400米，即将建设的东环路南延上跨漯阜铁路立交桥西300米处，今属开发区后谢乡）。工段是早已划定好的，地上有白灰界线和单位名称。到达地点后，技术人员先介绍技术要求和注意事项，接着老师进行一下简单分工，然后同学们就争先恐后地干了起来。主要任务就是往架子车上装土，或者是几个人前拉后推一辆架子车，往路基上拉土，还有人负责把拉上来的土摊平拍实。中午有人送饭，每人两个花卷馍（外白面内卷杂面）、一碗菜汤。饭后稍事休息接着干，傍晚收工返回。一天下来尽管很累，但是一听老师教导，这是以实际行动响应毛主席“教育与生产劳动相结合”的伟大号召，是为社会主义添砖加瓦，而且写作文也有了素材，觉得还是很有意义的，并且还能吃饱饭，所以同学们都没有怨言，都乐意参加。同时，在施工现场也确实受到了震撼和教育，亲眼见识了壮观的劳动场面：近闻是此起彼伏的劳动号子声和热火朝天的劳动场景；远观是整个铁路线由无数修路人组成的三四十米宽的“人带”，不停地穿梭着、涌动着，像一条黑色的巨龙伸向远方，一眼望不到尽头。

五、范辛铁路

范辛铁路（襄城县范庄至舞阳县辛安）是漯阜铁路向河南西部能源基地的延伸，登阜（登封至阜阳）铁路的重要组成部分，位于河南省许昌、平顶山、漯河三市交界地段，地处国有铁路焦柳线和京广线之间，陇海线以南，横跨漯宝（漯河至宝丰）铁路。该段铁路北起平禹（平顶山东站至禹州市火龙镇）铁路许昌市襄城县山头店乡范庄站，向南经过平顶山市叶县，止于漯河市舞阳县辛安镇，与漯舞（漯河至舞钢）铁路在辛安站接轨，线路全长48公里，其中舞阳境内长24.6公里。

范辛铁路是铁道部和河南省重点建设项目，2005年3月16日省发改委批准建设，为新建国铁二级标准的准轨地方铁路，总投资5.6亿元，计划建设工期两年。2006年3月30日，“范辛铁路建设指挥部”在漯河市金都大酒店揭牌，河南省铁路集团有限责任公司总经理徐升，漯河市人大常委会副主任张富君，市政府副市长部成山出席了揭牌仪式。范辛铁路建设指挥部的成立，标志着范辛铁路建设正式启动，进入开工前的准备阶段。2006年9月19日，范辛铁路开工奠基仪式在舞阳县辛安镇举行，范辛铁路正式开工建设，预计工期两年，计划于2008年8月1日建成通车。它的开工建设使漯河境内铁路又增加了一纵，进一步巩固了漯河市双十字架铁路枢纽地位，完善了豫中南地区的铁路网络。

该段铁路建成后，隶属于漯阜铁路有限责任公司管理，将把现有的漯阜（漯河至阜阳）铁路、漯舞（漯河至舞阳）铁路、平禹（平顶山至禹州）铁路、登封（临汝镇至禹州）铁路等多条地方铁路连接起来，并连接焦柳、京广、京九三条国铁大动脉，形成一条西起河南登封，途经平顶山、漯河、周口、安徽界首，至阜阳北站，全长480公里的铁路运输大通道，有效解决了河南西部能源东运问题。

原计划两年建成通车的范辛铁路，因征地拆迁、建设资金、国家政策调整等原因，工期延长，直到2013年年初才竣工，2013年5月通过竣工验收。

2013年12月18日上午，首列20节货物列车满载1316吨煤炭从襄城县洛岗站发出，沿新建成的范辛铁路向东南方向疾驶，这标志着范辛铁路正式投入营运。据预测，范辛铁路在未来3年内运量有望达到100万吨以上。

六、京广高速铁路

京广高速铁路，又叫京广客运专线，北起首都北京，南到祖国南大门的广州，正线全长2298公里，是与现有京广铁路并行的我国中部又一条重要的南北铁路大动脉。京广高速铁路按当前国内最高技术等级设计，标准轨距，时速350公里，整条线路除车站外，全部为高架，既与其他交通设施互不干扰，又大大节省了土地。

京广高速铁路的建设是分段进行的。南段武汉至广州全长1068.8公里，于2005年6月23日在长沙举行开工仪式，先期开工建设，投资总额1166亿元。2009年12月9日建成通车试运行，12月26日正式运营。试运行期间，列车最高时速达到了394公里，正式运营时列车运行速度为350公里/小时。2011年7月1日，列车运行速度降为每小时300公里。

京广高速铁路北段北京至石家庄，正线全长281公里，总投资438.7亿元。2008年10月7日，京石段高铁建设在河北省涿州市码头镇举行开工仪式，正式开工。2012年7月25日，全线铺轨完成，2012年12月26日正式通车。

京广高速铁路中段石家庄至武汉，正线全长840.7公里，总投资1167.6亿元。2008年10月15日，铁道部及河北、河南、湖北三省在郑州共同召开石武铁路客运专线开工动员大会，宣布工程正式开工建设。2012年9月28日，郑州至武汉段建成通车。

京广高速铁路于临颍县石桥乡北部入漯河市境，在宋庄从东侧跨过京广铁路，沿京广铁路西侧南行，经过临颍县城西侧、商桥西边、龙

正在建设中的京广高速铁路漯河段

城东边至市区西部漯河西站，然后继续向南在源汇区空冢郭王官村南出境，在漯河市境长 50 公里。

京广高速铁路漯河段于 2008 年 10 月开工建设。2009 年 4 月，为搞好石武高铁建设的服务协调工作，漯河市专门成立了以分管副市长为指挥长、各相关单位为成员的支援石武、漯阜、孟宝铁路工程建设指挥部。2010 年 6 月底，漯河段约 1540 个桥墩建设及上部箱梁预制铺设全部完成。2011 年 4 月，钢轨铺通。2012 年 5 月 20 日，随整个石武高铁进行联调联试、动态检测、运行试验。2012 年 9 月 28 日，正式开通运营。2012 年 12 月 26 日，石家庄至郑州段建成通车。至此，京广高速铁路全线通车运营，同时成为当今世界上运营里程最长的高速铁路。

动车组列车在京广高速铁路漯河段

京广高速铁路在漯河设车站 1 座，即漯河西站，站址位于沙澧河之间、长江路西段，东距白云山路（107 国道）2.5 公里，距漯河火车站 8 公里。漯河西站为一等站，设 4 个站台（实为 2 个连体站台）、无柱透光雨棚、6 股道，中间两股道是正线，为直通列车通过之用，站台侧边 4 股道为到发线，站线长度 800 米，站台长度 500 米。车站站房主体为钢结构的现代流行式建筑，新颖、美观、大气，总建筑面积 1.6 万平方米，其中候车厅面积 5530 平方米，分为一等区、二等区、贵宾区，可容纳 1000 人同时候车；售票厅 1200 平方米。此外，配备接触网作业场 1 所，综合生产场 1 所。站前广场规模总面积 9 万平方米，折合 135 亩。

车站旅客日发送能力可达1万人。

漯河西站开通初期，停靠客车8.5对，之后逐步增加，目前停靠客车已达26对（上行28趟，下行24趟），其中除保留2.5对D字头动车组列车外，其余均为G字头的高速客车。2014年7月1日，漯河西站开通两趟始发列车：G551次，漯河西至广州南，8: 10发车，运行时间6小时6分；G6801次，漯河西至武汉，21：11发车，运行时间1小时32分。

七、漯孟铁路

漯孟铁路即漯河至孟庙段铁路，提到此你一定会问：本文开头不是说目前我市境内共有6条铁路，现在怎么成了7条？漯孟铁路不就是京广铁路或者漯宝铁路的一小段吗，干吗再提及？是的，这段铁路在写京广铁路和漯宝铁路时已经包括在内了，但是，由于这段铁路异乎寻常，还真有必要单独写一写，让大家了解一下它的独特之处。

漯河至孟庙段铁路只有7公里，但就是这么长一段看似不起眼的铁路，却有着整个京广铁路乃至全国铁路都没有的特别之处，不信你耐住性子往下看。之所以说这段铁路特别，出自以下方面：一是地理位置特别，地处漯河市的“北大门”，是漯河站以北火车进出的门户和咽喉，地位非常重要。二是隶属关系特别，是武汉铁路局和郑州铁路局的分界线，分属于两个铁路局管辖。三是承担职能特别，既是京广铁路的一部分，又是漯宝铁路的一段，还是漯阜铁路与孟宝铁路的连接线，承担着多项重要职能。

1983年2月底之前，京广铁路漯孟段及孟宝铁路一直归郑州铁路局管辖，只是隶属于不同的铁路分局（郑州铁路分局、信阳铁路分局、汉口铁路分局等）。1983年3月1日，武汉铁路局再次撤销，其管辖的武汉、襄樊两个铁路分局并入郑州铁路局。1987年3月，为了方便豫西煤炭南运，尤其是照顾武汉钢铁公司的燃料来源（需要平顶山的煤），将京广线孟庙以南和孟宝支线由郑州铁路分局划归武汉铁路分局管辖，但仍然隶属于郑州铁路局。2005年3月18日，铁路管理体制重大改革，全部撤销铁路分局这一级机构，铁路局直接管理站段，把并入郑州铁路局管辖的原武汉、襄樊铁路分局再次划出，重新组建为武汉铁路局，而新建武汉铁路局的管辖范围没变，仍然维持原来两个铁路分局的管辖范围，这样京广线孟庙以南和孟宝支线归武汉铁路局管辖，没能回到郑州铁路局。至此，漯孟段铁路成了武汉铁路局和郑州铁路局的分界线，隶属于两个铁路局管辖。

造成这段铁路的特殊性，还得从孟平铁路的修建说起。从地理位置上看，平顶山在漯河西稍偏北方向，修建漯河至平顶山铁路，自然要把漯河站作为起点，但是线路从漯河如何引出是有选择的：若从漯河站向南引出，就绕远了，增加了线路的长度。反之，如果从漯河站向北引出，则出门就是沙河，要增建沙河大桥，无疑会增加工程的难度和建设成本，这两种选择都不合适。因此，最终选择了从京广铁路的孟庙站引出，这一结果不当紧，造就了这段铁路的特殊地位。

孟平铁路建成通车以后，与京广铁路在此重叠，二路合一，一条铁路要承担两条铁路的通行量，这段铁路自然会比较繁忙。在初期通过火车还不是很多的情况下，这种状况还能维持。但是，随着时间的推移，经济社会的快速发展，其通行拥挤的矛盾就很快凸显出来了。而且，更为奇特的是，从北下行经由孟宝线去往南阳、襄樊、重庆的火车往返都要重复走这段铁路两遍，原因是漯河是一级大站，并有较大的编组站，货物到发和旅客乘降量都很大，上述类火车是货车需要分解编组的，必须到漯河车站进行分解编组，要重复往返于这段铁路；属于客车的要到漯河站停靠，上下乘客后再返回，仍要重复走这段铁路。因此，这段铁路就成为整个京广铁路最繁忙的一段。而且，就连客车的车次编号也因此变得复杂起来，如20世纪七八十年代开行的郑州至南阳的一对普通客车，郑州至漯河间沿京广线下行，车次为589次，从漯河返回至孟庙为上行，车次为592次，过孟庙沿孟宝铁路往西又变为下行，车次为593次。返回时亦然，宝丰至孟庙间为594次，孟庙至漯河间为591次，漯河至郑州间为590次，加上在焦柳线上的595/596次，一对客车竟有

4套8个车次编号。

此外，还有一个特别之处，火车进出孟宝线要切断京广铁路，使京广铁路即时中断，因此直接影响了京广铁路的通行能力，于是这段铁路又成了京广铁路线上的“卡脖子”路段。

鉴于此，经铁道部批准，郑州铁路局决定，在进行京广铁路电气化改造时，首先增建京广铁路漯河至孟庙段第三线。该线于1986年10月动工，重点工程为增建京广铁路第三座沙河大桥和横跨京广铁路特大立交桥。经过一年的紧张施工，1987年10月第三线竣工通车，第三座沙河大桥与原有两座大桥结构一样，并行居于东侧；跨京广铁路特大立交桥位于孟庙车站北侧，共有172孔，全长1512.1米。至此，这段铁路成为京广线上唯一一段三线铁路，有效解决了“卡脖子”问题。

京广铁路第三线特大立交桥

再说说漯阜铁路与孟宝铁路的联络。漯阜铁路建成后，先与京广铁路接轨，之后又通过京广铁路第三线与孟宝铁路相连，形成一条中间呈

“之字形”的跨地区乃至跨省际的东西铁路大通道。现如今，为适应和满足漯阜铁路、孟宝铁路复线建设的需要，京广铁路漯孟段正在增建第四线，目前已现雏形；第二座跨京广铁路特大立交桥已经建成，该桥位于孟庙车站南侧、淞江路与龙江路之间，整体形状呈 S 形，空架部分共 58 孔，以京广铁路中心为界，东侧 36 孔，西侧 22 孔，每孔 32 米，全长 1856 米；大桥下部为 Y 型钢筋混凝土桥墩，上部为两片并联长 32 米的钢筋混凝土预制 T 型梁，整座大桥美丽、壮观。

京广铁路第四线特大立交桥

第四座沙河铁路大桥也已建成。第四座沙河铁路大桥与前三座大桥结构大不相同，前三座大桥下部为长方形（迎水面和背水面为圆弧形）钢筋混凝土台墩、上部全钢箱梁的五墩六孔（每孔 32 米）结构桥梁，第四座大桥南岸与前三座大桥平齐，而在北岸河滩处增加了两孔，下部台墩仍为钢筋混凝土结构，但其形状变为 Y 字形，而且为了给以后沙河通航预留条件，减掉了河中心位置（南边第三）的一个桥墩，两孔变一孔；上部桥梁中间一大孔为长 64 米的 V 型结构全钢梁，其余 6 孔为长 32 米两片并连的预制混凝土结构 T 型梁。

京广铁路第四线特大立交桥

车站站台、雨棚及跨市区道路立交桥正在建设中，线路因拆迁问题还有部分未贯通。届时，漯孟铁路将成为京广铁路乃至全国铁路唯一的一段四线铁路。

参考文献：

李必正、冯建堂著:《当代河南的交通事业、铁路篇》，1993年版，郑州铁路局；

《郾城县志》，1997年版，2016年版；

《漯河市志》，1999年版，2013年版；

《郑州铁路局年鉴·2006》；

《武汉铁路局年鉴·2011》；

郑州市政协文史资料委员会编:《老郑州印象·铁路卷》，2012年版。

选自2014年12月《漯河文史资料》第二十一辑

京汉铁路漯河段的变革史

范子文

京汉铁路，初名芦汉铁路（卢沟桥至汉口），1900年续修卢沟桥—正阳门（前门）一段。1906年，全线通车后改名京汉铁路。民国时期（1912—1949年）称平汉铁路。新中国成立后，1957年11月武汉长江大桥建成，南连粤汉铁路，又改称京广铁路。

清光绪十五年五月初四（1889年6月2日），时任两广总督的张之洞，奏请清王朝修建芦汉铁路。清王朝经多方权衡之后，将张之洞调至武昌，任湖广总督，与李鸿章共同负责筹建。

1895年底，清政府决议兴修芦汉线。1896年10月，直隶总督王文韶、湖广总督张之洞奏请设立铁路总公司，以大官僚买办、天津关道盛宣怀为督办大臣，统筹芦汉铁路的修建。

当时清政府国库空虚，原打算铁路“国督商办”，但华商无人问津，只好举借外债。

1897年3月17日，比利时驻汉口领事与张之洞面商筑造芦汉铁路事宜。张之洞认为比是小国，“于中国无大志”，且钢铁资源丰富，铁路技术成熟。经过谈判，清政府最终与比利时达成协议。1898年6月，正式签订了合同。清政府向比借款450万英镑，年利5厘9折付款，期限30年。

光绪十四年（1898年），清政府又以同样条件，向比借款1250万法郎。

比利时公司接办后，南端起点改为汉口玉带门，北端起点改为北京西便门至正阳门（前门）。1898年底，铁路从南北两端同时开工。

1899年，山东开始闹义和团运动，1900年义和团进入北京，紧接着八国联军侵略北京，光绪、慈禧远逃西安。1901 年 9 月，李鸿章和各国侵略者签订了丧权辱国的《辛丑条约》。形势的动荡不安，使京汉铁路从借款到 1901 年，虽已经过三年半的时间，但实际上只修了北京到保定一段。

初定的京汉铁路路线是从北京—安阳—开封—周口—汉口。这条路线，也是清代从北往南的官道，沿此路线修筑铁路最为有利。可是由于袁世凯的狭隘、偏见和干预，结果将河南境的路线改为从安阳—郑州—漯河—汉口。

1901 年 11 月初，李鸿章死去。11 月 17 日，由李鸿章死前推荐、清政府任命袁世凯（项城县袁寨人）为直隶总督兼北洋大臣。当袁世凯看到铁路从周口经过的蓝图时，认为铁路从周口经过，离他老家项城太近，打起仗来，易招兵匪之患，百里之内不得安宁。为了家乡的安全，他建议（实际强制）铁路线由周口西移到 100 多里外的漯河。

铁路总公司督办盛宣怀和工程师们无可奈何，只好听从。

漯河市境铁路，自临颍北石桥 775 公里处入境，南经石桥、临颍、小商桥、孟庙、郾城 5 个站，至 821 公里处出境，全长 46 公里。

经过市区的线路由沙北郝家台（石槽赵村东北）—大高庄西—老虎滩公园西端—东门外—干河陈东—小村铺东出境。

光绪二十五年（1899 年）秋，漯河段开始全面动工，沙河以北小高庄至沙河堤路基和沙河南从东门外至干河陈路基很快完成。车站设在东门外原市第七中学校处，铁路大桥建在老虎头西端。大桥工程由英国人设计、指挥，并承包技术，雇佣中国人施工。但由于承建公司急于获取大利，工程进度快，施工质量低。清光绪二十六年（1900 年），大桥基本完成，正准备试运，当年夏初，沙澧二河突然暴涨，水浪把新建大桥一下子冲垮了。英国人认为不能按时完成任务，又不了解当地的地理环境和水文气象，竟撕约不敢再干。

中国工程技术人员把建桥任务承揽起来，经过论证和勘察，拟定了自己的施工方案，将大桥位置东移 800 米（今址），躲过两河相汇的急水冲击。由于桥址东移，路基也随之改变。路线北从郝家台起，直向东南，走过一个弧度（现此弧形仍明显看出）之后，通过大桥，再直向南延伸。经过充分准备，光绪二十八年（1902年）初开始，按设计施工，历时一年零九个月，于1903年12月建成单行桥。

1900年，老虎头大桥被冲毁后，新的线路在沙河南北重新勘测、撅橛定线（今京广铁路址）。漯河车站东万庄万洋橛，即洋（铁）路撅橛那年（1900年）生，其父与之起名作纪念。洋楔之子万卯国现健在。

新线确定，工程大兴。1903年3月，郾城—遂平段、郾城—临颍段，同时开工，1904年3月完工，并试行通车。

1905年11月，黄河铁桥建成。

光绪三十二年（1906年）4月1日，全线1214.49公里长的京汉铁路正式投入运行。

1909年，清政府拨款500万两白银，还清了铁路借款，收回铁路管理权。

京汉铁路通车后，历经军阀战争、北伐战争、抗日战争和解放战争，受到严重创伤。抗日战争全面爆发后，1938年10月，民国政府为阻止日军南侵，将郑州至漯河间铁路钢轨全部拆除，桥梁全部炸坏。

1945年8月，日军投降后恢复通车。但是，在解放战争中，解放军为阻止国民党反动派利用铁路运输兵力，于1947年12月13日对漯河南北线路进行破袭。加上国民党军队溃逃时对线路、桥梁的破坏，到解放时，京汉铁路已是千疮百孔。1948年底，为支援解放大军南下，漯河人民政府组织沿线民众随解放军一起南下逐段抢修。至1949年8月，郑州至汉口间正式通车。

1950—1952年，国家投入大量资金，对京汉铁路进行全线修整，增添公里枕木数量，提高桥梁载重等级。1953—1954年，漯河站场股道由战前的300多米延长为650米，1956年又延长至850米。线路旧轨全部更换为43公斤的新轨，枕木由解放前的每公里1340根增添为1556根，行车时速已达90公里。1958年8月10日，市辖路段又修筑了复线。

1997年4月1日至今，京广铁路进行了五次大提速。五次提速后，通过“夕发朝至”“城际列车”的快速运行，相距1500公里左右的城市，一天即可到达。漯河火车站停靠的列车由原来的64列上升到69列。

漯河火车站始建于清光绪二十八年（1902年），初名郾城车站，1950年改名为漯河车站。

车站初建时，仅有房屋14间，占地面积802平方米，站台2座，天桥1座，股道3条，火沟3处，水鹤1处，地磅1个。整个车站全用煤油灯或汽灯照明。行车凭证为木质路签。车站设站长1人，副站长3人兼办行货托运。司事1人，售票员2人，电报生2人，其他2人，共11人。1926年，股道增至9条，站台增为3座，还增加了风雨棚、水塔各1座、水鹤2座。1948年8月漯河解放时，车站仅有到发线3条、调车兼存车线2条、货运线2条。

新中国成立后，随着国民经济的恢复和社会主义建设事业的发展，国家对铁路建设十分重视。1958年，漯河车站修建了旅客站舍、候车室与一、二站台，铺设了牵出线和简易驼峰，新建了上行4条到发线。1964年，修建了一、二站台的跨线天桥。1972年，增设下行5条到发线。1974年，新建货场7.3万平方米。1977年，下行线南伸与漯阜铁路接轨。1978—1984年，新建了售票厅和第三站台。1979年，新场电气集中投入使用。1984年，新建风雨棚1座2494平方米。1987年，使用了无线调车设备。

新中国成立后数十年的扩建，漯河车站已成为京广线郑州枢纽以南的一个重要区段站。现主要设备有：到发线23条，编组线12条，货物线9条，专用线10条，其他用线11条。道岔有电气集中186组，非集中53组，旅客服务舍2531平方米，货场总面积92834平方米，货场站台7座13389平方米。

1990年1月31日，新建成候车大厅1座，分上、下两层，计3500平方米。内设母婴和软卧候车室、售货部等服务设施。1995年，售票口增为9个。同时扩建了车站西广场，南北长186米，东西宽60米，最大客流量可达3.6万人。

2005年，漯河车站从武汉局争取到改造资金1500多万元，对整体站房、站台、地道、候车厅和高等级候车室、贵宾室进行装修，更新了车站报时塔钟，安装了电子公告引导系统，建设了封闭式旅客天桥，购置了新型“三品”检查仪。至此，在武汉铁路局的20多个客运站中，漯河火车站是路局投入资金最多、改造力度最大的车站。

京汉铁路通车后，郾城车站开始办理货运。漯河经济吸纳区约1万平方公里，货物发送量较大。输出货物以农副产品为主，到达货物以煤炭为大宗，均占年货运量的40%以上。其次是钢铁、石油、木材、日用工业品等。

货物运输，1908年为73119吨，1912年达到102490吨，1913年上半年，货运总收入为京汉铁路96个站的第七位，占该路总收入的4.4%。战乱时期，运输中断。1946年恢复通车，发送货物20621吨。

新中国成立后，货运量日增。1949年即达19.2万吨，比1946年增长10倍。1957年上升为23.8万吨，1962年降为19.4万吨。经过三年调整，1965年又升为22.4万吨。1975年为25.5万吨，1985年为90.5万吨，1988年为101.5万吨，1991年为135.9万吨，1995年为185万吨。

2006年上半年，火车站运输收入完成16236万元，超计划1409万元。其中货运收入完成7780万元，发送货物106.6万吨，超计划8.9万吨。

现有货运线29条，分新场、东货场、北货场、孟庙站，有职工1000人，下属9个车间，年发送货物200万吨，日均办理货车5000多辆，日均编解列车30多列。

京汉铁路通车初期，客车来往北京至汉口需运行3日（仅日行）。1912年5月1日，改为日夜行驶，快车每星期二由北京开出，星期三到达汉口；星期五由汉口开车，星期六到达北京。据《京汉铁路营业一览》载：1908年郾城车站搭客29973人，1912年44971人。1926—1930年军阀战争，线路时断时续，1931年恢复正常。是年，郾城车站收入占京汉铁路的6.6%，居京汉铁路客运第四位。抗日战争中铁路运输中断。1946年，郑—汉间每日开行五六对列车。1947年12月13日，铁道遭到破坏，运行再次中断。1949年8月，郑—汉间正式通车，暂无客运。

新中国成立后，随着社会主义建设事业的发展，漯河站客运量日增。1953 年发送旅客 37.1 万人次，1957 年增至 44.6 万人次，1966 年达 65.3 万次，1976 年达 110 万人次，1988 年达 280 万人次，1995 年达 300.9 万人次。20 世纪 80 年代后期，舞阳、郾城、上蔡、商水等县男女青年多在南方打工，旧俗常于农历“三、六、九”出行，尤其是正月十六，客流量日达 3.6 万人次，为平时的 3—5 倍。2006 年上半年，发送旅客 110.9 万人次，客运收入达 8230 万元，超计划完成任务。

据 2007 年 1 月 9 日《漯河日报》载：“截至 2006 年 12 月 28 日，漯河火车站装车数完成 37185 车，超额 2433 车；发送货物 2170599 吨，超额 18720 吨；发送旅客 197 万人次，超 7 万人。运输收入 31913 万元。”

实践证明，京汉铁路漯河站段的快速发展特别是改革开放后一次又一次的提速，给漯河社会经济带来一次又一次的良好契机。更让人可喜的是，纳入国务院批准的中长期铁路网规划内容之一的郑州至武汉高速客运专线建设项目已全面启动。该线从郑州引出，在临颍县城北侧跨京广线，于漯河市区西侧 7 公里处设漯河新站，然后南接武汉长江大桥北端。线路走向与南北航空线路上下基本一致，全长 495.56 公里。可以想象，该客运专线建成后，漯河的东西两线将成为漯河经济腾飞的双翼，那速度、那效果将令人惊诧。届时的漯河也将今非昔比、令人刮目相看了！

选自 2007 年 9 月《漯河文史资料》第十五辑

漯河火车站百年巨变

邢富功

漯河火车站是京汉、京广铁路线上一个重要站，水路、公路四通八达，又是京、广、沪、渝东西南北交汇的豫南十字道。

为弄清漯河火车站的百年发展变化，我们用近三个月的时间，进行多方面的走访调查，所得资料经反复核实，现综合整理如下。

站址　归属　规模的变化

漯河火车站始建于清光绪二十三年（1897 年）。当时全国农民起义军四起，京城不稳，根据大臣的禀奏，为保住京城不乱，清政府决定修建京汉铁路，以应急速调兵之用。

漯河铁路段从清光绪二十三年（1897 年）秋开始全面动工。最大的工程是建火车站和沙河大桥。初开始，这项工程承包给英国一家工程建筑公司，铁路大桥全由英国人设计、指挥，雇佣中国人施工。清光绪二十六年（1900 年）秋，沙河大桥建成。当时的铁路线从小高庄村北的郝家台一直向南，途经大高庄西（现五一路）由干河陈村东头穿过。铁路大桥建在沙河老虎头的西端，火车站建在马路街与五一路交会口、人民西路与五一路交会口之间，即现市七中学校的两侧。沙河两岸的路基都已垫好铺轨，正要通车试开，骤然间沙澧二河洪水暴涨，二河相汇的急水头把大桥冲垮了。英国人看到沙河洪水如猛虎，他们吓破了胆，向中国赔偿损失后，辞去工程承包合同，他们的人撤走了。

中国的工人阶级，其中包括工程技术人员和管理人员，早就不服气“洋人”的摆布了，勇敢地把建桥任务包揽起来，经过论证和精心勘察测绘，拿出了自己的施工设计方案，报请清政府核准，认定建桥必须躲过二河相汇的急水头，将大桥的位置向东移700米，即铁路大桥的现址。由于铁路大桥东移，路基也随之改变。所以，铁路线从小高庄北的郝家台起，直向东南，通过大桥。这个方案既躲过了急水头，又缩短了桥身长度，可节省大量的人力和物力。经过充分准备，清光绪二十九年（1903年）初春，按设计施工建单行桥。工程进度很顺利。据82岁老人万自立（市区万庄人）说："我爷爷亲自参加建桥修路工程，因施工紧张，家属常往工地送饭吃。还有一次听爷爷说工人们都很争气，一定要干出个样子'叫洋人看看'。"清光绪三十一年（1905）冬，铁路大桥建成通车，火车站也随之东移现址，但火车只到信阳，信阳以南不通车，主要是桥梁和隧道影响。至清光绪三十二年（1906）初春，京汉铁路才全线贯通。

京汉铁路初名为卢汉铁路，后改名为京汉铁路和平汉铁路。漯河车站在中华人民共和国成立之前，叫郾城车站（三级站），单线行驶。由于设备及通信工具简陋、落后，又加上战乱，铁路运输能力极低，常常时通时断。漯河车站年运输量一般在4万吨左右，最高年份的1940年才达到10万吨。

中华人民共和国成立之后，铁路也获得了新生。当年装发车皮7241个，除大量的军用物资外，货运达19.2万吨。郾城车站更名为漯河车站，遂升格为二级站，属郑州铁路局管辖。1953年改归汉口铁路分局领导，1957年又改归郑州铁路分局所辖。是年，长江大桥建成，漯河加修铁路复线，火车直通广州。从此，京汉铁路改名为京广铁路。1987—1999年又隶属武汉铁路分局管辖，漯河车站升格为国家一级编组站。此间，安徽阜阳至重庆客货车开通，漯河车站成为东、西、南、北四通八达的十字道，也是京广线郑州以南的一个重要区段站。

漯河车站位于市区中心。站内有京广正线2条，倒发线5条，站台3座，行人天桥和风雨棚各1座。车站大厅分上下两层，计3500平方米。厅内设有候车室、贵宾室、母婴候车室、软卧候车室、播音室、问事处、售货服务部等。与车站大厅相配套，东西两侧设有进、出站口。

车站大厅南侧建有售票大厅，计1560平方米，行李房、托运部，计1560平方米。车站大厅及售票厅前有宽敞的广场，南北186米长，东西60米宽，日最大客流量3.6万人次。目前，站内有倒发线23条，编组线12条，货物线9条，专用线10条，其他用线11条，共计65条线。站内道岔电气集中箱186组，非集中箱53组，旅客服务房舍2531平方米，货场总面积92834平方米，货物站台7个，计13389平方米。转运货物为一级四场，即上行直货到发场，下行直货到发场，解货到发场，列车编组场。日接客货车能力达151列，改编解体能力24.6列，日编组均20.7列，日办理车数12821辆。漯河车站设有直属工务段、电务段和机务折返段。

客运　货运能力的变化

漯河车站的客运从1906年正式营运。当时北京至汉口的客车只白天运行，需3日到达终点站；从汉口开出要在驻马店、安阳停车过夜。旅客需搬运行李，次日调换车厢，非常麻烦，旅客反映极为强烈，不久便改为昼夜行驶。客车当日从北京8点开出，次日下午6时30分到达武汉；客车早晨7点从汉口开出，次日下午6时到达北京。不仅减少了路途两次住宿，运行时间也缩短一半。据漯河车站记载：郾城车站，清光绪三十四年（1908年）在本站搭车旅客29973人，民国元年（1912年）搭车旅客44971人。民国15年（1926年）春，由于军阀混战，京汉铁路线时通时断，直到民国20年（1931年）铁路恢复正常。郾城车站客运收入占京汉铁路总收入的6.6%，位于京汉铁路96个站的第四位。抗日战争爆发，铁路运输一度中断。抗日战争胜利后，1946年，汉口、郑州之间每日对开只有五六对客货列车，加上京、汉直达列车，有15对左右。

中华人民共和国成立后，开始了大规模的社会主义经济建设。铁路作为运输战线的先行官，有了日新月异的变化。1953年，漯河车站的旅客达37.1万人次，1957年增至44.6万人次，1966年增至65.3万人次，

1976年高达110万人次，1988年迅速增到180.2万人次，1999年已达到187.9万人次。

旅客出行也有规律性，每年的元旦、“五一”、国庆节、春节前后和每年的7、8月为高峰期。按日时说农历每月的三、六、九为高峰期。每年的农历正月十六，乘客都在3.5万人次以上，届时漯河车站要增加3—4列临时始发车。

漯河车站为解决买票难、乘车难问题，除增加临时加班列车之外，开展延伸多边服务，增加预售票，扩大售票窗口。售票窗口由1950年的2个增加到现在的9个。因此，1988年漯河车站荣获郑州铁路局授予的“三优文明站”称号。

漯河车站的货运，有充足的货源基础。货物吸收区东西180千米，约1万平方千米的区域。货物发送量不断增加。清光绪三十四年（1908年），发出货物73119吨，民国元年（1912年）为102490吨。民国2年（1913年）上半年，客货总收入排京汉铁路96个站的第七位。抗日战争时期，铁路一度中断。抗战胜利后，民国35年（1946年）铁路修复通车，当年货运20621吨。

货运是铁路部门承担的一项重要任务，关系到国家生产、建设物资的及时调运和送达，也关系着国防建设和社会发展。漯河车站在中华人民共和国成立的当年，货运达19.2万吨，不含人民解放军渡江南下作战的大批军用物资。1959年上升到75.2万吨。三年自然灾害时期，1962年仅运19.4万吨，1986年达96.9万吨。货物品种主要有粮食、面粉、油类、棉花、烟叶、生猪、黄牛、蔬菜、瓜果等（详见附表）。

进入20世纪80年代之后，全面贯彻落实中共十一届三中全会精神，漯河货运发生了巨大变化。货运物资除粮食、面粉、农副产品之外，还有卫生纸、各式皮鞋、卷烟、化工、机械、罐头、肉食品、生猪、黄牛及活鲜产品。郑州发出直达深圳、香港的751次快零货车，每月在漯河加挂鲜活产品车辆8次，每次3辆，计每月发出24个专用车。

豫西、豫北到达货物以煤炭为大宗。此外，有建材、化肥、非金属矿石、木材、日用工业品、钢铁、石油等。

漯河车站的货物运输，自1949年5月开始实行计划运输，各托运单位按月报送月度用车计划，车站货运室编制月度运输计划。车站每月派人参加铁路分局的计划会议，根据计划分配实际用车数量，按照“统筹兼顾、全面安排、保证重点、照顾一般”的原则，实施装货运输任务的完成。

漯河火车站东移，拉大了市区框架。车站正属市区中心，有广阔的发展空间，加之地形平坦，自然环境优美的特点，这个不足百年的小集镇一举发展成为豫南的商贸中心，陆陈集散地，全国有名的六大牲畜市场之一。

漯河火车站从建成到现在，只有百年历史，但对漯河的发展起过重要的作用；是水旱码头的重要组成部分，也是漯河水旱码头亘古至今、驰名中外的又一见证。

附表：漯河火车站1949—1995年运输生产一览

年度	装车数（车）	货物发送（万吨）	卸车数（车）	旅客发送（万人）	日均办理列车（列）	日均办理车数（车）	日均编解列数（列）	中时（小时）	停时（小时）	行车事故件数（件）
1949	7241	19.2	—	—	—	—	—	—	—	—
1953	7303	15.8	9378	37.1	41.6	1490	—	1.7	8.5	25
1954	8754	21.6	12896	40.4	42.2	1533.2	—	1.8	8.9	12
1959	11437	75.2	24770	77.2	77.8	4197.3	—	2.6	6.4	17
1960	10187	45.5	30620	37.9	33.6	4636	—	2.3	6.0	16
1965	8295	22.4	25544	86.2	114.6	5799	11.8	2.4	7.0	6
1966	9675	25.4	30586	65.3	131.3	6787	13.5	2.3	7.7	14
1971	11978	34.8	40183	93.5	157.3	7993	14.3	1.0	11.8	33
1972	11647	35.3	35953	105.3	153.5	7708	15.0	1.1	14.2	18
1976	11354	45.8	47161	110.0	116.3	5674	17.5	1.9	39.8	97
1977	12926	49.1	53568	127.2	152.3	3784	21.3	1.5	30.6	72
1978	12383	46.2	59634	124.6	193.0	9072	24.8	1.4	22.6	33
1979	10443	41.6	54879	140.5	192.3	9385	32.7	1.5	15.2	22

续表

年度	装车数（车）	货物发送（万吨）	卸车数（车）	旅客发送（万人）	日均办理列车（列）	日均办理车数（车）	日均编解列数（列）	中时（小时）	停时（小时）	行车事故件数（件）
1980	10072	41.0	57571	161.0	193.0	9415	40.0	1.5	9.7	8
1986	20101	96.9	75335	271.5	245.6	11916	43.2	1.4	7.8	1
1987	19434	99.8	68290	273.2	260.7	12615	38.9	1.2	7.7	1
1988	19468	101.5	77443	280.2	278.0	13134	34.6	1.1	7.6	1
1993	24588	138.1	50918	189.5	294.9	148138	29.6	1.2	8.1	0
1995	31806	179.4	51827	183.9	290.6	15873	29.0	1.2	8.0	0

选自2003年《漯河文史资料》第十一辑

漯河境内的火车站

李满堂

火车站与铁路相辅相成，二者既同时产生，又缺一不可，有铁路就得有火车站，没有火车站修了铁路也无法运营。漯河境内的火车站就是随着铁路的修建而诞生的。光绪二十三年（1897 年），清政府开工兴建卢沟桥至汉口铁路，该铁路经过郾城县的漯湾河镇，在此建一个车站，就是今天的漯河车站，也是漯河境内出现的第一个火车站。之后随着社会的发展，铁路线增加，漯河境内的火车站逐渐增多，先后有 20 个。现按时间顺序分述于下。

一、漯河车站

漯河车站，有广义、中义和狭义之分。广义的漯河车站，全称为武汉铁路局漯河车站，其管辖范围不但包括漯河车站，还包括孟庙车站和漯河高铁西站；中义的漯河车站，既包括客车站，也包括货运站、编组站、货场等；狭义的漯河车站，就单指京广铁路上的漯河客车站。广义的漯河车站是从行政隶属关系角度讲的，其所属的其他车站本文后边将分别叙述，这里不再综述；中义的漯河车站，在其他书籍和文章中多有阐述，也不再赘述；这里着重介绍一下狭义的漯河车站。

漯河车站，随着卢汉铁路的修建，于 1902 年开工建设，1904 年建成，因当时漯河名为漯湾河，所以车站建成后也因此而得名漯湾河车站。1912 年，漯湾河镇改称漯河镇，同时是隶属于郾城县的一个集镇，所以将车站更名为郾城车站。1948 年 8 月 23 日漯河解放，11 月 7 日从郾城县析出，设立县级漯河市，1950 年将火车站更名为漯河车站，沿用至今。

漯河车站初建时共设股道2条，其中正线1条，在东边，站线1条，在西边，来往火车停站时均下正线，停在这一条站线上。线路的西侧有站台一个，长约180米，站房几间。据原漯河铁路电务段干部、现漯河铁通公司集团客户部经理胡惠良介绍：“由于当时的条件所限，站台、站房都很简陋。站台外侧（靠股道一侧）由砖石垒砌，台基、台面除掺有少量的石子外，基本由沙土铺填；站房是砖木结构的瓦房。当时的客车只在白天运行，北京至汉口单程需要3天到达，中途要在安阳、驻马店等车站过夜，旅客需要搬运行李，次日调换车厢，非常麻烦。1912年5月1日改为日夜行驶后，北京至汉口间大约32小时即可到达，大大缩短了旅行时间。”另据漯河车站史料记载：“郾城车站，清光绪三十四年（1908年），在本站搭客29973人；民国元年（1912年）搭客44971人。”

1926年在正线的东侧增加站线一条，同时加修了简易的第二站台，因没有天桥，旅客要经过两端的道口翻越铁路上下车。

随后历经军阀混战、抗日战争、解放战争。战争中，各方为利用运输通道，首要争夺控制的是铁路，为阻止抑制对方，破坏遭殃的依然是铁路。因此，从此时到新中国成立这段时间里，京汉铁路基本没有平静安稳的日子，大多是在损毁—修复—再损毁—再修复的时断时续中度过，漯河车站搭乘旅客也是时多时少。新中国成立后，京汉铁路获得了新生，不但进行全面修复保证畅通无阻，而且进行整治改造，不断提高技术等级和运输能力。

建于20世纪50年代的漯河火车站

1954年11月开始，京汉铁路陆续增建复线。1957年11月15日，武汉长江大桥建成通车，将京汉、粤汉两条铁路连接起来，遂改为京广铁路。至1959年底，京广铁路全线实现双线通车。1958年，漯河车站重新修建了站房、站台，同时，在复线改造时将二站台西侧的站线变成了下行正线，因此又在二站台东侧增加了站线1条。1964年，新建一、二站台间的跨线天桥，从此旅客上下车不用再从两端的道口翻越铁路了。

1978年增建第三站台，同时增加站线2条，天桥也延伸至三站台。1986年，行政区划调整，漯河升格为省辖市，漯河火车站也迎来了发展时机，对现有设施进行彻底的改造，将原有站房拆除重建，新站房于1991年1月31日建成并投入使用。

同时，新扩建的站前广场，南北长186米，东西宽60米，宽敞整洁，最大日客流量可达三四万人。

客运量方面，据武汉铁路局漯阜铁路建设指挥部综合部部长潘自立提供的《武汉铁路局年鉴（2011）》显示：漯河火车站发送旅客，1953年37.1万人；以后逐年增加，1962年达到186.4万人；以后逐年减少，1966年减少到65.3万人；此后又恢复或曲线上升，1984年突破200万人，达到221.9万人；1988年280.2万人，达到最高峰。此后大都稳定在170万—190万人之间。

2008年12月，漯阜铁路实施复线电气化改造，其站场与京广铁路漯河车站并列，也就是在既有漯河车站东侧增建漯阜铁路站场，内容包括新建第四站台、2条正线、3条站线、风雨棚、天桥地道东延、接触网等工程。同时，由于一、二站台之间仅有3股道，除2条正线外，只有最西侧靠一站台外侧一条站线，影响下行车到站停靠，因此，随着这次漯阜铁路站场建设而进行彻底改造，即将二、三站台及其风雨棚全部拆除，东移重建。改造后一、二站台之间增加为4股道，中间2条为正线，两侧各2条站线；二、三站台之间仍为2条站线。同时，移动上车天桥出口和出站地道入口。

但是，时至今日整整8年过去了，漯阜铁路的复线电气化改造途中线路早已完成，漯河至郑郭（项城市郑郭镇）段的接触网于2014年6月10日起送电，目前，漯河至周口、阜阳、上海间已经实现了电力机车牵引。漯河车站的站线增建，站台、风雨棚移动等工程也于2016年6月底前全部完成。唯有漯阜铁路漯河站场建设，因拆迁问题至今没有建成，目前仍然是停滞中的半拉子工程，如下图。

尚未建成的漯河车站漯阜铁路站场

2016年5月16日，漯河车站正式开行始发列车，漯河至上海间夕发朝至，下行K1047次漯河车站14:40开车，次日5:23到上海车站，运行时间14小时43分；上行K1048次上海车站20:28开车，次日12:01到漯河车站，运行时间15小时33分。

二、孟庙车站

孟庙车站，站址在郾城县（今漯河市郾城区）孟庙镇，始建于1912年，南距漯河车站7千米，北距北京站810千米，西距宝丰车站（今平顶山西站）99.2 千米，隶属武汉铁路局漯河车站管辖。

孟庙车站初建时有股道 2 条，其中正线 1 条，在西侧，站线 1 条，居东侧，股道的东侧建简易站台 1 座，站房几间。1956 年 4 月，开始兴建京广铁路至平顶山铁路（始称孟平铁路，后延长至宝丰，称孟宝铁路），1957 年 3 月竣工通车，孟庙车站成为该铁路的起点，车站规模也随之扩大。据《郾城县志》（1997 年版）记载：“至 1978 年有 7 条到发线，1 条货物线，2 条专用线，站台 2 座，占地面积 352200 平方米，职工 78 人，业务办公室 38 间，职工宿舍 127 间。每天过往车次 172 次（86 对），客车停站 14 次（7 对），年均货运量 250800 吨，客运量 191660 人次。”

孟宝铁路与京广铁路交会处的孟庙车站

此外，郾城县为方便物资产品运输，把大部分县直工业企业建在了孟庙，所以车站先后修建多条专用线，使孟庙车站成为京广铁路上的一个三等站。

随着经济社会的发展，京广铁路通过火车快速增加，加之火车进出孟宝铁路时要在孟庙站切断京广铁路，所以使孟庙车站更加繁忙。因此，1986 年随着京广铁路电气化改造，该站增建了第三条正线。目前，随着漯阜铁路与孟宝铁路接轨和复线电气化改造，孟庙站又增建了第四条正线。车站共有股道 7 条，其中正线 4 条、站线 3 条，站台仍为 2 个，都为货运之用。

孟庙车站因是京广铁路与孟宝铁路的交会站，停靠和调整运行方向的列车比较多，但自 1997 年 4 月 1 日起，中国铁路先后进行了六次大提速，该站停靠客车逐渐减少，至 2004 年 4 月 18 日第五次铁路大提速时客运业务已被完全取消，从此不再停靠客车，只办理货运业务和客车变更线路时运行方向的调整，俗称火车调头。

孟庙车站是武汉铁路局和郑州铁路局的分界站，是武汉铁路局管辖线路的最北边，出了孟庙站就归郑州铁路局管辖。

三、小商桥车站

小商桥车站，位于漯河市郾城区商桥镇，因车站东北方向 2 千米处有隋代小商桥而得名，始建于 1905 年，南距漯河车站 16 千米，北距北京站 801 千米，时有股道 2 条，其中正线 1 条，在西侧；站线 1 条，居东侧；站台 1 个，位于线路的东侧。新中国成立后，车站不断扩建，至 1987 年，车站占地面积 53336 平方米，票房、候车室及其他建筑 1800 平方米，有职工 21 人，股道 5 条，各长 500 米，站台 2 个，平均日客运量 650 人，货运量月平均装卸车 80 节。

小商桥车站隶属于郑州铁路局郑州分局管辖，现为四等站，共有股道 4 条，其中正线 2 条，站线 2 条；站台 1 个，位于线路的东侧。该站客运业务已于 2004 年 4 月 18 日第五次铁路大提速时取消，不再停靠客车，只办理货运业务。

四、临颍车站

临颍车站，站址在临颍县城关镇，随卢汉铁路的修建与漯湾河车站同时兴建，建成于1904年。车站南距漯河车站28千米，北距北京站789千米，隶属郑州铁路局郑州分局管辖。车站等级为三等站，共设股道6条，其中正线2条、站线3条、装卸线1条，站台2个，每个长约400米。经过1997年至2007年的六次大提速，临颍车站客运业务不断萎缩，停靠客车逐渐减少。目前，仅有5趟客车停靠临颍车站，分别是：K262汉中—北京西，K745郑州—成都东，K909郑州—重庆北，K968/965张家界—北京，K1387郑州—安康。

临颍火车站

五、石桥车站

石桥车站，站址在临颍县石桥乡石桥村，始建于1912年，南距漯河车站40千米，北距北京站777千米，现为四等站，隶属郑州铁路局郑州分局管辖。车站共有股道4条，其中正线2条、站线2条，站台1个，位于线路的东侧。该站客运业务已于2004年4月18日第五次铁路大提速时取消，不再停靠客车，只办理货运业务。

六、仲李车站

仲李车站，站址在漯河市郾城区龙城镇仲李村，建于1957年3月，是孟宝铁路线上的第二站。东距京广铁路孟庙车站10千米，西距宝丰车站89.2千米，隶属武汉铁路局管辖，现为四等站。车站占地面积1612平方米，设站台2座，货物站台面积1020平方米。建有股道3条，其中正线1条，到发线2条，长度均为908米，简易站台1个。1985年10月，孟宝铁路与京广铁路一道实施电气化改造，1992年5月30日正式开通；2004年4月18日第五次铁路大提速时该站客运业务被取消，不再停靠客车，只办理货运业务。2010年12月29日，孟宝铁路开工增建复线，截止到2016年11月已基本建成。该站的站线被改为另一条正线，目前该车站已不复存在。

七、裴城车站

裴城车站，站址在漯河市郾城区裴城乡裴城村，建于1957年，是孟宝铁路线上的第三站。东距京广铁路孟庙车站22千米，西距宝丰车站77.2千米，隶属武汉铁路局管辖，车站等级为四等站。建有股道3条，其中正线1条，站线2条，站台1座，长198米，车站占地面积21100平方米，职工21人。1987年，客运量约12万人次，货运量593节，30984吨。2004年4月18日第五次铁路大提速时该站客运业务被取消，不再停靠客车，只办理货运业务。2010年12月29日，孟宝铁路开工增建复线。该站的站线被改为另一条正线，目前该车站已不复存在。

八、漯河站

漯河站，是漯舞铁路线上的第一站。当时的漯舞铁路是轨距为762毫米的窄轨线路，其起点也是车站的站址，位于漯河市南郊的阎庄村东，大荆庄村北，呈偏东北西南走向，其最东端距京广铁路不到300米，但因轨距不一样，仍然不能与京广铁路接轨，不过有京广铁路的专用线引入，货物的转运可以就近通过专用线转卸转装。车站共有股道5条，其中正线1条、站线2条、装卸线2条。车站没有正式命名，但是也有称呼，业内人士称其为“漯河站”，市民就索性叫它“小火车站”。不过，查阅1999年版《漯河市志》“铁路”篇，在对漯舞铁路和这个车站的叙述中就有“漯河站”的表述。

随着漯舞铁路实施准轨改造，线路南移，这个车站随之被废弃，轨道早已拆除，站房设施均已废弃不用，破烂不堪，杂草丛生。据2016年11月6日现场观察，破旧站房也已拆除，看样子即将开发建设为住宅小区，如下图。

漯舞窄轨铁路漯河站遗址

九、漯河西站

漯河西站，是漯舞铁路线上的第一站，但是在漯舞铁路改造之前并没有这个车站。

20 世纪 90 年代，漯舞铁路实施准轨改造，将东端线路向南移约 2 千米（现南环路南侧），并且向东延伸，经过特大桥跨越京广铁路，与漯阜铁路接轨。在线路改造的同时，于 1995 年在该线路的东端建车站 1 座，命名为漯河西站。

漯河西站

该站位于源汇区毛寨村南、南环路南侧，泰山路与太行山路之间，车站中心站点约在嵩山路的延长线上，东北距漯河车站 6 千米，东距漯阜铁路漯河东站 7 千米，西距舞钢站 54 千米，隶属于武汉铁路局代管的漯阜铁路有限责任公司管辖。

漯河西站的位置和职能都与漯河东站相类似，承担着列车到发和车流交接、交换的职能，只是车站规模和车流量比漯河东站小一些，共设 4 股道，其中正线 1 条、到发线 2 条、装卸线 1 条。车站站线长 744 米，站线北侧偏东 2/3 处设站台 1 座，长 235 米，宽 5 米，站台北侧是两层楼的站房和职工宿舍。目前，漯河西站只办理货运业务，包括整车货物列车到发及粮食、建筑材料等货物的装卸业务，不办理客运业务，也就是现在漯舞铁路未开行客运列车。由于漯舞铁路与京广铁路没有直接接轨，因此货物在二者之间的相互转运还要通过漯阜铁路漯河东站进行交接和转运。此外，漯河西站站线两端道岔还未实现自动化，列车进出车站仍需要人工扳动道岔。

十、翟庄车站

翟庄车站，位于郾城县（今源汇区）空冢郭乡翟庄村（原在村后，后因村子外扩，已将其夹在村中间），是漯舞铁路线上的第二站，东距漯河西站 7 千米，西距舞钢站 47 千米，始建于 1959 年，属窄轨地方小铁路车站，曾停靠客货列车。车站设有股道 2 条，其中正线 1 条，站线 1 条，简易站台 1 个，长约 100 米，站房（瓦房）8 间。1995 年，漯舞铁路进行准轨改造，该车站被取消，站线、站台已无存，只有站房还在，但已经破烂不堪，中间 2 间已坍塌。

翟庄东站旧址

十一、大刘车站

大刘车站，站址在郾城县（今源汇区）大刘乡大刘村后，是漯舞铁路线上的第三站，始建于1959年，东距漯河西站10千米，西离舞钢站44千米，设有股道2条，其中正线1条，站线1条，简易站台1个，长180米，车站占地面积6677平方米，站房几间，面积250平方米，管辖线路里程8千米，客运量月平均1500人次，货运量月平均30吨。1995年，升级改造为准轨铁路，设股道3条，其中正线1条居中，站线2条居两侧，线路北侧有站台1座，长约150米。由于该站距离漯河西站较近，只有10千米，又基本没有货运业务，所以目前已经停用，站线上堆有杂物、垃圾和杂草，且南侧的站线有几十米钢轨已经拆卸掉，站台上杂草丛生，站房无人看管，破烂不堪。

大刘车站旧址

十二、问十车站

问十车站，站址在郾城县（今源汇区）问十乡问十村后，是漯舞铁路线上的第四站，始建于1959年，东距漯河西站18千米，西离舞钢站36千米，设有股道2条，其中正线1条，站线1条，简易站台1个，长180米，车站占地面积6667平方米，站房几间，面积230平方米，有职工5人，管辖线路里程8千米，客运量月平均1200人次，不办理货运业务。1995年，漯舞铁路进行准轨改造，该车站被取消，站线、站台已无存，只剩8间站房（瓦房）也弃之不用。

问十车站旧址

十三、吴城车站

吴城车站，站址在舞阳县吴城镇吴城村后，是漯舞铁路线上的第五站，始建于1959年，当时为窄轨地方小铁路，车站设有股道4条，其中正线1条、站线3条，简易站台1个，长约100米，站房几间，曾停靠客货列车。该站东距漯河西站27千米，西距舞钢站27千米。1995年，随漯舞铁路进行准轨改造后，因辛安车站东移，两站距离只有5千米而被取消，站线、站台已无存，只剩几间站房也弃之不用。

吴城车站旧址

十四、辛安车站

辛安车站，站址在舞阳县辛安乡辛安村西南、漯舞公路南侧，是漯舞铁路线上的第六站，始建于1959年，当时为窄轨地方小铁路，曾停靠客货列车。1995年，随漯舞铁路准轨改造，车站向东移动约2千米，位于辛安村东、漯舞公路北侧、大路任村南。该站东距漯河西站32千米，西距舞钢站22千米，隶属于漯阜铁路有限责任公司管辖。老站址有股道2条，其中正线1条，站线兼装卸线1条，居北侧，站台已拆除，线路北侧的站房仍存在，站房主房5大间为两层楼，现正在接第三层，西侧有几间一层配房。新站址设有股道3条，其中正线1条，站线2条，站台1个，居线路南侧，长约50米，站房为一层平房，共8间。目前只办理货运业务，不通行客车。

辛安老火车站

辛安新火车站

辛安车站还有一个特殊的地位，即2013年建成通车的范辛铁路（襄城县范庄至舞阳县辛安铁路）与漯舞铁路在此交会，是范辛铁路的终点站和交接站，这也是车站移址的原因。

十五、舞阳车站

舞阳车站，站址在舞阳县舞泉镇，南京路的最南端，是漯舞铁路线上的第七站，始建于 1959 年，当时为窄轨地方小铁路，曾停靠客货列车。1995 年，随漯舞铁路准轨改造而新建。该站东距漯河西站 40 千米，西距舞钢站 14 千米，隶属于漯阜铁路有限责任公司管辖。车站设有股道 4 条，其中正线 1 条、站线 3 条，站台 1 个，在股道的北侧，长约 220 米，站台的北侧是站房，站房中间 11 间为两层楼，两头各有 2 间一层的配房。目前只办理货运业务，不通行客车。

舞阳车站

十六、舞钢车站

舞钢车站，始建于 1959 年，站址在舞阳县寺坡（今属平顶山舞钢市），是漯舞铁路线上的第八站，也是漯舞铁路的终点站。当时为窄轨地方小铁路，曾停靠客货列车。1995 年，随准轨改造而建。该站东距漯河西站 54 千米，隶属于漯阜铁路有限责任公司管辖。车站设有股道 4 条，其中正线 1 条、站线 2 条、装卸线 1 条，站台 1 个，长约 200 米，站房为两层楼房。目前只办理货运业务，不通行客车。

同时，舞钢车站还是舞钢至南阳铁路的起点站。20 世纪 60 年代末期，漯舞铁路向南阳延伸，1968 年 2 月开工，1969 年 11 月 30 日建成通车，与漯舞铁路合称漯南铁路。1975 年 8 月，豫中南地区发生特大水灾，漯南铁路舞阳以西至叶县段30多千米基本全部被洪水冲毁。从此，一条铁路一分为二，而且分属于河南省地方铁路局周口分局和南阳地方铁路局两个机构管辖，之后，两段铁路再也没有接轨。随着公路运输的快速发展，舞钢以南段闲置，最终废弃。再之后，舞钢区（现舞钢市）划归平顶山市管辖，漯舞铁路向西北延伸至平顶山，与漯宝铁路接轨。

十七、漯河东站

漯河东站，全称为漯阜铁路有限责任公司漯河东站，位于漯河市区南环路和南洛（南京至洛阳）高速公路南侧，燕山路与金山路之间，车站中心点约位于衡山路的延长线上，距漯河车站8千米，是漯阜铁路线上的第一站。

漯河东站

说是漯河东站，其实它并不在漯河市区的正东部，而是在市区的南部偏东方向。准确地说，假如以京广铁路和人民路为中心坐标，那么漯河东站则位于京广铁路往南偏东30°、人民路往东偏南60°左右的方向，之所以取名漯河东站，很大程度上是因为它处于漯河向东的铁路线上。

据漯阜铁路建设指挥部综合部潘自立部长介绍："当初在修建漯周

铁路时，并没有漯河东这个车站，漯周铁路漯河（当时为郾城县）境内只有两个车站，第一站是西皋，第二站是砖桥，只是在20世纪80年代中期漯阜铁路升级改造时才增设了这个车站，最初还不叫漯河东站，而是叫漯河交接站（即地方铁路与国有铁路之间进行车流交换、交接的地方）。1990年6月，正式更名为漯河东站，其全称为‘漯阜铁路有限责任公司漯河东站’。”

漯河至阜阳职工通勤班车

1986年5月，漯河东站由河南省地方铁路局周口分局负责开始筹建。当年7月，征用源汇区后谢乡后谢村土地129亩，用于漯河东站的建设。1993年10月，完成一期工程，开办试装车和到发交接业务。之后又经过改建、扩建，逐步形成今天的规模，现为漯阜铁路漯河境内的中心站（枢纽站）。站场东西长约2000米，南北并列共有股道10条，其中正线2条、到发线7条、装卸线1条，有站台1座，长约200米。车站建有办公楼和职工宿舍楼，是漯阜铁路漯河段的运营、管理中心区，漯河至阜阳职工通勤班列的起点站。

2008年，经铁道部批准，漯阜铁路进行复线电气化改造，当年12月29日在河南省沈丘县宋阁车站举行开工奠基仪式。2014年6月4日，部分路段电网开始通电，即漯河至项城郑郭段先期送电，在此区段已经看到了电力机车的身影。截至2016年底，漯阜铁路复线电气化改造工程除了漯河车站段尚未完成外，其他路段都已完成，漯河往东至上海间列车已实现电力机车牵引。目前，漯河东站也只办理列车到发和货运业务，不办理客运业务。待漯阜铁路漯河车站段及漯宝铁路复线电气化改造工程全部完工后，漯阜与漯宝两条复线电气化铁路贯通，旅客列车增加，漯河东站将有可能停靠客运列车，办理客运业务，而且远期有望成为漯河车站的分流站。

十八、西皋车站

西皋车站是漯周铁路线上的第一站，建于1974年，站址在召陵区召陵镇东坡李村所属的扁担张自然村南，西距漯河火车站约14千米，距现在的漯河东站6千米，东距西皋村4千米。车站站线长约700米，共设2股道，正线（在南侧）和站线（在北侧）各1条，车站站台在线路的北侧，长约240米，站台外侧是一座两层楼的站房，米黄色的外墙

西皋车站

面，很醒目，老远就能看得到。漯周铁路运营初期只开通了货物列车，未开通客车，所以车站也只是用于货车的停靠或避让。直到 1978 年漯周铁路开通客车后，每天一对客车在此停靠，上午周口开往漯河方向 10 时左右到站，下午漯河开往周口方向 15 时左右到站（注）。目前，由于复线电气化升级改造，漯阜铁路要提高列车运行速度、减少停车站，因此距漯河东站乃至漯河车站都不远的西皋站已经取消，原有的站线已变成另一条正线（下行线），站台已不复存在，站房虽然还在，但是已闲置不用。

这里有必要提及的是这个车站的特殊位置和名称。既然是西皋车站，为什么没有设在西皋，而是设在距离西皋三四千米的扁担张呢？反过来说，既然车站不在西皋，那为什么却叫西皋车站呢？似有些稀奇古怪，也让人感到疑惑。不过经过笔者两三次去现场观察、询问当地的年长村民、请教铁路系统的内行等，基本弄明白了个中缘由：第一个问题，之所以把这个车站设在扁担张村，是铁路的区间均衡布局的需要，因为除了特殊情况外，这种平原地区、人口密集的铁路，一般是 8—10 千米设一个车站，就该事例而言，漯河车站距扁担张 14 千米，如果除去漯河车站往南至铁路向东转弯处这 4 千米的京广铁路，那么，漯河到扁担张的距离刚好是 10 千米。铁路再往东到了砖桥附近，砖桥是公社所在地，这里车站必设，而且与上一个车站的间距刚好也是 10 千米，非常均衡的布局。换言之，假如把第一个车站设置在西皋，那么这一站的间距就是 14 千米，而到下一站砖桥的间距就变成了 6 千米，二者相差一倍还多，一个太远，一个又过近，显然是不合理的。第二个问题，车站建在扁担张却叫西皋车站，是因为西皋是个古老的地名，曾是古郾国的都城，村子、名气都比较大，而且名字就两个字叫起来简洁、顺口、响亮，因此叫西皋车站也在情理之中。此外，另有一种说法，这个车站最初的设计站址就在西皋，只是后来移动了位置，而站名没改动。还有，这个车站不叫扁担张车站，另有一个原因，东北地区的吉林省有一个车站叫扁担张车站，刚好与之同名，先用于此处，所以这里自然就不能再叫扁担张车站了。

注：笔者当年就曾有幸在西皋车站坐过火车，体验一把特殊的情调，而且纯属偶然，这也是我唯一一次乘坐漯周铁路乃至延长后的漯阜铁路的火车，以后也没有可能再在这个车站乘车了，因为它已经不存在了。

那是 1981 年 10 月，我高考考入省城郑州一所恢复重建的新学校，因为当时学校还没有完全建好，开学时间推迟一个多月，学校通知 10 月 4 日报到入学。自 7 月考试完到 10 月开学，这期间有近 3 个月的时间，我闲来无事，去母校教导处帮助刻蜡版、油印复习资料，一直干到 10 月 3 日，第二天就去新学校报到了。为了赶补晚开学耽误的课程，学生 10 月 4 日（星期天）报到，第二天星期一就正式上课。这也有一个原因，就是学校刚刚建起，很多建筑及配套设施还没健全完善，不具备大规模招生的条件，那年只招了一个统计专业、2 个班、100 名学生，学生少，报到安置自然也快（教室临时当寝室，礼堂临时当餐厅），所以第二天就开课了。

我匆忙离开母校，一些活计、资料都没来得及交接，所以需要返回去一趟，还得是在工作日。于是我向班主任老师说明情况，请假一天，于 10 月 10 日（星期六，那时候只有周日休息）乘火车返回母校。事情办得很快，中午之前就交接完了。

这时听到一个消息，我老家那个不起眼的小村庄史无前例地正在唱大戏，我听说后想回去看看，倒不是为了看戏（我是不大喜欢看戏的），而是离家多年一心求学，回老家的时间确实有限，很想借机见见亲友、同学和昔日的小伙伴们，反正时间也充裕，不耽误星期天晚上上晚自习就行了。于是我骑上父亲的破自行车赶回了老家。谁知天公不作美，下午刚到家就下起了雨，演唱正酣的大戏（预定三天四晚上共十场戏，此时刚刚过半）也被迫停了下来，而且晚上雨下得比较大，戏台都给下塌了。我回来尽管实现了一个小小愿望，同学、好友见了不少，但是如果第二天雨不停，返程的事可要犯难了。因为从老家到漯河 18 千米全是土路，自行车骑不成，就得靠两条腿走路，这条路干天路响时也就 3 个多小时能走到，但在雨天，泥泞不堪，6 个小时能不能走到也很难说，这可真不是闹着玩的，刚开学就耽误上课可是万万不能的，怎么办？

然而，天无绝人之路，正在犯难之际，突然听到了火车的叫声，那不是漯周铁路吗？有火车可以坐呀，我甚至有些激动了！因为我老家往北距漯周铁路最近的地方也就5千米，距西皋车站也不过七八千米，火车的叫声是听得见的。但是，尽管不太远，可老家人一般不会选择这种方式去漯河的，因为它比较麻烦：首先得用一两个小时走到西皋车站，然后再等火车，还得买票花钱，而且更关键的是一天就上午一趟车，过去那个时候去也白搭，所以费时、费力、费钱，不是万不得已，没人往那儿去。如今，我就遇到了万不得已的情况，尽管麻烦，但为了赶时间，也只能如此了。

于是，第二天一大早我吃过饭，就顶着凉飕飕的北风和仍在淅淅沥沥下着的雨，踏着泥泞，一溜一滑地往西皋车站赶去。这一路是个大坡，没有村庄，中间隔着汾河，而且多是黑胶泥，对脚非常亲热，七八千米的路程足足走了两个多小时，一路上除了我没碰上一个走路的人，先前那种激动心情一扫而光，寂寞加害怕，雨水加汗水，不是亲身经历，个中滋味很难想象。大约将近10点到达西皋车站，此时火车还没到，但是我也不敢怠慢，赶紧进入站房避雨，买票（票价2角）候车。因为天气不好，候车的人不多，稀稀拉拉，我大致数了数，一共有十多人。约莫二十多分钟火车进站、上车，车上也不满员，仍有不少空位可坐。不过，上车后心情就又好了起来：一来车上既遮风挡雨又暖和，还能浏览沿途的风光，比在泥泞的道路上艰难行走舒服多了；二来想起当年参加这条铁路建设的情景，今天又亲自坐上了行驶在这条铁路的火车，自己参与修建的铁路就在脚下，感觉非常自豪，成就感很大。此行意义非凡，印象极为深刻，以致30多年后的今天仍然记忆犹新。

那时漯周铁路等级低，行车速度慢，时速也就30来千米，加上停站时间比较长，火车到达漯河车站已经11点多了。下车后，我赶紧回到漯河的家，换上干衣服，顾不上吃饭，迅速返回车站，换乘去郑州的火车，终于在晚自习上课之前赶到了学校。

至于老家的戏台在雨后又重新搭起来，大戏也接着唱完，这是春节放假回去才听说的。

十九、砖桥车站

砖桥车站，站址与西皋车站的情况有些相似，虽然叫砖桥车站，但站址却不在砖桥，而是在距砖桥村西北 4 千米的孝武营村（今青年村），其原因也并不复杂，因为这个车站的所在地属砖桥公社，尽管铁路没路过砖桥，车站更建不到砖桥，但其车站命名为砖桥车站自然也是顺理成章的事。

砖桥车站旧址

砖桥车站共设两股道，正线一条在南侧，站线一条居北侧，长约 700 米；车站站台在线路的北侧，长约 200 米，站台再北侧是一座两层楼的站房。由于复线电气化改造，漯阜铁路升级，为提高行车速度、缩短列车运行时间之需要，减少停车站，因此，该站已经取消。站台已不复存在，一条站线变成了下行的正线；站房虽然还在，米黄色的外墙面也很醒目，老远就能看得到，但是已闲置不用，由附近的一户村民持钥匙看护，其站房上的“砖桥站”三个字已经不完整，“砖”字缺少了右半边，成了“石桥站”。据日前去现场观察，就连那残缺不全的站台也没有了，只剩下孤零零的站房。另据看护的村民介绍，站房离接触网太近，影响行车和人员安全，有可能被拆除。

二十、漯河高铁西站

漯河高铁西站，即漯河西站，站址位于长江路西段的沙澧河之间，与既有漯河火车站东西相对，东距白云山路（107 国道）2.5 千米，距漯河火车站 8 千米。漯河西站为一等站，设 4 站台（实为 2 个连体站台）、无柱透光雨棚（其实有柱，只是柱子在站台两边的股道间，站台上无柱），共设 6 股道，中间 2 股道是正线，为直通列车通过之用，站台侧边 4 股道为到发线，站线长度 800 米，站台长度 500 米。车站站房主体为钢结构的现代流行式建筑，新颖、美观、大方，总建筑面积 1.6 万平方米，其中候车厅面积 5530 平方米，分为一等区、二等区、贵宾区，可容纳 1000 人同时候车；售票厅 1200 平方米。此外，配备接触网作业场 1 所，综合生产场 1 所。站前广场很宽敞，总面积 9 万平方米，折合 135 亩。车站日发送旅客能力可达 1 万人。

漯河西站于 2012 年 12 月 26 日正式开通运营，停靠客车 8.5 对，之后逐步增加，2014 年 6 月 30 日停靠客车已达 26 对，其中上行（往北）

漯河西站全貌

28 趟，下行（往南）24 趟，除保留 2.5 对 D 字头动车组列车外，其余均为 G 字头的高速客车。

2014 年 7 月 1 日，漯河西站开通两趟始发列车：G551 次，漯河西至广州南，8:10 发车，运行时间 6 小时 6 分；G6801 次，漯河西至武汉，21:11 发车，运行时间 1 小时 32 分。

2016 年 9 月 10 日，铁路进行最新一次火车大调图，调图后漯河西站停靠客车 87 趟，其中上行 48 趟、下行 39 趟，除保留 2 对 D 字头动车组列车（郑州—成都东间 2201/2202 次、郑州—福州间 295/296 次）外，其余均为 G 字头的高速客车。调图后始发客车减为 1 对，即漯河西—深圳北间，下行 G551 次，漯河西站 8:00 发车，14:58 终到深圳北站，运行时间 6 小时 58 分；上行 G554 次，深圳北站 13:28 发车，21:00 终到漯河西站，运行时间 7 小时 32 分。同时，因郑州至徐州高速铁路开通运营，增开了多趟至青岛、济南、太原等方向的高速客车。

漯河西站优美的站房，于 2016 年 10 月 25 日被河南省住房和城乡建设厅、《河南日报》报业集团等评定为河南省最美建筑二等奖，这也是漯河市入围这个奖项的唯一建筑。

参考文献：

李必正、冯建堂著：《当代河南的交通事业、铁路篇》，1993 年版，郑州铁路局；

《郾城县志》，1997 年版，2016 年版；

《漯河市志》，1999 年版，2013 年版；

《郑州铁路局年鉴 · 2006》；

《武汉铁路局年鉴 · 2011》；

郑州市政协文史资料委员会编：《老郑州印象 · 铁路卷》，2012 年版。

选自 2016 年《漯河文史资料》（第二十三辑）

漯河早期铁路工运史话

陈庭苕①

漯河早期的工人运动，起始于京汉铁路的建成。虽然早在明代和清代，漯河已是江淮百货荟萃之地，水上百舸争流，岸上店铺林立，随之也形成了一支数量可观的船工、纤夫和搬运工（脚行班）队伍，但他们只是一些贫穷的苦力和临时雇佣者，并没有产业工人，更没有现代式的工会组织，因而谈不上什么工人运动。京汉铁路建成和通车，漯河才逐渐形成了一支产业大军。之后，随着水陆交通的发展，漯河也兴建了一些工厂，如打蛋厂、卷烟厂之类，但都规模较小，而且工人大都是季节工，农忙返乡，农闲进厂，工人们也没有自己的合法组织。唯独铁路工人队伍一出现，就显示了当代产业工人的特色，他们有自己的组织，富有远大理想，有团结战斗的革命精神。因此说，漯河早期的工人运动，也只能是铁路工运。

一、漯河铁路工人队伍的初创与形成

1903 年，京汉铁路郾城（漯河）站、段建成，当局随将修建铁路的民工和苦力，挑选一批青壮年劳力计 330 名转为铁路工人。1906 年 4 月 1 日，京汉铁路全线建成通车，郾城车站经过培训的员工全部上岗，成为漯河第一批产业工人队伍。到 1920 年，漯河铁路工人队伍已有较大发展，除车站外，还设有机务、工务、车务三个处，有员工 500 名左右。随后，根据发展的需要，这三个处又改为三个段，员工也有一定数

① 陈庭苕，漯河市郾城区人，1933 年出生，1951 年参加工作。曾任许昌专员办公室政策研究员，漯河市党史办副主任、科长等。

量的增长。那时的铁路工人，深受帝国主义、官僚资本主义和封建势力三座大山的重重压迫，长期过着牛马不如的生活，政治上处于最下等地位，工人们在洋人、站（段）长、总管、监工的层层盘剥、奴役和压迫之下，任人驱使，挨打受气，无故被罚是常有的事。他们除了完成当班任务外，还得给站、段长及顶头上司挑水、和煤、干家务。平时见了站（段）、处长等得叫“老爷”，甚至见了小员司如卖票员、检票员等得叫“师爷”。在经济上，每人每月工资只有 9 元左右，而全路的局、站、段（处）长等官员，每人每月 80—1100 元，高出工人工资 100 多倍，微薄的工资，使工人难以养家糊口。长年累月繁忙笨重的体力劳动，严重的生活困难，压得工人喘不过气来。

为了求生存、争自由，起初，工务处的 165 名工人在黄大发的倡导下建立了一个“慈德公益金”，推荐黄大发为会长。慈德公益会是一个互救互帮的组织，会员们按时交纳会费，哪家有了困难或天灾人祸，公益会及时给予帮助和救济。但是，这样的慈善组织，既没有革命理论的指导，也没有明确的奋斗目标和纲领，因而并不能从根本上拯救工人的苦难，工人们面对帝、官、封的层层压迫无可奈何，仍然处于水深火热之中。

1921 年 7 月，中国共产党成立以后，就积极从事铁路工人运动，领导工人组织起来开展反压迫、反剥削，求得自身的解放。当时在全国铁路上早有一个反动的政治集团，叫做“交通系”，以梁士诒、叶恭绰为首领，通过各地的爪牙和代理人，统治着整个铁路系统，严格束缚着工人们的手脚，使国家的铁路变为该系的私产。奉系军阀张作霖组阁时，总理便是梁士诒，交通部总长便是叶恭绰。共产党在长辛店车站开办劳动工人学校影响很大，“交通系”为应对和诋毁共产党在铁路上的政治影响，第一便是以交通部的名义在各地也开办学校，与共产党的劳动学校相对垒；第二是指使各地爪牙拉拢一部分人组织团体，如在郑州组织了一个“交通传习所”，与共产党领导的工人俱乐部相对垒。很明显，“交通系”成为与共产党争取铁路工人的仇敌。共产党要想在铁路工人中扎下根基，就必须将“交通系”的势力铲除。因此，两者不断发生激烈的斗争。正当此时，1922 年发生了直奉两系军阀战争，其结果直胜奉败。奉系军阀所控制的内阁随之倒台，代之而起的是吴佩孚的御用内阁。吴为了收拢人心，便通电发表四大政治主张，其中一项便是“保护劳工”。当时吴佩孚知道，奉系内阁虽然倒台，但“交通系”在铁路上仍有很大势力，同时也知道共产党在铁路上是新兴势力。于是他便企图利用共产党铲除“交通系”。共产党则认为这是一桩大好事，正好暗中巧妙地利用吴佩孚的势力铲除“交通系”而不被吴所利用。经过共产党的创始人之一李大钊（字守常）向吴佩孚内阁交通部总长高恩鸿建议，每条铁路派一密查员，以暗中查访“交通系”的胡作非为。这些密查员都是李大钊推荐的共产党员，实际上就是我党从事工人运动的特派员。这样一来，给共产党在铁路上的活动提供三大便利和好处：一是我党任何同志以密查员的身份可以来往坐车不用花钱；二是密查员还可领取百元以上薪金，得此正好补贴我党职工运动经费不足；三是密查员是当时铁路员司和各段头领最害怕的暗探，生怕收集他们营私舞弊的罪状。共产党员得此护身符不仅不怕人，而且使人怕。这样一来，我党在铁路上的工作得到顺利的发展。特别是京汉铁路沿线各站，都很快成立了工人自己的组织——铁路工人俱乐部，共计 16 个，郾城（漯河）铁路工人俱乐部是其中之一。

1922 年 2 月，郾城火车站机务处工人卢存善，按照党的指示，积极联络工友，建立了郾城铁路工人俱乐部，负责人卢存善。另外，还吸收小商桥、孟庙、郭店（人和）三个站的工人参加。工人俱乐部是共产党领导下的早期工运中工人阶级自己的组织，这个组织起初连小员司（即卖票员、检票员、电报房的职员）都不能参加。党组织派人到京汉铁路各站，以俱乐部为基地，举办工人夜校，组织工人学文化、学政治，宣传马列主义。工人们的政治觉悟迅速得到提高。他们清楚地认识到，工人阶级只有组织起来，才能形成一支坚强的生力军。4 月 9 日，京汉铁路全线路工代表会议在长辛店召开，决定建立京汉铁路总工会，郾城车站代表杨志清参加了会议。同年 8 月，全路已有两万多人参加了工人俱乐部，建立总工会的时机已经成熟。4 月 10 日，在郑州召开京汉铁路总工会筹备会议，到会14人，其中就有郾城车站代表杨志清。会上，代表们报告了各地俱乐部的活动情况，讨论了总工会的组织章程，商议了总工会的筹备事宜及各地代表的提案。杨志清作为郾城路工代表，自始至终参加了整个会议的活动，接受了总工会筹备会给予郾城路工的任务。

今天的漯河火车站编组场

8月24日，长辛店铁路工人俱乐部组织本站工人罢工。要求罢免无端虐待工人的厂长，增加工人工资等。京汉铁路全线作出统一部署，支援长辛店工人罢工，其罢工步骤则定于24日由北京至彰德，25日由彰德至郾城线，26日由郾城至汉口线。26日上午9时，郾城路工在俱乐部的统一组织下开始罢工，直至取得了完全的胜利。罢工胜利后，全路工人每人每月增加工资3元。郾城路工将第一月加薪捐献给了京汉铁路总工会筹备处，以增添总工会筹备费用。9月，粤汉铁路工人罢工兴起，郾城全体路工每人捐半日工资，全站共捐五十余元银币，以支援粤汉铁路工人罢工斗争。10月，按照京汉铁路总工会筹委会的指示和京汉铁路总工会章程（草案）的规定，郾城铁路工人俱乐部和“慈德公益会”合并，正式成立了京汉铁路总工会郾城分工会，委员长卢存善，会址设在漯河平汉前街。这是在共产党的领导下漯河建立的第一个工会组织，为京汉铁路十六个分工会之一。从此，漯河的铁路工人已经作为一支坚强的生力军登上了政治舞台。

二、沙河岸上起狂飙——二七罢工在漯河

直系军阀吴佩孚战胜奉系军阀重新组阁后，对广大劳工极尽拉拢收买和欺骗之能事，除向国人响亮宣扬他的四大主张——保护劳工等以外，还假意设立劳工局，宣扬专为广大劳工谋利益，赞成劳动立法，对工人颁发他的肖像奖，并表示乐于接见工人代表等欺骗言行。但长辛店罢工一事，无疑使吴佩孚痛心疾首。因为京汉铁路收入为吴佩孚军饷的唯一来源，长辛店罢工的结果，当时全路两万工人，每人每月工资增加3元，使得吴佩孚每月少收六万元，每年少收七八十万元。再者，工人们的斗争士气日益高涨，直接影响着吴佩孚的独裁宝座，原想利用共产党除掉“交通系”，而共产党却“另有异图”。因而他决心用实力对付工人运动。一是组织“学兵队”用自己的士兵学开火车、换掉工人司机；二是指令京汉铁路南段段长冯沄，组织“同仁通谊会”，分裂工人队伍。但吴的这些伎俩并未收效，反而遭到工人们猛烈地反对。于是，吴佩孚“保护劳工”的假面具和赞成劳动立法等谎言全都去掉，代之以武力和屠杀来对付工人运动。

1923年1月5日，京汉铁路总工会筹委会召开第二次会议，决定于2月7日在郑州举行京汉铁路总工会成立大会。事前筹委会已预料到吴佩孚可能会出面干预，但未料及有如是之快、如此之毒。因而总工会成立大会一切采取公开态度，将会议宗旨及地点都公开刊登各报，并向路局局长赵继贤作了报告，征得其允准。赵继贤大要两面手法，假意特准两件事：一是为工人赴会提供方便；二是开会之日，北段赴会者准予免票乘车，南段赴会者准予挂一、二等车厢各一节，以运送代表和来宾，而暗地却电告吴佩孚请下令禁止开会。1月31日，中共中央和劳动组合书记部有关工运领导人张特立（国焘）、李汉俊、陈潭秋、恽代英、林

祥谦、施洋及京汉路南段和粤汉路的代表同一部分进步学生，从武汉北上郑州，参加京汉铁路总工会成立大会路过郾城车站时，郾城铁路分工会委员长卢存善和其他工会负责人杨志清等，组织路工200余名到站台迎接，并听取了施洋大律师关于争人权、争自由、劳工神圣及成立京汉铁路总工会重大意义的讲演，工人们听后鼓掌欢呼。同时，郾城分工会当即派出代表周少贞等前赴郑州参加大会。不料大会召开之前，吴佩孚也大要两面三刀的诡计，一面召见工人代表，时时微笑告之，而暗中指使其爪牙武力阻止，其手段之毒辣真不愧为一大奸雄。1月31日，各路代表和来宾共计131人，本路各分会代表65人全部到齐，赴洛阳谈判代表向与会代表报告了与吴佩孚交涉的经过，说明吴执意不准开会。各路代表皆异常愤慨。大家说："工人开会是根据民国约法，不受非法干涉，对一面高唱'保护劳工'，一面尽力压制工人开会，言行不一，绝无信义的吴佩孚，无信赖和注意的必要。"于是大会于原定的2月1日在普乐园开幕。不料开会前夕，吴佩孚已电令他的驻郑第十四师师长兼警备司令靳云鹗和郑州警察局局长黄殿辰出动武力，严加防范。

2月1日上午，郑州1000余名铁路工人护送着各路代表和来宾，整队向会场进发，此时郑州市面已紧急戒严，军警荷枪实弹沿街排列，商家和市民关店闭户，行人断绝，一派肃杀景象。工人代表和来宾无不痛恨妄自干涉人民自由的反动行动。他们不为武力所屈服，整队前往，以乐队为前导，各路各处所送匾额次之，人人手执红旗，顺序而行。在距会场不远处被反动军警包围。军警举枪瞄准工人队伍，阻止前进。工人们先推选代表一再交涉，军警终不允许。双方相持2个小时。最后，工人和代表不顾生死与军警搏斗，冲破层层关卡，撕去封条，砸开铁锁拥入会场。会议立即开始，大会主席宣布开会，报告了总工会的宗旨，声讨了军阀强权压迫的可恨，并宣布京汉铁路总工会正式成立！会场齐声高呼："京汉铁路总工会万岁！""劳动阶级胜利万岁！"这时会场已被军警包围。郑州警察局长黄殿辰亲到现场百般威胁，迫令立即解散大会。但是，与会者更加激昂，奏乐欢呼，声如雷鸣。延至下午四时，与会者方才冲出重围，宣布散会。是日上午，各路代表和来宾所住旅馆皆被重兵包围，总工会给代表和来宾们定的饭菜也不准上桌，欲食不能，欲动不得，他们完全失去了自由。总工会会址被军警占领，强行驱除工会职员，桌凳、匾额捣毁一空。工人们质问兵士何以如此强暴？兵士说：“是奉吴大帅命令。”总工会当晚在别处召开秘密会议，决定本月4日午时，宣布京汉铁路全体路工总同盟大罢工。

2月4日午时，京汉铁路总工会一声令下，全路开始了大罢工，郾城路工随即掀起了席卷沙河岸的大罢工狂飙。11点50分，一阵汽笛长鸣，平时人如潮、车如龙的郾城火车站，顿时人停工、车停行，罢工开始了。郾城路工坚决执行总工会的命令，加入了总罢工同盟。他们在铁路分工会委员长卢存善，委员杨志清、周少贞、刘富养、黄大发等人的组织和带领下，井然有序地离开了各自的工作岗位，列队上街游行，愤怒声讨吴佩孚镇压工人运动的滔天罪行。工人们还组织了纠察团，护卫着铁路和工厂。

正在此时，第四次快车和第五十一次寻常快车先后到达郾城东站，被工人们团团围住，他们同司机一起迅速下闸、灭火、放汽、拆零件，列车像两条僵死的长蛇，死死地压在道轨上。车上旅客看到这种场景，也十分同情工人们的行动，纷纷转道而去。站长陈寿三，面对威武雄壮的工人纠察团和罢工场面，早已吓得魂不附体，慌慌张张溜之大吉。电报房里传来了京汉铁路南段段长冯云的来电，命令立即复工，工人们置若罔闻，不予理睬。吴佩孚派他的运输司令胡汉臣（外号胡剥皮）专程赶到郾城车站，直系军阀靳云鹗驻漯第八旅出兵配合，漯河警察局也出动大批警察威逼工人复工，扬言：“如不开车，武力解决！”工人面对荷枪实弹的军警毫无惧色，义正词严地反驳道：“我们受京汉铁路总工会的领导，没有总工会的命令决不开车！”在工人与反动军警尖锐的对立下，列车一直被阻在郾城车站。反动军警面对态度强硬的工人无能为力，于是采取软硬兼施的伎俩，要漯河当地知名绅商出面调和，并许诺：“只要复工开车，一切都好商量。”工人们对商家说：“我们坚持总工会提出的复工条件，其中有撤去京汉铁路局长赵继贤和南段段长冯沄的职务，查办镇压铁路工人的郑州警察局长黄殿辰，你们办得到吗？”商绅们听了张口结舌，表情呆若木鸡，灰溜溜地一去不复返了。6 日，由郑州开往汉口的一列火车，在军警的胁迫下开到郾城车站，十四师师长靳云鹗派兵随车戒备，照样被郾城路工阻止在站内。就在此时，在汉口的英国领事显得异常活跃，因为京汉铁路是帝国主义者掠夺中国财富一大通道，京汉铁路大罢工也直接威胁着帝国主义者的在华利益。于是，他们召集湖北督军萧耀南的代表与洋资本家在领事署开会，共谋镇压工人罢工策略。吴佩孚本已准备屠杀工人，此时又得帝国主义者的指导，便更加疯狂，遂下令于 7 日南北一齐下手，开展震惊中外的“二七”大屠杀。烈士林祥谦、施洋等先后被杀害。林祥谦被绑到电杆上，军阀们像恶狗一样，砍一刀问一声愿不愿复工，连砍数刀，林祥谦大骂军阀，至死不屈，壮烈牺牲。林祥谦壮烈牺牲的消息传到郾城车站，工人们更是怒不可遏，誓死为烈士报仇之声此起彼伏，他们在凛冽的寒风中卧轨阻止列车南行，又时而与反动军警发生着尖锐的冲突。郾城路工拼死斗争的消息传到汉口，湖北督军萧耀南电令军警逮捕工人首领，强迫工人纠察团解散。军警先是向空中鸣枪，来恫吓驱赶工人，但工人们谁也没有被吓倒，被赶走，仍然誓死拼搏，坚持卧轨斗争。这时，军警决定当场逮捕工人首领。于是工人们徒手与持械军警展开了一场殊死搏斗，一时间，工人的鲜血洒遍大地，当场被打成重伤者数十人，捕走 6 人。被捕工人被投进大牢后，身受种种酷刑的折磨，但是他们宁死不屈，坚决表示:“头可断，血可流，没有总工会的命令决不复工！”列车一直被阻止在站内。8 日，郾城车站 4 名工头因工人不能复工，自请拘留。

在二七大罢工中，京汉铁路总工会为了避免更大的牺牲和损失，保存党和工人阶级的有生力量，决定全线复工。复工前发表了宣言，申明惨案的经过和责任，揭露了军阀吴佩孚的罪行。郾城铁路分工会接到总工会的命令后，工人们才忍痛复工。二七大罢工以工人们的头颅和鲜血进一步唤醒了全中国人民，使人们认识到帝国主义势力和封建军阀是中国各族人民不共戴天的仇敌。郾城路工在京汉铁路总工会的统一领导下，充分显示了勇猛的战斗精神，显示了高度的组织纪律性和劳工神圣的威严。他们同全路工人汇成了巨大的革命洪流，掀起了一场翻天覆地的狂飙，向帝、官、封进行猛烈的冲击，在漯河的工运史上写下了光辉的篇章。但是，“二七”大罢工以直系军阀吴佩孚的血腥镇压而宣告失败。随后，漯河的铁路工运也在军阀的黑暗统治下，处于极端消沉的状态。吴曾下令“概行禁止自由”“如有鼓励罢工者，请以武力解决。”由于吴佩孚严厉黑暗的统治，京汉铁路工人虽然忍痛复工，但在工作中处于十分消极状态，运输状况每况愈下，交通事故频繁发生，铁路设备遭到暗中破坏，铁路收入大幅度降低，吴佩孚的经济收入严重下滑。因此，他在进行严厉政治统治的同时采取多种手段搜刮民脂民膏，以弥补他日益增多的大量的军费开支，给广大人民带来深重的灾难。广大人民群众对吴佩孚痛恨万分。这就是他后来遭到可耻失败下场的主要原因。

三、漯河铁路工人运动的新崛起

1924 年 1 月，孙中山先生领导的中国国民党第一次全国代表大会在广州召开，大会十分同意并接受中共反帝国主义、反封建制度的主张，确立了“联俄、联共、扶助农工”的三大政策，在全国形成了国共合作统一战线的政治局面。年底，中国北方的形势发生变化，冯玉祥利用在奉战争的机会，发动了北京政变，推翻了直系军阀的御用内阁。时任国民二军军长胡景翼率部进军河南，驻扎开封，赶走了吴佩孚在河南的势力。另外，以樊钟秀为总司令的“建国豫军”两万余人，也从广东来到河南，进驻许昌、临颍一带。胡、樊二人都很仰慕孙中山，拥护国民革命，拥护“联俄、联共、扶助农工”的三大政策。此时，李大钊曾多次来河南对胡等进行统战工作。胡、樊二人对我党的政治主张深为理解，这为河南工人运动的恢复和发展创造了极为有利的条件。

1925 年 1 月，京汉铁路总工会和郑州分会开始恢复办公。2 月 7 日，全国铁路总工会在郑州召开第二次代表大会，京汉铁路总工会也在同日召开成立两周年纪念大会。参加大会的郑州铁路工人和各地代表 1000 多人举行游行大示威。郾城路工代表杨志清、丁朗卿、郑逢时等赴郑州参加了大会。会后，党组织派人赴各地帮助各分工会的恢复和发展，并在铁路工人中发展党员，建立党的基层组织。由于郾城铁路分工会以往基础较好，“二七”大罢工中工人们拼死斗争，受到上级党和工会组织的重视。不久，时任中共中央候补委员、全国铁路总工会委员长（后任中共中央监察委员会书记）王荷波与中国劳动组合书记部干事、京汉铁路总工会秘书长李振瀛，携同中共党员、郑州铁路青年工人、郑州地区青年团支部书记马绍琴多次到郾城车站，在铁路工人中扎根串联和宣传发动，首先恢复了郾城铁路分工会，着重发现和培养党的积极分子，发展党、团员，为建立漯河地区党的组织打好基础。经过王荷波等人的宣传发动和精心培养，在漯河铁路工人中涌现出了一批具有共产主义思想的青年工人积极分子，第一批发展杨志清、丁朗卿、郑逢时、韩惠庵等人为中共党员，王既青为团员（后转为党员）。1925 年 2 月，京汉铁路党组织和总工会根据工作的需要，派中共党员原江岸铁路工会庶务干事周天元来郾城车站领导工人运动，建立了中共郾城铁路支部，书记周天元。支部受中共京汉铁路党组织领导，这是漯河地区建立的第一个中共党的基层组织。从此，漯河地区的铁路工人运动处于中共党组织的直接领导之下，周天元兼任工会秘书，其他党员分任工会委员长和委员。党支部和工会实际上是一套人马两个组织。党支部对外不公开，实际上是工人运动的领导核心，而铁路分工会则是公开的群众性组织，工运中的重大问题和重大行动都是由党支部首先作出决定，然后以分工会的名义发动和组织群众贯彻执行和实施。当年 3 月，郾城铁路分工会恢复并大力发展会员、机务处和工务处工人全部加入工会，车务处工人同时加入者过半，会员发展到 338 人。在恢复和发展工会组织的同时，党支部通过工会大胆替工人说话、办事、撑腰壮胆，大大提高了工会在群众中的威望。4 月，工务处工人间毛，与乡人发生讼案，被乡人势力所迫，解送郾城县署羁押，并受责打。工友们将此事报告工会，工会当即派人营救，达到完全胜利。于是工会在群众中很有威信。5 月，车务处押运工人与京汉路货捐局稽查员发生冲突，工会负责人出面交涉，又获得完全胜利。于是，车务处工人未加入工会者续加 40 余人。截至 1925 年 5 月，漯河路工除 20 余人未入工会外，约 500 名工人积极踊跃加入了工会，会员约占全体工人的96%，成为京汉铁路16个分会中会员多、实力强的骨干分工会之一。1925年5月1日，第二次全国劳动大会在广州召开，到会代表277人，代表165个工会组织，周天元代表郾城铁路分工会参加了大会，表明了郾城分工会的工作成就和地位。

1925年9月18日，河南总工会在郑州召开成立大会，到会代表100余人，郾城铁路分工会派代表叶大坚参加了会议。11月，接铁路总工会第30号通告，要求各级工会巩固内部组织，郾城铁路分工会召开全体工人大会，宣传贯彻通告的精神，并分别建立了站、段基层工会。各级工会为维护工人的合法权益做了大量工作，如不经工会同意不得随意开除工人；工人因工死亡，必须发给一定数量的抚恤金；工人子弟乘车免费；吸收新工人有优先权等。

在铁路分工会的组织与领导下，郾城路工形成了一支坚强团结的政治力量登上了政治舞台。1925年5月30日，外国巡捕在上海枪杀游行示威的中国工人，制造震惊中外的“五卅”惨案。消息传到漯河以后，在中共郾城铁路支部书记兼工会秘书周天元的带领下，首先发动铁路工人搞募捐，工人们踊跃捐献1200多元汇寄上海，支援上海人民罢工、罢市、罢课“三罢”斗争。然后积极联络漯河和县城各界人士，成立“郾城各界沪案后援会”，举行声援大会，进行游行示威，游行队伍以铁路工人擎旗为先导，商界、学界紧跟，军队警界殿后，从火车站前出发，穿过漯河主要大街，越过大沙河，直抵郾城城内，沿途散发传单，高呼“打倒英、日帝国主义！”“不准销售英、日仇货”等口号。在沪案后援会的组织领导下，成立了以铁路工人为主的纠察队，勒令美、日买办的洋商洋行，一律停止贩运和销售仇货，其他各小商贩之现有仇货限期停售。纠察队登火车、串码头，将查出的英、日仇货运到沙河滩里付之一炬，大火熊熊，烟雾弥漫，广大群众拍手称快，却使铁路当局惶恐不安。路局监工与黄河总段长将郾城路工中参加纠察队的部分队员呈报路局惩罚，每人罚款1元，共罚26人。但是工人们不因此而丧气，进而组织更多人组成纠察团，浩浩荡荡，分赴新乡、安阳等地，宣传“五卅”惨案真相，沿途烧毁许多英、日仇货。

四、直系军阀卷土重来，漯河铁路工运又遭摧残

1926年春，河南重陷直系军阀吴佩孚及其帮凶寇英杰的黑暗统治之下，大肆镇压共产党人和工人运动，封闭工会组织，漯河党的活动和工人运动又遭摧残。在此情况下，由于周天元曾以工会秘书的公开身份在领导工会运动中多次冲锋陷阵，一度名声在外。吴佩孚卷土重来后，他已经无法在漯河存身。上级党组织为了保护他的安全，调他仍回江岸工作。漯河党的活动和工人运动暂时终止。周天元回到武汉后，仍积极从事革命活动。二次北伐中，曾担任国民革命军铁道大队第三支队支队长，并曾任湖北省总工会执行委员等。1930年10月13日，被国民党反动派杀害于武昌，时年39岁。1950年新中国成立初期，被武汉市人民政府追认为烈士。

1926年春夏之交，上级党派马绍琴来到漯河，接替了周天元的工作，担任中共郾城站区支部书记，挑起了党组织继续发动和领导漯河地区铁路工运的重担。这时，刚满20岁的马绍琴，已是共青团豫陕区委候补委员。党组织为什么要派马绍琴来漯河？这还有一段不平凡的故事。马绍琴又名马少卿，乳名喜明，郑州市北郊老鸦陈乡双桥村人，1906年出生，自幼家境贫寒，16岁就随同叔父到郑州火车站当擦车夫。1922年经中国劳动组合书记部干事李震瀛介绍，在郑州加入中国社会主义青年团，并指定为郑州第一任团支部书记。1924年，他年满19岁后转为中国共产党党员，后来曾任京汉铁路郾城站区支部书记、中共郾城县委委员兼工人部部长、中共豫中（漯河）特委委员，中共河南省委候补委员、委员、候补常委，中共豫西特委书记、中共洛阳中心县委书记、中共浙江省工委委员、中共平汉铁路工人抗日铁道破坏总队地下党支部组织委员等。“二七”时期，年仅17岁的马绍琴就参加郑州铁路工人纠察队与敢死队，与反动军警作拼死搏斗，与军阀吴佩孚不共戴天。“二七”大罢工被镇压下去以后，马绍琴在地下党组织的指导下，成立了一个爆破小组，在郑州一带开辟了一个不与敌人正面接触的所谓“第

二战场”，对军阀吴佩孚控制的铁路交通、通信等设施频繁进行破坏活动。1924 年初，一个漆黑的冬夜，北风呼啸，寒风刺骨，雨夹雪下个不停，地上结下又光又滑的溜冰。马绍琴带领爆破小组成员郑国钧、郑兰亭、王国文、司文德、李连喜、汪胜友、马文庆等人，趁夜深人静时来到郑州以南张花楼村附近，先将敌人的通信线路割断，把电线扔到河里，然后又按计划烧掉郑州至小李庄的一座木墩铁路桥，并把铁轨上的夹板螺丝去掉。这次破坏行动，造成了敌人的军车掉道翻车事故。自此，吴佩孚如临大敌，调遣军队，对郑州等处车站实行戒严，三步一岗、五步一哨，对上下车的旅客进行严格检查，气氛十分紧张。由于马绍琴卓有成效的工作，得到上级党团组织的高度信任。1925 年 8 月 21 日，共青团中央派佘立亚到郑州筹备成立共青团郑州地区委员会（省级团组织），马绍琴被提名为候补委员。10 月 24 日，共青团豫陕区委成立，马绍琴同革命先驱萧楚女、高光履同时被指定为候补委员。

1925 年冬，为了配合南方的革命战争，上级党组织又派曾在郑州工作过的李学沛（女）和小彭等人再次来到郑州，与马绍琴取得联系，重新组成爆破小组。1926 年元月，马绍琴与李学沛、小彭等人商定，要炸掉郑州以北双桥村附近的一座铁路桥。当时炸药很不好搞到。为了完成炸桥计划，李学沛亲赴上海、南京等地，通过党组织搞到一箱炸药，准备乘火车带到郑州。临上火车前，李学沛发来电报，让派人到火车站站台上接她。那时军阀在火车站戒备更加森严，车站出入口处都有士兵严密把守，上下车的旅客个个开箱、开包检查。马绍琴派胆大心细、遇事不慌的郑国钧去执行这个任务。站台上，上下车的人群熙熙攘攘，郑国钧接到李学沛后，只见她穿着一件十分贵重的呢子大衣，脸上蒙着一层薄薄的面纱，衣冠楚楚，打扮得像一位漂漂亮亮的贵夫人。李学沛小声对郑国钧嘀咕道：“不要慌，沉住气，我是你的少奶奶，你是我的仆人，自自然然地只管往前走。”郑国钧接过箱子，跟着李学沛径直走到出站口，被守卫士兵立即持枪拦住，严厉喝道：“开箱检查！”李学沛沉着脸正颜厉色地说：“怎么，谁都要检查？瞎了眼的东西，不识字看看招牌！”一个带班的小校看到此情此景，急忙跑过来。李学沛不慌不忙，掏出一张名片递了给他。带班军校一看，愣了愣神，便急忙还给了她，然后恭恭敬敬后退几步，把腰弯了几十度，挥手赔笑道：“请！请！兄弟们不识字，多有冒犯。”李学沛和郑国钧十分自然地走出了车站。

当天，小彭对马绍琴说：“据可靠消息，今晚 9 点钟，有一列军车自北而南通过双桥村铁路桥。”于是，马绍琴便约定爆破小组成员司文德、汪胜友、郑国钧、马文庆等人于晚饭后，扛起炸药箱赶赴双桥。元月的天气，正是三九隆冬，前几天连续飘落的鹅毛大雪，把大地覆盖得白茫茫一片，一派“千山鸟飞绝，万径人踪灭”的严冬景象。夜里 8 点 40 分左右，爆破组踏着没膝深的积雪，艰难跋涉，按时来到了双桥村附近的铁路桥上。他们把炸药捆绑在铁桥的关键部位，一切就绪后，便迅速躲在附近的土坎后观察。顷刻，一列军车急速奔驰而来，车头一踏上桥身，只听“轰隆”一声震耳欲聋的巨响，桥断车翻。列车行驶的惯性把车上的东西甩出十几丈远，士兵死伤一片，哭爹叫娘。爆破小组看到大功告成，便悄然离去。他们边走边议论：“吴佩孚这小子的计划落空了，这一炸起码叫他一段时间内通不了车。”

双桥铁路桥被炸，恰似在直系军阀的腿上捅了一刀，使他们的军事行动受到很大阻力。吴佩孚暴跳如雷，气急败坏，下令通缉炸桥人员，声称举报一人赏大洋 500 至 1000，并对豫境铁路工人大打出手，封闭铁路工会，逮捕可疑人员，霎时间黑云压城城欲摧，爆破小组成员汪胜友、司文德被捕。这时，马绍琴等人的安全受到严重威胁。此时郾城铁路工会无人领导，上级党为了保护马绍琴的安全，恢复郾城铁路站区党和工会工作，于 1926 年春夏之交，派马绍琴到漯河，担任了中共郾城车站第二任支部书记。他到郾城站的公开身份是机车司炉，他利用工作在下层之便，经常深入贫苦工人家中访贫问苦，结交挚友，扎根串联，很快培养出一大批党的积极分子，恢复了地下党和赤色工会组织，发展了一批党员。由于马绍琴的勤奋工作，不久，郾城车站党组织得到迅速发展，党员发展到六七十人。为了在漯河安心工作，他把妻子和儿子都接到了漯河。这时中共郾城县委已经成立，马绍琴任县委委员兼工人部长。

五、支援北伐战争

1927 年夏，直、奉两系军阀为了应对国共合作的二次北伐，由敌对转为联合，组成所谓的直奉讨赤联军，妄图阻止国民革命军的北进。此时，由于吴佩孚在军阀混战中屡遭失败，已是元气大伤，大势已去。他派驻漯河的前敌总指挥靳云鹗，鉴于北伐军大军压境，便产生投诚倒戈的念头，官兵无心恋战，军纪十分松弛。这时，奉系军阀乘虚而入，沿京广铁路线以数十万兵力长驱入豫，直抵漯河一带前沿布阵。在动乱之中，漯河一带人民群众受尽兵匪践踏蹂躏之苦，时刻盼望着国民革命军的到来。为迎接北伐军的到来，中共郾城县委和铁路支部按照上级的部署，大造革命舆论。老百姓称靳为鲁系军阀，“打倒奉鲁军阀”的传单、标语、漫画出现在城乡各地。在漯河街头上，有一首顺口溜这样写道：“奉鲁军阀真凶残，大街小巷胡乱窜。坐洋车儿、吃小饭，从来不给人家钱，妈的巴子不离口，皮带常在手里掂。”

当北伐军北进到驻马店一带时，靳云鹗投诚国民革命军的意向更加鲜明，他首先公开宣布脱离直系军阀吴佩孚，改番号为“河南保卫军”，自封为总司令。中共郾城区委和铁路支部负责人谢梅村、马绍琴等人，及时观察到他的思想动向，就抓住时机积极策动靳云鹗倒戈。靳密派代表与武汉国民政府取得联系，终于达成投诚协议。靳倒戈后，武汉国民政府派出以于树德为团长的慰劳团，携带大批慰问品乘专列到达漯河，以慰问靳军和当地各界人民。中共郾城县委以国民党郾城县党部的名义联合靳云鹗部，在漯河南大街路东召开军民大会欢迎慰问团的到来。为防不测，马绍琴组织铁路工人时刻守护着于的专列，为机车加足煤和水，听候随时启动。欢迎大会正进行间，靳的属下将官庞炳勋把于树德拉到一边小声议论。原来是驻扎在郾城城内的吴佩孚的第八军，本来同靳军一起宣布反吴，但又被吴争取过去，随即从驻地郾城城内涉水向沙河南岸冲来，妄图活捉于树德向吴请赏。在千钧一发之际，马绍琴带领铁路工人，急速将于护送上专列，汽笛一声长鸣，专列开出郾城车站。

第八军晚到一步，他们气急败坏，密集的枪弹向专列射去，有的车厢被子弹穿透，但于安然无恙离漯返回。

靳军倒戈后，奉系军阀陈兵数万，在漯河一带数十里和沙、澧河沿岸布防，并大肆破坏漯河以南的铁路，妄图阻止北伐军快速北上。为支援北伐军强攻，郾城车站党支部组织发动部分路工，由共产党员王既青带领，直奔柳林车站，参加了北伐军铁道大队，对遭受破坏的铁路进行了及时的抢修。由于奉军的顽固抵抗，在以漯河为中心的郾城境内，沿沙、澧河岸东西 60 余里，形成了炽热的战场，枪弹像雨点般四处飞舞，为迎接北伐军早日攻进漯河，马绍琴亲自带领铁路工人，共产党员郑逢时、凌汉等人，冒着枪林弹雨，跑到漯河以南的郭店（人和）车站，向北伐军提供了奉军在漯河的布防情况，并亲自担任向导，使北伐军顺利攻进漯河。当北伐军正要向沙河北岸进攻时，沙河汛期已到，河水陡涨，两岸军队隔河相峙，互相猛烈射击。自 1927 年 5 月 20 日北伐军攻克漯河以后，奉军凭借沙河天然屏障进行负隅顽抗，白天动用大炮猛轰，入夜则以探照灯照射南岸，连续进行枪击和炮轰。战斗呈白热状态，持续八个昼夜，漯河人民遭受着生命、财产的严重损伤。马绍琴和铁路支部其他成员身临此情此景，人人心急如焚，昼夜难眠。为帮助北伐军打过北岸，他们带领铁路工人日夜赶制土造铁甲车，运载部分北伐军从铁桥冲过北岸，与敌人展开肉搏战。正在这时，沙河水位急剧下落，北伐军一声号令，一起涉水冲过北岸，打得敌人仓皇败逃。北伐军将领高兴地说："真是人助我也，天助我也！"

北伐胜利不久，1927 年 6 月 19—22 日，全国第四次劳动大会在武汉召开。由于郾城铁路工人在支援北伐等工作中成绩突出，工运领导人马绍琴代表郾城站区全体员工参加了大会。9 月，中央决定对河南省委进行改组，马绍琴被提名为省委候补委员。其间，马绍琴想起曾同他患难与共，情同手足，在敌人百般折磨下英勇不屈，从不出卖同志和战友，于去年已被军阀杀害的爆破小组成员汪胜友和司文德，心中万分悲恸，便特意回到郑州，在他的倡导下，以郑州铁路工会的名义，发动工友，把两位战友的遗骸挖出重新入殓，由他亲自护送到汤阴县司文德的家乡和安徽省巢县汪胜友的家乡安葬。

六、蒋汪合流叛变革命，漯河工运再遭摧残

北伐胜利以后，国民党新军阀蒋介石和汪精卫彻底暴露了反革命真面目，肆无忌惮地镇压革命群众，四处搜捕和杀害共产党人，白色恐怖日甚一日，中共郾城县委遭到破坏。但以马绍琴为首的中共郾城铁路支部，仍在白色恐怖下从事着工人运动。不久，省委派谷滋生来到漯河，马绍琴同谷滋生一起，深夜在郾城火车站以北五里庙村的田野里召开全县党员大会，并深入路工道棚秘密召开会议，号召全体党员和工运积极分子，坚定革命信心，将革命进行到底。当时，铁路当局无端克扣和拖欠工人工资事件严重，致使很多路工生活艰难困苦，不少人靠借高利贷度日，负债累累。马绍琴和工会秘书徐焕生及其他委员一起，深入工人群众及其家属中宣传发动，按照中共河南省委关于索取欠薪的指示精神，发起索薪运动。1927 年 9 月初，当京汉铁路管理局官员杨德甫乘车南下途经漯河时，本来计划在漯河停留。当工人和家属得知这个消息后，一起涌向车站，男女老少备以马桶和裹脚条子等污秽之物羞辱杨德甫，杨看到此情此景，无奈马上开车南行。工人们到票房提出 2000 现大洋分发了事。这笔款本来是克扣和拖欠工人的工资，路局对此也无可奈何。

大革命失败后，郾城铁路分工会的领导权被反动分子所篡夺，成为黄色工会。马绍琴和徐焕生等人为了夺回工会领导权，经常在铁路沿线道棚秘密联络共产党员和工会积极分子，重建一个秘密工会（赤色工会）与黄色工会开展斗争，工会领导权很快被夺了回来，并以工会名义建立了铁路二七小学，由共产党员杜毓华任校长，徐瑞生、王晶辉、孙昆等几位共产党员任教师。二七小学成为地下党的秘密活动基地。

1927 年冬，郾城铁路分工会委员丁某某，被敌人收买叛变革命，勾结国民党郾城县党部书记张廷赞、常寿峰等人，将马绍琴及其家属先后逮捕入狱。敌人用尽酷刑逼马绍琴认罪，并将他的家属带到面前，软硬

兼施，但马绍琴始终没有屈服。一个月后，将他解到开封入狱。马绍琴被捕后，漯河铁路工运又一度陷入瘫痪。在人生的长河里，往往也有偶然现象的发生。马绍琴被关进监狱半年后，1928 年春，恰遇冯玉祥夫人李德全视察监狱，释放政治犯，马绍琴被释放出狱，继续回到漯河从事革命活动。马绍琴回到漯河以后，铁路站区党的组织和工人运动又立即活跃起来。4 月，工务段长黄某某和监工吴某某勾结警务段长强行占领地下党和工运活动基地二七小学，夺取学校领导权，遭到工人们的强烈反对。黄、吴等人暗中计议，要“枪打出头鸟”，宣布开除带头闹事的二八八棚工人、共产党员杨振元和余海固。为了维护工人的合法权益，揭露黄、吴的险恶用心，保护地下党和工人运动的正常进行，马绍琴和铁路支部成员以工会的名义，发动一次全站区的工潮，工人们集会游行，愤怒高呼“反对无理开除工人”等口号，一直斗争到余、杨二人复工，工人们取得完全胜利。在党的领导下，漯河铁路工运进一步得到发展。据 1928 年 5 月 27 日中共中央巡视员贺克寒《关于河南工作现状向中央的报告》中指出:“郾城铁路工运发展很快，赤色工会已建立，有下层秘密小队，并有武装，在河南全省就目前路工运动，只有此一处最好。”

1928 年 7 月，中共河南省委决定在漯河建立豫中特委，领导豫中各地工农运动，马绍琴任特委委员，仍负责漯河站区铁路工运。不久，新组建的中共郾城县委成员董某某，被其表兄特务分子崔某某收买叛变，出卖了马绍琴等人。10 月，马绍琴二次被捕送往开封，关押在模范监狱，马绍琴在狱中受尽折磨坚不吐实。党组织想尽办法一年后将他营救出狱。出狱后，鉴于他在狱中的坚强表现和他不屈不挠的为党工作的业绩，1930 年 2 月 3 日，经中共中央批准，中共河南省委重新改组时，马绍琴被提名为省委委员、候补常委。同年 10 月，省委派他任豫西特委书记，从此离开了漯河。马绍琴二次入狱后，郾城铁路分工会也被关闭，工运又遭摧残，在一段时间里一蹶不振。

七、郾城路工的反贪污、反迫害斗争

郾城铁路分工会被封闭以后，取而代之的是为反动铁路当局充当帮凶、压迫、统治工人的黄色工会，广大工人又重新陷入任人宰割的境地，不仅数年不涨工资，动辄被罚款，工资被克扣和拖欠，加上物价飞涨，工人们生活苦不堪言。1932 年 5 月，中共中央派巡视员到豫中巡视工作，将漯河铁路工人的生活状况向中央作报告称："豫中产业工人有铁路……郾城漯河的有五百人。我们看到漯河工人的情形，非常困苦。因为物价涨得非常厉害，但工资根本没有加过，并且连从前工人的加点（除正常工作时间外另做加点，1 点拿 2 点钟的工资，4 点算一工）也取消了，工人大都叫苦连天，现在工人们大都借债，另受高利贷的剥削。"根据这种情况和工作的紧迫需要，中央巡视员在此抓紧进行了漯河铁路党组织和工会组织的恢复工作，重新秘密建立了铁路支部和赤色工会。车站站夫、电报传递员尹仲升（钟施恩）任支部书记。在党支部的领导下，夺回被黄色工会篡夺的权利，重新建立了赤色工会。共产党员李崇山任工会代理秘书。铁路支部和工会恢复以后，团结广大工人群众，围绕工人的切身利益，为保护工人的合法权益而进行不懈的斗争。其中影响较大的有两件事：

1. 反贪污"车皮捐"的斗争

1932 年 11 月的一天，火车站电报房职员曾某某从电报中获悉，驻马店铁路员工分到了一笔"车皮捐"。这一消息，使老曾心里起了疑团。他想，同是一条铁路线上的员工，为什么他们能得到而我们没有？于是便找到了尹仲升，他把这件事告诉了尹仲升。尹仲升听后对曾某某说："我认为这一定是被站、段长们贪污了。"当时他俩商定，再和工会代理秘书李崇山一起商讨此事。经过他们三人认真研究商讨后，决定立即串联工友，一起去找站长问个水落石出。

"车皮捐"的来由是这样的：20 世纪 30 年代初，平汉铁路局的委员长（局长）名叫何竞武。据说何曾在国民党军队里充任过要职。当时处于反动的“剿共”时期，国民党军队来往调动频繁，铁路上军运任务十分紧急，这就挤掉了民间的货运，因此沿途各站货物堆积如山。铁路上长期不拨民运车皮，商家货主焦急万分，便带上厚礼去恳求何竞武。在货主们的万般恳求下，于是何想出一个办法，下令在军列上附挂民运车皮。按规定军列不准挂民运车皮，但由于何与反动军队的上层人物关系密切，军方就睁只眼闭只眼，任其行事。这样，不仅铁路当局增加了货运收入，而且货主们也自然高兴。当时沿途各站台上的货物大都是各地转运公司办理托运。为了日后继续顺利托运，转运公司老板向货主们讲明贿赂何竞武的必要性，要求货主按托运货物的吨位拿出钱来，名曰“车皮捐”送给何竞武。何为了收买工人的心，便把这笔款的一少部分划拨各站铁路员工。郾城铁路员工分得的这笔款，却被站长郑某某和车务段长郝某霜暗中贪污了。

一天傍晚，漯河火车站附近住有车站小职员的“华商公寓”里，挤满了开会的铁路工人。工会代理秘书、共产党员李崇山主持会议，他发动大家说：“工友们！据可靠消息，平汉铁路各兄弟站的工友都分得一份‘车皮捐’，而我们郾城车站却不声不响，这笔款想必是头头们给贪污了！”地下党支部书记尹仲升接着说：“这笔款我们一定要把它追回来！”工人们听后，大伙一声高一声低的议论纷纷，他们说：“这些老爷们住的是洋房，吃的是洋面，而我们工人干的是牛马活，吃的是猪狗食，就这点‘车皮捐’他们还想一口独吞。不行！得找他们说个明白。”在工人们的强烈要求下，尹仲升和李崇山带领他们一起找到了站长郑某某。郑某某一看来了这么多的工人，他做贼心虚，很不自然地赔着笑脸问道：“这么多弟兄来找我有何要事相商？”工人们说：“要你把‘车皮捐’的事说清楚。”一提起“车皮捐”，郑某某便慌了手脚，表情很不自然地说：“不错，上边是拨来一笔‘车皮捐’，不过数量不多。考虑到每人分不到几个钱，我们又把它退回去了，免得麻烦。”李崇山一马当先地问道：“‘车皮捐’是工人们的血汗钱，你们为什么不让工人们知道，不经工会同意就退回去？你们怎么退回还得怎么要回来！”“你们站、段长钱多不在乎，可我们在乎，一定得给我们如数交出来。”人群中有人直截了当地说:“你说把钱退回去了，可我们不知道，有什么凭据?我们说是有人贪污了!”这贪污二字正揭住了郑某某的疮疤。他看工人们穷追不舍，怕自己担不了责任，便连忙说:“这事的来龙去脉我不完全清楚，咱们一起去找郝段长吧!”

车务段长郝某某，住在车站南端人称二号洋房里。这洋房与工人住的道棚比起来，恰似天宫与地狱之别，此时夜幕已经降临，郝某某酒足饭饱之余，正坐在太师椅上拿着一根投牙棍儿，边投牙边回味着饭后余香，他忽然听见站长的喊声，出厅一看，不料后边跟了一群工人，姓郝的已知事情不妙，便一反常态，站到门口，把工人们连同站长一下子堵到门外。站长将工人们的来意说了以后，郝某某的态度竟十分蛮横，板着面孔大声对工人们说:“那笔钱是酬劳我们站、段长的，没有你们的份儿，你们起什么哄。”这里，尹仲升立即站出来面对姓郝的质问道:“请问段长，‘车皮捐’为什么只是酬劳你们站、段长的?如果没有我们工人干活装卸货物，甩挂车辆，开车运行，哪儿来的‘车皮捐’?你说没有工人的份儿，为什么别处路工都有?”姓郝的硬是蛮横地说:“这是上级的规定，上级的指示，外地路工有没有我不知道。”双方僵持多时，姓郝的硬是狡猾抵赖。此时夜已较深，尹仲升他们商量，改日再来算账。

走出郝家的院子，来到一个空旷地方，尹仲升和几位共产党员在一起悄悄议论片刻。尹仲升说:“‘车皮捐’关系到工人群众的切身利益，我们共产党员必须站出来引导工人们斗争到底，只有争得基本的权益，广大工人才能紧紧地团结在党和工会的周围，这笔账我们一定得给他们算清!”李崇山接着说:“明天把姓郝的叫到工会追问，如果他要在工会狡猾抵赖，我们就以工会的名义，发动全体工人与他开展斗争。”当时的工会委员都是共产党员担任。当晚他们商定，由李崇山执笔，以工人群众的名义向工会提出申诉。第二天，工会郑重发出通知，要郑某某立即到工会作出交代。平时态度蛮横的郝某某，收到通知后掂量再三。因为这笔款是总局局长何竞武为了收买工人的心专门划拨的，如果硬是不承认，事闹大了，被何竞武知道，他要怪罪下来，就有被革职查办的危险。于是他与郑某某商量后，被迫无奈地把3500元拨款全部交给了工会。

“车皮捐”被追回以后，工人们欢喜若狂，一时间全体员工议论开来，他们说：“还是工会力量大！”这笔款怎么处理？大伙说分给全体员工意义不大，不如办一件有意义的大事。工会委员们根据大伙的意见研究决定，每位员工再捐出8天的工资，兴建一座铁路员工浴池。于是全体员工通力协作，用这笔款很快建起一座男女浴池，工人和家属从此都能洗上热水澡，他们同声称赞工会把这件事情办得好。

2. 一次反迫害行车工人的斗争

20世纪30年代初，时任平汉铁路第三车务总段的总段长名叫方伯麟。此人曾留学于法国，在西方学了一套剥削、压榨和统治工人的残忍手段。他不从设法减轻工人的劳动强度、改善劳动条件上下工夫，而是视工人为奴隶，千方百计对工人实行管、卡、压。当时跟随列车打旗、紧闸、甩挂车辆和负责行车安全的工人叫行车工，站方叫止轮夫。这些行车工人的工作条件本来就十分恶劣。他们每班3人跟车操作，工作不计时间，加班加点没有报酬，本班负责的路段没人接替，工作紧张而繁忙。有时忙起来会下了这趟车紧接着就得上那趟车连续作业，中间没有片刻休息时间，以致造成行车工人的极度疲劳。工人们无法控制在列车行驶中因劳累过度而瞌睡打盹，往往稍不注意就会发生重大伤亡事故。为了保证人身安全，跟车值班的3个人只得实行轮流操作，3人的活两人干，腾出一人权且在仅供暂避风雨的小闸楼里稍许睡眠休息，以缓解过度的疲劳。这种工人自我调节的措施，使方伯麟十分恼恨，他认为这是工人们忙中偷闲、故意偷懒的行为。他为了不使行车工人在列车运行时轮流休息，便下令把仅供行车工人暂避风雨的小闸楼连同紧闸的坐椅全部拆掉，改为不足一米见方的露天坐板，迫使行车工人不仅不敢在列车行驶中打盹，还要在整个跟车操作中使其将全部身躯一直暴露在风雪严寒和阳光暴晒之中。特别是在严寒的冬季，工人们整天整夜跟车操作，凛冽的寒风吹透衣襟，冰冷的雨雪打在身上，冻得四肢发僵，浑身发抖，其悲惨情景可想而知，不用说不能灵活的操作，就是再好的身体也难以在冰天雪地里坚持下去。不少行车工人一下车就病倒在床，一连数天卧床不起，还要受到扣发工资的惩罚。

由于方伯麟对工人采取非人道主义的做法，致使行车事故连连发生。郾城铁路地下党支部书记尹仲升耳闻目睹行车工友们遭受非人道迫害的惨状，心情十分沉重，便多次亲自替班上车、跟车于信阳—郑州之间。他亲自感受到行车工人的苦难以后，决心发动广大铁路员工声援行车工人，为他们鸣不平，要求铁路当局迅速改善行车工人的工作条件。正在此时，1933 年 1 月的一天，郾城火车站的行车工人万斗山跟车值班，当列车行至黄山坡车站附近时，以极大的惯性顺着陡坡风驰电掣般下滑。由于列车上的闸盘多半锈蚀严重，刹车不灵，行车工只得用木棍插进闸盘刹车。为了降低车速，万斗山急切地翻过一节又一节车厢，找容易制动的闸盘紧闸。由于劳累过度和精神紧张，身不由已，一脚蹬空掉车身亡，肢体被轧断，造成一起骇人听闻的重大事故。

万斗山是一位出身贫苦、品格憨厚的人，他不仅对父母孝顺，而且对工友也十分忠厚，不论哪家有事，他总是热心帮忙，工人和家属们提起万斗山，都异口同声称赞他是一位待人忠厚、心地善良的大好人。当得知他在当班中掉车身亡时，人们立即燃起了悲愤的怒火。党组织在这时因势利导，首先让同班的工友介绍了万斗山惨死的经过，进一步激发了广大工人和家属的悲愤心情。经过同班工友的介绍和党组织的启发，工人们一致认识到，万斗山之死，全是由于路方不顾工人的死活而造成的。如果不是方伯麟下令拆掉闸楼和闸椅，无端地给工人正常操作造成很多困难；如果不是列车平时维修不善，机械刹车失灵，行车工怎能用棍刹车？如果不是以棍代闸，万斗山怎能急速穿越车厢掉车身亡？这一连串的问号，就是广大路工声讨方伯麟列举的罪状，桩桩件件都是方伯麟残害行车工人的实证。万斗山的尸体被运回以后，工友们目睹死者的惨状，观其家属号啕痛哭的情景，无不洒下悲愤的泪水。为了公开揭露铁路当局迫害工人的罪行，迫使他们改善工人的劳动条件，党支部决定以工会的名义，发动全体员工为万斗山开追悼大会，以追悼工友，控诉方伯麟的罪行。经过串联发动，全站、段几十个班的工人和职员都行动起来，他们在车站广场搭起了灵棚，工友们络绎不绝地送来很多花圈，数百人聚集在广场上，群情激愤地哀悼死难工友。花圈的挽联这样写道：

尔等围炉谈笑说是祖上有缘，

我辈粉身碎骨莫非命该如此？！

千家落泪悼工友，

众人齐哭祭斗山！

参加追悼会的工人和家属，随着死难者家属悲痛欲绝的号啕，很多人落下眼泪。追悼会由工会代理秘书李崇山主持，工人代表发表了言词激昂的讲话，对方伯麟迫害工人的罪恶行径进行了猛烈的抨击。工人和家属们向围观的社会各界人士控诉和揭露了铁路当局千方百计摧残和压榨工人的罪行，得到社会各界的广泛同情。这次追悼会开成了一个铁路全体员工的控诉会。工人们响亮地提出："反对摧残工人的行为！""强烈要求改善工人的劳动条件！"在工会的领导下，经过工人们的不懈斗争，不久，行车工人的劳动条件得到改善，闸楼和闸椅重新恢复安装，止动机械故障得到排除，行车工人的人身安全得到一定的保障。

八、走上抗日第一线

1931 年 3 月，河南白色恐怖严重，中共河南省委书记曾斯廷、秘书长蒋明华、宣传部部长谷滋生等先后被捕或被杀害，省委遭破坏。曾任中共郾城铁路支部书记、省委候补常委的马绍琴在河南已经无法开展工作，迫不得已，只得在老同事、京汉铁路郑州机厂总司机冯文玉的举荐下，于 1931 年春到浙江杭州杭江铁路江边机厂任司机。马绍琴在杭州几经周折与党组织取得联系。在临时党中央和周恩来同志的亲切关怀下，1933 年 1 月，中共浙江省三人临时工作委员会在杭州成立时，马绍琴（已改名马少卿）任省工委委员。同年 3 月，由于叛徒的出卖，马绍琴第三次被捕，关押在陆军监狱。同年秋，被国民党浙江省高等法律判刑 5 年。1937 年夏，由于抗日形势的发展，国民党迫于全国人民"停止内战，一致抗日”的呼声，又一次释放政治犯，马绍琴又一次被释放出狱。出狱后，他在杭州举目无亲，又找不到党组织和工作，便沿途乞讨回到郑州老家。回到双桥村后，看到他的家庭已是破败无余，没有存身之处。原来是他在杭州监狱关押期间，1935 年春节家中不幸失火，他的老母和儿子被大火吞没。8 月，妻子因不得丈夫音信，又失去了婆母和儿子，家园被毁，便忧伤成疾离开人世。马绍琴看到这悲凄的一切，确实令他痛心疾首。但他是一位顶天立地的硬汉子，他想，他家的遭遇只是苦难中国人民的一个缩影。他下定决心，要二次沿途乞讨到大西北找党中央。

七七事变以后，全国上下要求抗日之声震天动地。马绍琴看到大敌当前，祖国山河破碎，人民流离失所，他那救国救民之心汹涌澎湃，便放弃了去大西北的念头，毅然于 1938 年 2 月走上了抗日的征途。他闻知信阳附近的李家寨车站有党的地下工作者，正在发动平汉路工的抗日救亡工作，于是马绍琴专程来到他曾从事多年革命活动的郾城车站，串联王既青、尹仲升、李崇山等 40 多位工友，到李家寨参加了铁路工人抗日队伍。当时中共中央长江局为发动平汉路工的抗日救亡运动，特派石健民到李家寨加强党的领导，马绍琴就在这时又接上了党的组织关系。石健民把马绍琴的情况汇报给长江局和河南省委，党组织让马绍琴同石健民一起筹建抗日铁道破坏队。他们先在李家寨附近的柴家冲开办两期爆破训练班。是年 5 月 1 日，在周恩来、董必武等中央领导同志的关怀下，在汉口大智路老通成召开了铁道破坏队第一总队成立大会，周恩来、董必武也亲自参加了大会以示祝贺。总队长由二七大罢工负责人之一、北伐时期的铁道大队大队长、当时为平汉铁路工会主任委员的刘文松担任，马绍琴任总队政训处副主任，王既青任第二大队大队长。10 月，中共长江局又派共产党员、曾参加过两万五千里长征的老红军彦玉声到队，中共河南省委又派兰田（黄明监）到队。为了配合八路军在豫西北和晋东南一带的同蒲、道清和平汉路安阳段，有效地打击盘踞在那里的日本侵略军，铁破队奉命北渡黄河，行至太行山脚下的薄壁镇，在长江局的指示下，秘密建立了中共党总支。颜玉声任书记，马绍琴任组织委员，兰田任宣传委员。当年秋末冬初，当铁破队奉命移防道清铁路和平汉铁路安阳段时，受到当地人民群众的热烈欢迎，沿途村庄在村口摆宴款待铁破队的到来。当铁破队开进太行山区时，党总支曾归属八路军一二九师政治部领导。

为了稳、准、狠地打击日本侵略者，铁破队急需得到日军在道清、平汉两铁路沿线安阳一带布防情况。马绍琴得知他以前曾经认识的一个姓谢的叛党分子，正在安阳城内日军的情报机关为日军卖命。他同二大队长王既青商量："不入虎穴，焉得虎子！要想得到真实可靠的情报，就得冒着生命的危险，钻进敌人的心脏。"于是，二人一道扮成当地农民模样，进城找姓谢的刺探日军情报。当他俩出现在姓谢的面前时，这个叛党分子吓得面如土色。马绍琴义正词严地对他说："现在是你立功赎罪的时候，你如果还有一点中国人的气节，就把日军在这一带铁路沿线的布防等有关情况告诉我们，并且送我们出城，不然的话……"姓谢的平时老想脚踩两只船，今后好留条生路，今天遇到马绍琴等人，也算如了心愿。于是便乞求道："我是为了混碗饭吃才干这种勾当，念咱们是老相识，请饶我这条命，我一定立功赎罪。"姓谢的随将他俩领到他的住处，换上干净衣服，到浴池里洗了澡。不料他俩刚洗罢澡，汉奸领了一群日本兵闯进浴池，他们正要上前盘问马绍琴和王既青，姓谢的急忙上前赔笑道："这两位是我的客人，今天刚从乡下来。"

"哦，是自己人。"汉奸向日本人点头示意。

"八路的不是，大大的良民。"日本人和汉奸提枪而去。

马绍琴和王既青穿好衣服，由姓谢的领着，径直来到日本情报机关住了一夜。姓谢的对他俩说："你们不能住旅馆，那里经常有日军搜查，只有这里最保险。"当天夜里，姓谢的将日军和伪军在两条铁路线的布防情况、武器装备及军官姓名等，清楚地向他俩作了交代。第二天一早又亲自将他俩送出城外。

马绍琴等这次安阳之行，摸清了敌人的底细。铁破队根据他俩提供的情报，不久在安阳县西北乡洪河屯一带黑夜出击，在八路军的掩护下，越过敌军道道关卡，炸毁日军火车头2个，兵车、货车各1列及五孔桥1座。炸得敌人惶惶不可终日。具体战例如下：

1. 1939年底，由聂荣臻所属的八路军某连指导员聂平，带一连兵力作掩护，铁破队队员黄文高等30人，将博爱县火车站以东的五孔桥分孔绑药，一举炸毁。八路军战士齐声称赞铁破队这一英雄之举："炸得响！炸得好！"

2. 1942年底，由铁破队代中队长张玉佩带队，并有八路军曾洪生部指导员聂好礼带百余人、机枪6挺作掩护，在安阳十里铺附近的铁路上间隔埋雷3处，炸毁日军兵车1列。炸后，聂指导员带领战士猛烈扫射攻击，车上敌军600余人被全部歼灭。由于铁破队员和八路军战士在此次爆破中机智勇敢、战果辉煌，八路军首长嘉奖参战人员每人边币3元。

3. 1939年下半年至1942年底，铁破队在同蒲铁路南段的山西运城、临汾一带，由八路军作掩护，铁破队埋雷炸车，使日军受到极大杀伤。

1943年5月，马绍琴同另一位共产党员王祖信，深入敌占区辉县、修武一带从事情报工作时，因汉奸告密，在辉县临淇镇附近被日军围困。在日军的追捕下，二人分散逃脱。王祖信是个知识分子，不善于临阵应变。马绍琴看到王祖信被日军紧追不舍，他为了掩护王祖信脱险，便挺身而出，宁死不愿自己逃脱，便开枪吸引敌人，当场打死日军多人，终因寡不敌众，遭日军乱枪而壮烈牺牲在临淇镇荒野，时年38岁。这位为祖国、为人民、为革命受尽磨难、战斗一生的共产党人，最终献出了自己的一切。王祖信被捕后，也被日军杀害。可是，由于历史的种种原因，马绍琴的名字几乎被后人忘怀，直到1988年9月才被郑州市邙山区人民政府追认为革命烈士，并为他举行了纪念活动。

从以上的几个历史阶段可以看出，漯河早期的铁路工人运动，就像一幅气壮山河的历史画卷，革命斗争如火如荼，体现了漯河铁路工人忘我的牺牲精神和不屈不挠勇往直前的英雄气概。马绍琴、周天元烈士的壮烈之举，集中体现了漯河铁路工人革命英雄主义精神和品德。他们那种公而忘私，为国家、为人民鞠躬尽瘁、死而后已的彻底革命精神，值得我们永远学习和汲取。今天我们生活在革命烈士和前辈用鲜血和生命换来的幸福美好的社会主义祖国里，要缅怀先烈、永志不忘，继承遗志，牢记党的全心全意为人民服务的宗旨，把我们的祖国建设得更加美好。

选自 2012 年 12 月《漯河文史资料》第十九辑

记忆中的漯河铁路工人俱乐部

张文明

有 50 多年历史的铁路俱乐部被扒了，引起了我对它的回忆。

遥想刚解放的时候，那里原是一片乱坟岗，长着蓊郁而又苍劲的柏树，为给铁路工人提供一个业余活动的场所，便在那里率先建起了铁路工人俱乐部。这在当时是件新鲜事。论建筑规模，远比漯河老电影院大得多；论建筑风格，仿照俄式：一色乎的青砖赤瓦，朱门红窗，前脸二层楼，呈“凸”字形，四角皆有耳房，中为穹顶大厅，坐东朝西。大门上端嵌着“工人俱乐部”五个大字，“凸”字尖上，竖着一枚大大的红路徽，格外醒目。

不愧为“铁老大”！排闼直入，大厅内的座椅，一律为一排相连，铁铸而成，黄澄澄油光发亮。木门、木窗、木地板，连后边演出的舞

漯河铁路工人俱乐部

台，也是木头搭就。进大门，入耳房，拾级而上，为图书阅览室、电影放映室。舞台上方悬挂着一盏盏聚光灯，前边是紫色金丝绒大幕。拉开大幕，即放映电影的银幕。银幕两边，各有一个扩音的大喇叭。什么麦克风、电铃等，一应齐全。

舞台两端的耳房内，放有木床、戏箱、桌凳，供演出时使用。大厅内有水泥台阶，通往耳房；耳房内有朱漆红门，与外相通。室外有砖砌的拱形踏步，拾级而下，至俱乐部的东边，是座男左女右的厕所。这样的设计，对演出的人员来说，周到方便。如是的“大派头”，难怪当时就流行着这么个顺口溜：“先军官，后铁路，找娶银行找干部，临死也不嫁庄稼户。”

铁路俱乐部于 1954 年建成。负责管理这座俱乐部的名叫李如玉，城西问十人。他既是主任，又是员工。他身材瘦弱，个头不太高，嗓门却很大。每逢放映电影，李主任就用他那地地道道的本地话，对着麦克风，“喂！喂！喂（wai！ wai！ wai！）”地吆喝：“今天晚上，铁路俱乐部放央（映）电影，有看电影的，请抓紧时间到俱乐部买票！”只要一听见李主任的“喂！喂！”声，人们就会知道，俱乐部又有新片放映了。

那时的铁路俱乐部门前有好多柏树，周围没有院墙，跟原铁路小学（今人民路小学）对门，中间隔条小路，路旁长着碗口粗的几棵构树。它的北边，是一大片空地；它的南边，是个大花园，绿茵茵的，种着花花草草。园内还有一间简易的小棚子。花园的门，是木棍做就。朝北，有一口水井，井水很浅，拎着桶鋬，即能汲水。整个园子，由一位姓袁的老人负责莳弄。

铁路俱乐部还有一个业余剧团，时不时地为铁路职工演出。三年自然灾害期间，剧团扩大，我便成了其中的一员，是李主任属下的“兵”。我去铁路剧团是冲着“铁路”那块“金字”招牌的，盼望将来有个“铁饭碗”。实际上，我既不是合同工，亦非临时工。说穿了，是为着解决吃饭问题。美其名曰铁路剧团，主要工作是演戏，事实上，我们全靠装卸火车养活自己。无车可装卸时，就在俱乐部排戏练功，再不然就去挖土、和泥，给俱乐部垛围墙。一段时间，火车不让我们装卸了，就去挖坑、建窑、烧石灰……

实话实说，我不会唱戏，在舞台上，仅仅跑个龙套、说个山东快书而已。而做得最多的是编编剧本、管管衣箱。说到干活，我可是个挑尖的，卸煤装沙，最不好干的地方有我；扛包子、搬片石，数我有劲；装窑烧灰，我不怕苦不怕累；下乡掐菜打兔子，我跑到最前头……转瞬五六年过去了，我徒有个“铁路”上的虚名，到头来狗屁不是。但不论咋说，这几年，我有了吃饭栖身之地，也学到了很多东西，也锻炼了我的写作能力，这是主要的！

值得说道的是，李如玉虽未能解决我们转正的问题，但就他个人而言，给我的印象还是很深的。他任主任期间，铁路俱乐部经常放电影不说，单讲演戏，其剧目就不下五六十个之多，不仅演出古装戏，而且还自编自演了《苦与甜》《雷锋》等大型现代戏。每到假日，俱乐部就会有铁路剧团的豫剧演出；逢年过节，更是锣鼓喧天、梆子阵阵、热闹异常。平时，出黑板报、排练、演出、拔河、下棋、打篮球……开展各种文体活动。有时还举办全铁路地区的职工美术书法展览。为提高职工的写作水平，李主任还特意组织爱好文学的积极分子，举办文学讲座，把整个铁路职工的业余生活，搞得丰富多彩、有声有色。

那么多的文体活动，“光杆司令”的李主任怎么忙活过来？这就得说说他的工作方法了。他最大的特点是，能充分发挥俱乐部“积极分子”的作用。譬如，花园看管用了老袁，收票把门用了哑巴，打杂扫地、业余电工……也都有他的门道，不用发薪，样样事儿都办了。后来，剧团散了，但利用积极分子的“策略”始终没变。只要你参加俱乐部的活动：画画写字、作诗著文、是唱是拉、是吹是打，只要是为俱乐部增光添彩的，每人每年，他都发给一张月看两场电影的免费优惠卡。另外，还开展了各种类型的文艺比赛，对于优胜者，他都从活动经费里拿出些来，买点实用物品，给以奖励。这在 20 世纪六七十年代乃至 80 年代，敢于如斯去做，还是难能可贵的。更可贵的是，他从俱乐部培育出了不少日后有成的人才。我的热爱文学，就绝对跟他有关！

第二代俱乐部主任赵振刚。由于赵振刚主任尤爱书画艺术，所以常有一大帮热爱美术的年轻人聚在他身边，又画又书，绘画、书法热骤然飙升。1984年春，赵振刚在俱乐部举办了全省名流荟萃的书法笔会。笔会那天，草书名家杨公亮、隶书名家刘熙俊、行书名家杨治安和郑州、开封的段体忠、丁东辉、陈益三、何九嶷等都亲临现场，在俱乐部大院里迎着骀荡的东风，为前来索求墨宝者奋笔挥毫。可谓声势浩大、蔚为壮观！其规模，在我市也属首屈一指！在他的影响下，一大批美术、书法人才相继产生，俱乐部第三任主任姜明朝就是其中一位。

漯河升格后，赵振刚作为艺术人才，调入市文联，姜明朝做了第三任俱乐部主任。时值俱乐部扩建，在20世纪50年代建成的俱乐部西边，临街盖起了六层拐角大楼，内设图书室、阅览室、乒乓球室、老工人活动室、办公室、财会室……

后来，还建了铁路有线电视，“鸟枪换炮”，人员也增至八九个。当年，人民东路扩建，于六层大楼的东面又盖了十多间两层小楼的门面房。这样，就彻底地把20世纪50年代的俄式建筑包围在中间了。

于是，偌大的俱乐部空闲了，不得不断断续续租给个人。进入20世纪90年代，再没了它应有的功能，成了一座空空洞洞的庞然大“屋”。没了电影放映，没了戏剧演出，连交谊舞也不在里边“嘭嚓”了……铁路职工的业余活动又该如何开展呢?

姜明朝自有一套办法。他喜爱绘画，他还喜欢摄影，他更有一套“推人向前”的策略，逼使你有所建树。如20世纪80年代初，我由郑州调漯河铁路中学后，8年未摸相机。结果，被姜明朝发现了，硬是“赶着鸭子上架”，非要我这个名不见经传的人在俱乐部搞摄影展览不可。他又是提供展览园地，又是出资放大照片，热情得让人无法拒绝。这样，我便在他的推动下，率先成为我市第一位加入中国摄影家协会的会员。还有铁路工人王遂群，那年大雪，人民公园湖里掉进去3人，王遂群恰巧在场，拍下了冰窟窿救人的动人场面。姜明朝闻听，觉得所摄内容很有意义，就鼓励他抓紧时间写照片说明，参加解放军报社举办的摄影大赛。最后，竟然获得了全国金奖！连王遂群自己也始料不及。为促进铁路地区的摄影事业不断发展，姜明朝还多次组织人马去外地采风，组织摄影爱好者四下参赛。很快，火车头摄影学会漯河分会成立了，在路局、分局摘金夺银，声名鹊起。

在开展职工文体活动方面，姜明朝因地制宜：院内的篮球场，可以赛球，可以成为露天舞场，也可以举办拔河比赛和自行车慢赛。图书室里可以举行读书讲演会，阅览室里可以搞摄影展览……把铁路地区的文化网络，搞得鲜活生动！这其间，俱乐部里虽没了优惠卡的惯例，但他那身先士卒、现场评比、鼓动参赛、奖励优秀等措施所获得的成绩，还是斐然的。然而，改革的大潮淹没了昔日的体制，铁路俱乐部终于走到了历史的尽头，连同后建的六层大楼、一排小楼，也都一并全扒全拆。在此基础上，建造的据说将是拔地而起、备具现时的16—28层楼的铁路工人住宅小区。

眼见旧屋狼藉，瓦砾遍地，睹物生情，不禁勾起我对铁路工人俱乐部的种种怀念！

选自2010年9月《漯河文史资料》第十八辑

人文荟萃

漯河历史三字文

范奎恩[①]

一、古代文明史

漯河市，历沧桑，一万年，写华章。
沙澧河，孕文明，颍河水，吟诗行。
古遗址，多处现，出文物，记载详。
大岗村，住先民，掘水井，御旱荒。
细石器，尖削状，猎禽兽，种米粮。
贾湖人，聚部落，种五谷，磨石蚌。
契刻陶，首记事，制骨笛，乐悠扬。
捕猪牛，圈驯养，用稻谷，酿酒浆。
傅庄人，建村庄，刀镰铲，事农桑。
鬲豆壶，煮食羹，备斧凿，当工匠。
郝家台，先民房，防御沟，夯土墙。
用针锥，做衣裳，磨镖镞，织渔网。
刮削器，出南岗，石磨棒，翟庄藏。
凌云台，出彩陶，刀和镰，骨蚌样。
古编钟，城高现，罍斝出，拦河旁。
从部落，到家庭，人进步，文明昌。
唐尧时，访高士，留阳城，改濦阳。
有许由，恃清高，水洗耳，颍河上。

① 范奎恩，1943年2月7日出生，大学文化，郾城区商桥镇教师。

许由店，留足迹，图安逸，隐士当。
禹治水，疏沙颍，造民福，留名芳。
夏皋陶，封偃姓，建城邑，安家邦。
商南庚，庇迁奄，历三王，去安阳。
周成王，伐淮夷，立胡国，治一方。
郑灭胡，辖其壤，至战国，魏立纲。
齐桓公，称霸主，八国盟，召陵岗。
楚使屈，步退让，天下定，免祸殃。
孔夫子，去陈蔡，搞游说，行主张。
问十村，询路径，宿归村，思故乡。
夏舞阳，畿内邦，开荒田，延至商。
至西周，封嬴姓，东不羹，子国创。
历春秋，柏许建，诸侯国，弱服强。
古临颍，归豫州，夏朝立，治八方。
有刘累，御龙民，豢养龙，流传广。
商高宗，恤民情，过沙颍，亲捕蝗。
高宗寨，西宋岗，停灵城，殉职上。
商纣王，昏无道，宠妲己，安乐享。
在纣城，建行宫，赏荷花，民财伤。
郑庄公，掘地道，愧见母，痛心肠。
秦统一，郡县倡，归颍川，诸侯亡。
汉承秦，行规章，筑城邑，三县彰。
光武帝，反王莽，率郾人，战昆阳。
扳倒井，打更鸡，留佳话，许多桩。
有王常，举义旗，出绿林，拜大将。
智勇全，号横野，归顺汉，功无量。
许叔重，著说文，功德重，世无双。
理群籍，正谬误，音形义，必矫枉。
司隶尉，名范滂，性刚正，气轩昂。

党锢祸，遭宦伤，舍生命，敢赴汤。
至三国，出荀彧，佐魏武，国是商。
魏曹丕，称文帝，受禅台，搞禅让。
晋荀灌，为女童，凭胆识，御叛将。
请求兵，率勇士，靠果敢，保南阳。
南北朝，至北魏，奇雒城，溵水傍。
隋开皇，建拱桥，雄伟立，渚河上。
唐开元，剑器舞，公孙氏，压群芳。
独出冠，闪银光，杜甫观，留诗章。
临颍出，十二娘，壮蔚跋，似龙翔。
师徒艺，誉神州，授弟子，在教坊。
唐宪宗，派裴度，攻蔡州，平叛将。
韩退之，李正封，随军行，驻郾厢。
彼岸寺，对联句，谈从军，诉衷肠。
王城岗，出王建，五代时，当蜀王。
纳贤士，富民康，山果熟，稻花香。
宋契宗，立经幢，彼岸寺，香火旺。
苏子由，咏古柏，元好问，写诗章。
侍御史，掌禹锡，修志书，监考场。
行俭朴，穿旧裳，秉正气，树形象。
大画家，陈用志，画山水，宫廷藏。
张伯英，誉循吏，官廉洁，美名扬。
北宋末，金犯疆，岳家军，抗金忙。
郾城战，金兵败，杀太子，斩金将。
杨再兴，勇无挡，单骑冲，殉小商。
修忠墓，设飨堂，松柏翠，后人仰。
明朝初，民安定，螺湾渡，航运忙。
百货萃，交易频，舟星罗，人熙攘。
溵阳志，首编撰，解缙序，惊朝纲。

明贾咏，称阁老，为官正，受诽谤。
李自成，率义军，战漯河，官府荡。
众百姓，迎闯王，均贫富，不纳粮。
太平军，驻郾城，势卷席，清军惶。
毙总兵，邱联恩，焚县衙，义旗掌。
至清末，洋人狂，侵我土，民遭殃。
陈星聚，当知府，御敌寇，胆气壮。
灾荒年，济贫困，为清官，受夸奖。
数千年，钟灵地，育斯民，度时光。
尚勤俭，爱善良，多纯朴，性豪爽。
讲诚信，图富强，有智慧，敢独创。
驱邪恶，历风霜，倡文明，兴家邦。
存胜迹，警世人，出俊贤，永留芳。

二、现代革命史

辛亥年，风雷荡，孙中山，民国创。
废帝制，倡民主，驱鞑虏，拯危亡。
袁世凯，搞复辟，段祺瑞，组北洋。
行卖国，压反抗，激民愤，卷巨浪。
毛泽东，寻真理，滞漯河，民情访。
冯玉祥，招兵马，在郾城，宣主张。
五四兴，爱国潮，搞宣传，沙澧旁。
争国权，惩国贼，唤民众，爱华邦。
漯河人，已觉醒，搞声援，送壶浆。
王拱璧，图救国，涉重洋，渡扶桑。
京汉路，大罢工，做演说，来施洋。
李震瀛，来漯河，作发动，筹建党。
周天元，建支部，漯河地，红灯亮。

党组织，春笋生，三县区，迎曙光。
五卅案，日英猖，援沪会，显力量。
北伐起，战奉军，漯河北，成战场。
民拥军，志高昂，蒋先云，倾血浆。
蒋介石，包祸心，外不攘，反共狂。
漯志士，组武装，赴国难，英名扬。
救国团，发传单，宣传队，串城乡。
游击队，歼日伪，破袭队，铁道闯。
小曹村，狙击战，日本鬼，受重创。
河状村，扫残匪，打歼灭，肃还乡。
好儿女，闯四方，为民族，保家邦。
宋盘铭，离家乡，湘鄂西，勇打仗。
反围剿，创战绩，称功臣，蒙冤枉。
曹舒翔，女中强，争自由，弃红妆。
反黑暗，做宣讲，殉苏区，人敬仰。
海观澜，有志郎，闹革命，不彷徨。
隐蔽战，搞印刷，遭敌捕，不投降。
郑宝钟，秘入党，搞兵变，敌有防。
遭诱捕，酷刑绑，铁窗内，唱荣光。
地方党，蓬勃兴，率乡亲，求解放。
前辈人，树榜样，先烈血，永不忘。
沈东平，着戎装，率战士，历风霜。
战豫东，握战机，为抗日，倒战场。
谷迁乔，别学堂，在家乡，发展党。
建农会，举起枪，陷囹圄，气轩昂。
赵伊坪，忧天下，反帝封，火线闯。
搞农运，做统战，日寇火，吓不降。
蔡永龄，除寇奸，坚如铁，志如钢。
支天雷，胆气壮，刀劈鬼，骂刑场。

李鼎新，杀鬼子，怒斥敌，笑豺狼。
沙澧畔，颍河旁，英雄出，将星亮。
有苏进，奔井冈，举义旗，赴战场。
反“围剿”，历长征，扫日寇，当闯将。
张万春，弃木匠，舍小家，军旅闯。
性刚烈，情豪爽，经百战，军功彰。
有吉合，早从戎，作贡献，拜少将。
忙省委，当武官，为国家，成栋梁。
赵晓舟，忠于党，屡征战，指挥当。
剿残匪，征军粮，建海军，献力量。
谢树法，信念强，为人民，甘苦尝。
建农会，发展党，做政工，情满腔。
李廉士，当红军，送电波，联中央。
冒枪林，沐弹雨，身心瘁，殉职上。
抗战胜，日投降，鹰森孝，把气丧。
受降亭，载历史，警后人，永不忘。
蒋妄想，灭共党，搞反扑，负隅抗。
漯河人，眼雪亮，团结起，紧跟党。
忙参军，打老蒋，搞支前，送军粮。
组民兵，剿土匪，建政权，安家邦。
田德甫，热心肠，为剿匪，鲜血淌。
效信趁，建支队，突围中，殉沙场。
张洪宾，战淮海，歼黄维，为国伤。
王发祥，行义举，大决战，受嘉奖。
齐罗村，好村长，罗进才，留名芳。
剿残匪，闹土改，遭敌害，载史章。
十三旅，死守城，杀黎民，害忠良。
解放军，势无挡，攻城垣，危险上。
百余名，好战士，捐身躯，多悲壮。

我大军，势破竹，全漯河，俱解放。
父送子，妻送夫，齐参战，过长江。
阴霾扫，建政权，红旗飘，走康庄。
廿八年，革命史，共产党，指航向。
漯河人，紧跟党，打天下，铸辉煌。

三、艰苦创业史

东方红，天晴朗，新中国，如朝阳。
共产党，政权掌，劳动者，把家当。
闹土改，分田地，均贫富，阶级讲。
搞镇反，惩恶霸，斗争会，诉冤枉。
耕有田，住有房，男和女，生产忙。
美国佬，侵朝鲜，战火延，危我疆。
党中央，发召唤，志愿军，扛起枪。
雄赳赳，气昂昂，雄师过，鸭绿江。
抗美帝，援朝鲜，同敌忾，士气旺。
沙澧男，征召上，冒战火，临清江。
葛洪臣，建奇勋，舍生命，斩豺狼。
社会稳，国安宁，老百姓，喜洋洋。
跟着党，明方向，勤劳动，垦田壤。
行互助，搞合作，驱贫穷，有难帮。
黄保成，是榜样，互助组，率先闯。
有田地，共耕作，有牲畜，同喂养。
王松娈，巾帼将，领乡亲，办社忙。
大集体，同工酬，社里事，共商量。
刘富裕，排头兵，初级社，事业旺。
左振法，当社长，为民富，办法想。
合作化，掀高潮，创大业，甘苦尝。

治穷白，战灾荒，靠集体，队伍壮。
工商业，得改造，公私营，合力量。
思富裕，人心向，搞建设，群情昂。
兴水利，大兵团，小车推，铁锹掌。
整党风，亮思想，纳群言，肃纪纲。
反右派，扩大化，说真话，过失酿。
公社化，促发展，一盘棋，工农商。
治荒坡，平高岗，热情高，脑发胀。
大跃进，出浮夸，说空话，卫星放。
鼓干劲，争上游，谁落后，白旗扛。
办钢铁，挖坑塘，急求成，得不偿。
建食堂，大哄上，大锅饭，吃不香。
李先念，亲视察，空冢郭，留印象。
三年灾，遇困难，瓜菜代，节约粮。
苏修卡，美嚣张，双施压，祸心藏。
漯河人，迎风浪，分国忧，把灾抗。
三级管，队为基，穷思变，理应当。
学毛选，铸灵魂，添觉悟，树风尚。
像雷锋，炼思想，爱平凡，本不忘。
党风正，民风纯，心为公，献力量。
学大庆，赶大寨，苦奋斗，自力闯。
五业兴，六畜旺，历寒暑，图富强。
七五年，发洪水，沙颍河，溃堤防。
军爱民，抢险上，战洪灾，多悲壮。
乌兰夫，察灾情，送温暖，八里庄。
曲折进，忧中想，不发展，缺食裳。
有计划，按比例，公有制，主旋唱。
抓革命，促生产，深挖洞，广积粮。
闯雄关，克逆浪，苦中乐，共分享。

机械化，已推广，开园田，种棉粮。
施化肥，喷农药，讲科学，甜头尝。
兴水利，防旱涝，打机井，疏河床。
架高杆，拉电网，电器化，进城乡。
工业基，初奠定，若春笋，齐生长。
化肥厂，粮机厂，造纸厂，佳绩创。
商业网，联城乡，供销社，主角当。
百货楼，建街旁，大饭店，设路旁。
牛行街，畜市场，响全国，生意旺。
农副品，行交易，靠集市，互来往。
兴教事，育栋梁，校园内，书声琅。
义务教，搞普及，中小学，桃李芳。
卫生业，搞群防，建医院，保健康。
中西医，联合诊，好大夫，热心肠。
文化业，百花开，广播网，联城乡。
图书馆，俱乐部，杂技团，有声望。
出名角，压群芳，登舞台，共欣赏。
张秀卿，唱越调，盖河南，名声扬。
申凤梅，音粗犷，活诸葛，好扮相。
毛爱莲，唱闺门，焚绣楼，音流畅。
王秀玲，曲剧秀，风雪配，世无双。
安金凤，饰花旦，沙河调，放馨香。
张西方，丑行当，动作活，受夸奖。
数风流，灿若星，群英萃，沙澧旁。
武秀梅，姿飒爽，驾战鹰，保空防。
红旗手，飞长空，蓝天下，任翱翔。
万炳炎，好青年，学毛选，成榜样。
睡地铺，住草房，育良种，甘苦尝。
王玉梅，树形象，身虽残，志坚强。

干农活，多面手，民兵练，单射枪。
梁梦先，园丁当，忠职守，教有方。
风雪天，忙补课，殉枯井，感四乡。
曹国铭，援老越，屡建功，驰疆场。
军转干，不退老，搞建设，献余光。
栗金峰，义勇为，抓歹徒，倾血浆。
陈成友，救学生，忘自我，殉水塘。
漯河人，不寻常，三十年，鸿业创。
战天地，斗志旺，受挫折，不彷徨。
绘蓝图，志成城，创未来，紧跟党。
创业史，当歌咏，史为鉴，谱新章。

四、改革发展史

巨星落，举国痛，思伟人，念丰功。
党中央，发号令，承遗志，再长征。
除四害，冤案平，头脑清，辨反正。
三中会，公报明，验真理，实践行。
乾坤转，光阴迫，建四化，人心同。
设计师，邓小平，倡改革，春潮涌。
门开放，百废兴，民思富，享太平。
积极性，被调动，精神奋，根治穷。
沙澧河，水向东，岸柳绿，沐春风。
四县市，兵马动，扬神威，显本领。
在农村，转职能，搞联产，巧经营。
责任田，行承包，社政乡，村行政。
老窝乡，周运生，带群众，率先行。
各乡镇，蔚成风，钟停鸣，自主耕。
男和女，喜盈盈，更观念，力时省。

各企业，改机制，铁饭碗，改聘用。
东风建，领头兵，个体包，活用工。
其他厂，闻风动，靠智谋，显其能。
八六年，市带县，建特区，市格升。
漯河人，团结进，强不息，雷厉行。
凭实干，搞创新，猛崛起，战鼓鸣。
电视塔，传佳音，电信楼，信息通。
拓荒牛，励斗志，溵水帆，示行踪。
国企业，出困境，搞承包，念活经。
领头雁，数万隆，建功业，一条龙。
好双汇，规模宏，火腿肠，利税赢。
粮加工，机械精，企鹅飞，全球亨。
造纸厂，防污染，翔银鸽，为大众。
制革厂，深加工，制强人，出漯颍。
澳的利，俏走红，健儿喝，百姓捧。
金星啤，行兼并，溵水香，溵乡城。
富平春，有盛名，邀宾客，饮喜盅。
少康酒，佳酿成，瞅销路，独辟径。
北三环，食品盛，小帅才，出雪饼。
香牛肉，出繁城，销路广，味香浓。
舞阳盐，联化工，蕴藏富，产品精。
双城门，成品牌，彩塑瓦，满供应。
南街村，树典型，靠改革，路亨通。
玩泥蛋，创家业，揉面团，工业兴。
方便面，味纯正，焦锅巴，酥香型。
红色游，招徕客，南街人，受尊敬。
龙堂村，龙须面，靠粮食，深加工。
反季菜，无公害，促民富，建大棚。
北徐村，徐德全，学南街，事业兴。

靠科学，养畜禽，做食品，多品种。
民营业，异军起，善管理，各竞雄。
马庆喜，搞装帧，宝丽板，业兴隆。
张彦军，饲家禽，日日红，有名声。
机制驱，扭亏盈，市场牵，找门径。
外向带，筹资金，科技推，效率升。
股份制，搞竞争，合资办，各分红。
化肥厂，私营包，水泥厂，办法同。
粮机厂，组集团，食品厂，做联营。
办企业，成链条，连锁店，各纷呈。
食品城，显名声，响五湖，全球通。
看农村，热气腾，投工少，效率增。
牛退役，换机耕，讲科学，把地种。
单一植，改套种，好种子，满供应。
农家肥，配化肥，合理施，适时用。
喷农药，对苗症，病虫害，一扫清。
旱能浇，涝能排，井和渠，用水泵。
搭大棚，种蔬菜，保恒温，又节能。
饲牛羊，产肉奶，养猪狗，市场供。
喂鸡鸭，生禽蛋，开鱼塘，收入丰。
粮增产，民增收，老百姓，真高兴。
十五店，种蜜桃，花儿开，迎蝶蜂。
桃花会，唱经贸，八方客，会龙城。
后甄村，种葡萄，待收摘，笑脸迎。
大车来，小车往，好买卖，不消停。
农民工，闯商海，下广州，上北京。
办工厂，当股东，搞建筑，揽工程。
小伙子，有智勇，当民工，做装帧。
大姑娘，树新风，进餐厅，做家政。

钱袋子，鼓起来，粮袋子，层摞层。
调生活，建家庭，农家乐，妙趣生。
建平房，盖楼棚，种花草，美环境。
住房内，装修整，贴瓷砖，镶明镜。
组合柜，新衣充，木沙发，雕刻精。
大彩电，卫视听，DVD，调新颖。
洗衣机，洗涤净，电冰箱，恒温控。
席梦思，钢丝垫，花被褥，有弹性。
热空调，冷暖气，喝饮料，乐舞厅。
夜看书，有电灯，昼思亲，有联通。
煤气灶，进厨房，洗澡间，讲卫生。
太阳能，热水器，既环保，又节省。
白面馍，天天蒸，吃面条，肉带葱。
吃饺子，加小菜，打荷包，白糖冲。
喝牛奶，添营养，饮啤酒，当茶用。
自行车，下田用，摩托车，出门行。
农业税，已免征，搞补贴，把地种。
中小学，免学费，入学童，负担轻。
新医改，正普及，要看病，心放松。
困难户，吃低保，老年人，补钱用。
新市委，成竹胸，率斯民，心力倾。
万众心，志成城，群英出，满乡城。
城关镇，西河村，吕付根，人人敬。
挫惊骡，救十童，舍身躯，气如虹。
刘振江，陈延红，殉沙河，救轻生。
朱玉琴，好公仆，力尽瘁，为民众。
赵挑妮，拥军情，不服老，人称颂。
李漂海，眼失明，助疾困，显赤诚。
陈万福，拓荒井，育桃李，善始终。

黄石头，慈善家，已致富，不忘穷。
胡彩丽，孝父母，敬公婆，楷模称。
党领导，指航程，邓理论，是明灯。
漯河人，图复兴，与时进，打冲锋。
爱环境，行节约，讲和谐，扬正风。
愿漯河，美如画，盼人民，享康宁。

五、美丽的漯河

沙澧河，清涟涟，镶明珠，多璀璨。
若翡翠，绿渲染，美如锦，百花绽。
京广线，南北穿，漯阜平，铁路连。
公路网，交通便，十座桥，任往还。
车似水，人如龙，穿梭过，序井然。
桥雄伟，胜景添，河布绿，鸟声唤。
看市区，街道宽，树掩映，花镶边。
琼楼立，玉亭现，多琳琅，珠垂帘。
煤市街，消尘烟，商业廊，早脱凡。
牛行街，早革面，居民楼，多斑斓。
人民路，平又坦，临商厦，开酒店。
交通路，换新颜，建学校，设医院。
五一路，面貌变，增店铺，添货栈。
黄河路，市政建，立公司，驻机关。
办银行，建宾馆，兴邮局，办饭店。
电力厦，势巍然，电信楼，耸云天。
金穗廊，货齐全，生意隆，物价廉。
新玛特，客招揽，高档品，顾主欢。
安居楼，区区建，商品房，任意选。
宅傍树，路临园，铺草坪，饰喷泉。

置凉亭，设围栏，立雕像，安灯盏。
至夜晚，灯光闪，放异彩，多壮观。
沙澧畔，建游园，曲径绕，可游览。
水面上，有游船，绿荫下，可休憩。
市内园，胜景添，游碧水，登假山。
森林园，仿自然，场地阔，设备全。
游园内，多休闲，白发翁，少年男。
儿童乐，老人欢，节假日，供赏玩。
或下棋，或打拳，或歌舞，或笑谈。
夹河里，看景观，楼鳞次，栉比现。
电视塔，入云端，职业院，出英贤。
贸易区，特色显，广交友，九州联。
汽车城，品牌全，建材城，满货源。
卫生城，文明先，环境美，空气鲜。
园林城，不虚传，树葱茏，百花艳。
郾城区，正巨变，像奔牛，再加鞭。
旧城改，换新颜，城区扩，北三环。
香陈湾，游乐园，映湖光，山色伴。
高空车，任逍遥，湖心塔，任登攀。
看孟南，开发区，民营厂，春笋般。
搞创优，比争先，创利税，作贡献。
召陵区，谱新篇，制造业，走在前。
高科技，求实践，创业路，正拓宽。
许慎陵，又扩建，设殿堂，作纪念。
蟾桂山，励斗志，六书石，究字源。
舞阳城，大改观，安居楼，特色显。
骨笛塑，昭历史，城隍殿，历暑寒。
大盐田，正开发，蓄水库，挽狂澜。
新办厂，搞创新，老厂房，换新颜。

临颍城，向西展，安居楼，连成片。
商业厦，遍城区，企业房，铁西建。
南街村，小社区，光彩照，树典范。
伟人像，供瞻仰，村办厂，走在前。
区县乡，新村建，楼房立，新房添。
路硬化，街加宽，村村通，行方便。
千顷田，绿浪翻，果丰硕，粮囤满。
树成荫，林成片，景象美，无污染。
漯河人，意志坚，同携手，建家园。
人为本，促和谐，享幸福，笑开颜。
看明天，更美好，催战马，再加鞭。

选自 2013 年《漯河文史资料》第二十辑

漯河（郾城）古遗风骚知多少

孟巍坚[①]

提及漯河历史文化，不由得联想到唐宋以来所遗骚体风情，此地人杰地灵，故有先贤赞美流风，其雍容和顺的诗情画意，蕴藉着漯河的历史文明。因此，基于鉴古考实，方知多少名士于此吟咏。

漯河地处中原腹地，沙澧交汇，风光宜人。柳荫之下，修竹之旁，草坪碧绿，似锦如茵，畅怀多娱，气息清新。今置身河畔或立于桥头，看！清泠东去，微波与荡桨渔家小船，在涟漪泛起的晨光中，闪闪熠熠，其自然之美，堪称漯河独秀景色。故于此，唐有名贤杜甫、柳宗元、裴度、韩愈和李正封长篇联句千字，宋画家泰斗武京元丹青巨绘彼岸寺（文殊像）。本地人士掌禹锡（在京尚书）文博言“书”为第一，其著述繁富有且赖居郾城。在此他写出了《方域图志》《地理新书》《校正类编》《神农本草》与名其状的《图经》，还有《郡国手鎰》《周易集解》等书。金元时期的元好问，只因他乐于该地，便醉心不已，栖于㶏亭，游碧波偕友叙旧咏诗。翰林学士麻知几为该地行景所慕，夙愿临老归此，并讲学授徒，其高足名震京师（翰林王文忠即从学于郾麻氏），明代儒学宗师解缙翰林院编修，慕名而来采风续贤，写下风物胜景“㶏阳”篇。及至清代康雍乾，曾追汉许氏《说文》，而许学名噪芳馨于蔚然。

诸多名士共聚，抒情叙事，联句赋诗，清辞妙语，充分表现出他们有着恢宏的气质。其中有韩愈的千字联句《晚秋郾城夜会》《郾城晚饮》

① 孟巍坚，1932年出生，漯河人。曾从事文史研究，在《光明日报》《人民政协报》《文史知识》等全国20多家报纸、杂志栏目发文，并取得了中国传统文化国际学术奖励证书。

《郾城过襄城》，柳宗元的《平准夷》，杜甫的《记郾城观公孙舞剑器》，裴晋公在郾城斥吴元济诗等。

宋代苏辙来此，首赞武宗元壁画："本朝维有宗元近，国本长留后世模……居人不惜游人爱，风雨侵凌色欲无。"当他看到这里的参天大树时，触景生情，脱口而出《古柏诗》："首看大柏孔明寺，行尽天涯未见之；此树更当称子行，他山只可作孙枝。"说明郾城柏树之大举世罕见。金元时期文坛盟主元好问，因与著名高士张伯玉（郾城人）相交好，在伯玉临终时作《溵水诗》以吊其人："溵水复溵水，东望雁行没，殷勤一杯酒，遥酹溵亭月，永怀紫髯郎……"好问寓居该地，不但结交诸多好友，还留下许多吟咏溵水风情的诗。如《溵亭》《范宽秦川图》《溵亭同麻知几赋》等，均收入他的《遗山集》里。明代"前七子"何景明在郾城写出《平蔡行》："诸降尽向洄曲军（指邓襄沱沟），拒战不睹牙城将；韃囊将军拜道左，绯衣小儿来天上。"尚书毕享在郾城登高瞭望，赞其地望族人文："鱼龙变化，鸾凤翱翔；辈辈青云，科科金榜。"即今黄河路北侧刘窑村刘氏先祖刘校，死后被朝廷封为"忠毅"，其夫人赐凤冠霞帔，特加封五花诰命。进士陆渊之《东皋文集》里，录有《郾城怀古》诗："召陵开伯业，洄曲想王师，剑绝公孙舞，经传叔重疑……吊古多名笔，何人续退之。"浙江海宁文史大家孙子良在郾城看了本县掌禹锡的《图经》后，也写了《郾城怀古》："朝来持节郾城西，晓色苍苍望欲迷……召陵原上人何在，裴度营边鸟自啼，阅罢《图经》重怀古，几回怅望更留题。"江西吉安县进士刘咸来此参观名胜也留下了怀古句："裴城东向召陵西，形势峥嵘入望迷……螺湾日晚人争渡，龙井天寒鸟乱啼，无限灵迹看不了，强将囊括入新题。"后来，清朝乾隆年间，宝丰县李绿园写《歧路灯》时，将自己的见闻《郾城晚泊》诗附入该书内，以助兴其文，挑逗读者。其诗为："汝水交汇入度流，布帆斜照泛归舟；千缕彩霞明似锦，一痕新月细于钩；齐桓服楚知何处，船泊召陵占渡头。"进士刘士瞻在此咏《韩文公郾城诗》时，悠悠感叹，不禁惘然而吟："八代文衰起独雄，郾城吟咏更从容；溵江（沙河）风物还如故，更有何人续后踪。"这便提醒后人，勿忘当地历史人文，要鉴往知贤，以作后者的风流。

综其上，人文事迹未尽，列举仅属凤毛麟角。倘若阅此，虽不能视其全豹，但可窥见一斑地方历史，这对创建美好漯河园林城市，增添历史人文知识尤显必要。

选自2003年《漯河文史资料》第十一辑

青史悠悠说武丁

——从商高宗捕蝗说起

傅胜利[①]

公元前1192年2月的一天，一队人马簇拥着一位长者风尘仆仆地来到漯河市召陵区召陵镇一块高地（今漯河市召陵区高皇殿村），面对黑压压遮天蔽日的蝗虫，他们或抄起耒、耜、耨、臿等农具，或挥舞着树枝藤条，奋力扑打蝗虫，很快天空透亮，大地上到处蝗虫尸体枕藉。这位长者就是商高宗武丁，此行是他体察民间蝗灾为患，亲率官兵来捕蝗的。后人缅怀他体察民瘼的捕蝗业绩，就在其捕蝗处建立了一座商高宗庙，主敬商高宗武丁。庙宇所在的村也改名为高皇殿。高宗庙建成后，后人为纪念一代明君武丁，每逢农历初一、十五，烧香祭祀者络绎不绝，香火鼎盛绵延数千年。因庙宇大门前植有两棵柏树，当地人雅称"二柏一所庙"，为古郾城县八大景之一。

商高宗武丁系商朝第22代国王。他治国有方，是商代鼎盛时期很有作为的君主，堪称一代明君。相传武丁早年生活在民间，知稼穑艰难，即位后志向远大，思复兴殷。起用奴隶出身的傅说为相，励精图治，以至"天下咸驩，殷道复兴"。商朝政治、经济、军事和文化发展达到鼎盛，成为当时煊赫一时的世界文明大国。

商高宗武丁是一位具有雄才大略的君主，即位后面对商王朝百事俱废的衰颓局面，曾经苦苦思考了三年的时间。在这三年中，武丁将一切政事都委派给宰相，而他自己对朝廷的政治则一言不发。其实，武丁是在暗中观察朝政，体察民情，思考怎样才能一举扫尽王朝沉疴。武丁改革王朝政治的首要举措是提拔了出身卑微的傅说做自己的宰相。诸多

---

① 傅胜利，1971年12月出生，漯河召陵区人。

文献记载着“武丁梦得圣人之说”。据古代文献记载，傅说本是一名刑徒，武丁发现他的时候，他正在从事筑城的劳役。关于武丁提拔傅说的过程，《史记·殷本纪》记载了一段非常神奇的故事：“帝武丁即位，思复兴殷，而未得其佐。三年不言，政事决定于冢宰，以观国风。武丁夜梦得圣人，名曰说。以梦所见，视群臣百吏，皆非也。于是乃使百工营求之野，得说于傅险中。是时，说为胥靡，筑于傅险，见于武丁，武丁曰：‘是也’。得而与之语，果圣人，举以为相，殷国大治，故遂以傅险姓之，号曰‘傅说’。”所谓“武丁梦得圣人之说”，显然是不可信的神话。今据武丁即位之前，曾经从事稼穑等体力劳动，与下层民众有过广泛的接触，恐怕得遇贤人傅说就发生在此期间。等到武丁即位以后，要提拔出身卑微的傅说，就只能将他加以神化。因为只有这样，才能排除旧贵族势力的干扰。这在父系大家族势力极其强大的早期文明社会的政治运作中是极有可能的。因为这一传说在古代文献如《吕氏春秋》《尚书序》《说苑》及《帝王世纪》中都有记载，可见其流传十分广泛，不大可能是后世的向壁虚构。武丁提拔傅说之后，赋予他极大的权力和极高的地位，并要求傅说随时对自己的过失严加规谏。《国语·楚语上》记载武丁得遇傅说之后，“升以为公，而使朝夕规谏曰：‘若金，用女作砺；若津水，用女作舟；若天旱，用女作霖雨，启乃心，沃朕心；若药，不瞑眩，厥疾不瘳；若跣，不视地，厥足用伤’。”不仅将他们之间的关系比作金属与砺石、洪水与行舟、大旱与甘霖，还要求傅说要像苦口的良药那样及时针砭、修正自己的过错。

商高宗捕蝗故事在漯河市及周边有着相当广泛的传说。在郾城县城西南 12.5 公里唐河东岸问十镇有个村子叫望天岗。据说商高宗捕蝗路经此岗对天瞭望，村民为了纪念他，将村子命名为望天岗，沿用至今。商高宗捕蝗还到大刘镇的皇玉村住过，后人将其住处取名“皇寓”，为书写方便，将“寓”改为“玉”。在郾城县城西北 22 公里裴城镇有个村子叫殿高村，相传这里原有一座高宗庙。明洪武三年（1370 年），从山西洪洞县迁来高姓在高宗庙殿旁建村，因以为名。在临颍县城东 15.5 公里乌江沟南岸，有个村子叫高宗寨。据明嘉靖八年《临颍县志》记载：

“商高宗庙，在县东南王上保商城寺西，昔商高宗捕蝗于此，后人因以建庙。武丁五十五年，其驻跸于此者久，故筑城以作藩篱耳。今寺左右之地，于是东藩西藩，南有七里仓，云是高宗储粮处，偏西研岗有商台，云是高宗效天处，皆现在可考者，知此之建庙不诬也。”在临颍县城东18公里三家店镇有个叫平宁城的村子，相传商高宗因捕蝗而积劳成疾，驾崩后灵柩返京时曾停于此。据明嘉靖八年《临颍县志》卷八记载：“停灵城，在城东北王上保，周三里二百五十二步，相传为高宗停灵之处因名之。”商高宗武陵位于西华县城东北15公里的田口镇陵西村。相传武丁驾崩后，后人按照他的遗嘱，将他安葬在田口镇陵西村东边。《中国古今地名大辞典》对商高宗陵有记载。清乾隆《西华县志》描述商高宗陵：“……其广两千步，高百尺，岗阜丛拥，林木亏蔽，望之如山……”现陵墓高6米，占地面积23亩。宋开皇三年（970年），诏修陵庙，《陈州府志》中《修高宗陵庙碑记》说：“太祖开宝中，尝诏治王之庙而广，其栋宇至八十八楹，塑像于殿中，又立甘盘、傅说二相，夹持左右，列绘群臣于四壁……”陵园内广栽松柏。清康熙六十一年（1722年）、同治八年（1869年）定帝王陵寝。清光绪一块御祭碑上刻有：“光绪十六年岁次庚寅九月戊辰塑越祭日辛卯”“皇帝遣署河南归德镇总兵官……”“……钦命理藩院石侍郎兼镶红旗蒙古副都统加一级，特授……”等字样。在另一块碑上载有凡路过高宗陵者，文官下轿、武官下马等内容。

选自2014年《漯河文史资料》（第二十一辑）

三国魏文帝在漯河三件大事

孟巍坚

三国魏文帝曹丕，曹操次子，母为卞氏，生于汉灵帝中平四年冬安徽亳县。魏黄初七年死去，年仅40岁，但他未死之前，在漯河一带做了三件大事。

黄初元年（220年）十月，曹丕在临颍繁城代汉称帝，劳民兴工筑坛，招百官举行汉献帝禅让礼仪，"勒铭记功"，彪炳后世，留下了《上尊号碑》和《受禅碑》以表永垂。

黄初二年（221年）十二月，魏文帝出洛阳东巡，郾城筑起"凌云台"。该台与受禅台（繁城）南北四十华里遥遥相对。《三国志·魏书·文帝纪》："十二月行东巡，是岁筑凌云台。"这在臧励和所著《中国古今地名大辞典》第823页"凌云台"词条里已指明："在河南郾城县西北三十里，魏曹丕所筑。"据考察，该台修筑历史相当悠久，并非出自一代所为。最初它起于新石器时代，据近年凌云台出土石斧、石镰、骨箭头、铜箭头等文物，说明其年深久远。汉代陈寔告老还乡时即卜居此地，原立有《汉陈仲弓坛碑》于其上，陈寔临终时葬于凌云台北侧。宋代洪适《隶读》引"汉魏碑刻"言："司空掾陈寔碑在郾城太丘墓侧，殆有可凭。"其墓明清《一统志》亦载："陈寔墓在郾城县西三十里"。近年来，凌云台北100余米已发现清初郾城知县温德裕所立的陈寔碑，如今在许慎展览馆存放。到了唐代吴元济搞纷争割据时，在此设防，又建凌云栅堡垒。所以此处既称"仲弓坛""凌云台"，又叫凌云栅。

从《三国志·魏书·文帝记》载："（曹丕）在黄初六年（225年）三月行幸召陵，通讨虏渠。"当时文帝就住在召陵。因春秋齐桓诸侯遗下地望的显要，所以他乐于居此，并营建宫殿作离宫别馆。为了进攻东

召陵宫当拓片

吴，在此，他发布诏示，指挥群臣，首先开挖讨虏渠，由郾城水路直达扬州，这在历代地图里均可见到（如谭其骧《中国历代地图集》）。这年冬天，文帝到达广陵（扬州），于其城下临江检阅十万兵马，旌旗数百里，阵容气势磅礴，大有一举灭吴之势。当时，文帝身着赳赳武夫戎装，骑战马而咏诗："观兵临江水，水流何汤汤。戈矛成山林，玄甲耀日光。猛将怀暴怒，胆气正纵横。谁云江水广，一苇可以航。不战屈敌虏，戢兵称贤良……岂如东山诗，悠悠多忧伤。"但他没料到，当时天寒地冻，江水冰封，舟车难行。文帝无其奈，不得不班师还朝。时隔半年，他便因病而亡。

选自 2003 年《漯河文史资料》第十一辑

唐代“公孙”武舞通古今

孟巍坚

文史哲研究丛书《天一阁藏明代地方志考录》中，记载最早的《郾城县志》嘉靖三十三年版本说明，该《天一阁藏明代地方志考录》所列《郾城县志》目次，首尾简明赅备，文理荦荦清新，故引起欣喜之情，方检阅这本最早县志。在该《郾城县志·方技》里，发现首标：“唐公孙大娘郾城人，其《剑器》《浑脱》抑扬顿挫，独出冠时。”又言“侍女八千人，公孙剑器数第阅其前后，便旁及许多史事，不免追忆杜甫诗和他六岁（717年）时寄居郾城”一事。

自从杜甫随家居住郾城后，常同大人一道在县城街上（今古城村）观看公孙大娘的《剑器》舞。50年过去，杜甫因时局的变乱，在颠沛流离中来到了夔州暂住到该州长元持友人家里。于此看到临颍李十二娘所演的《剑器》舞，不由得想到自己在郾城观看公孙的舞姿，随赋诗《观公孙大娘弟子舞剑器行并序》。其《序》言，吴人张旭善草书，见公孙大娘舞西河剑器，自此草书长进。于是“画圣”吴道子深知张旭草书之妙得自公孙大娘，他也借助于此，将个人壁画的用笔技巧变为高古游丝而细描，运用于人物卷褶飘带极其轻盈之势，以衬托公孙舞蹈节奏之感（参见唐·张彦远《功代名画记·吴道子》）。同时，郑处海《明皇杂灵·逸文》亦言：“公孙大娘舞剑，僧怀素见之，覃书遂长，其顿挫势也。”而唐·陵安节《乐府杂录·舞工》又专作其后注：“公孙大娘善舞剑。”《太平御览》卷574亦湮其后叙其情。诸史充分表明公孙舞剑的名气之大、技巧之精。她练就一身显而卓绝的异绩奇功，其舞大有勾魂摄魄之感，因而唐代书画大家观公孙舞剑实受其裨益。他们发豪放激情，笔下生花，使个人的“狂草”起伏跌宕，非同一般；其丹青壁画，线条轻盈飘逸，亦呈吴道子“画圣”之非凡。无愧公孙以化导之功，所移植于他事，为世人无不堪称其神奇！

公孙氏原为一个没落的名门仕女，相传其人雍容典雅，丰姿靓丽，行若翩翩。因此，杜甫称她为“佳人”。该女生活在原棠谿氏夫概所在地，而该地称剑器之乡，不乏舞剑之人。她所练就的《西河剑器》舞，便是源于当地世俗的剑牧和西河儒家的分支。所言西河，孔子曾经说过“（为国）男子有死之志，妇人有保西河之志。”（见《史记·孔子世家》）其仕女公孙大娘习剑舞实因循传统文化的导向，所舞的《西河剑器》，亦大有儒家之意。公孙承此遗风，实际充满着保家卫国之志。她的剑器舞在技艺上极有魅力，受到世人青睐。因此，吴中“四杰”的张旭、丹青妙笔的“画圣”吴道子，皆从公孙的《西河剑器》舞中萌发了灵感。

公孙氏舞初练于郾城县的“古城”（在今沙河南岸），后又搬于中岳庙（今郾城西街）。她所收的许多弟子和临颍李十二娘，就在此聚集学艺，杜甫于开皇五年（585）便经常在郾城观看她曼妙的舞姿（见《杜甫传》）。随着公孙氏舞名声之远播，检诸史所记，她又常出入于高门（如崔涤、郑恒、杜氏、李氏），其家均属皇亲国戚结缘相系。她遇此之便，遂捷足登入宫廷教坊，在此群英竞技、献身媲美中，她舞剑独冠。她和著名乐师李龟年同场搭档，饶有笙歌相配，金鼓齐鸣，使其所演《剑器》誉满京城，于是博得鸿儒巨士先后为她喝彩而题诗：中书舍人司空图为她所作《剑器》诗：“楼下公孙昔擅场，空教女子爱军装……”（《全唐诗》十函一册）；唐人郑嵎《津阳门诗》：“公孙剑技方神奇，马知舞彻下床榻，人惜曲终更羽衣。”其诗后自注：“于勤政楼下，使华夷纵观公孙大娘舞剑，号为‘雄妙’。”（见《全唐诗》九函三册）；唐沈亚之《……送山人王传 × 》序：“昔张旭善草书，见公孙大娘舞剑……则非常矣。”除此，还有姚合的《剑器词》与敦煌卷本的《剑器词》，皆盛传该剑器一事。

今从公孙氏的《剑器浑脱》来看，它原为剑器、浑脱两种舞蹈，在她多年的演练中，将二者糅合为一。剑器是源于春秋战国中原地区的剑术，浑脱源于西域的《泼寒胡戏》所演变的健舞风姿。浑脱舞虽属西域所传，但它往往能够撩起人们的兴趣。胡震亨《唐音癸签·乐通三》："泼寒胡戏……自武则天末年始蕃夷入朝，作此戏御楼观之。"众所大喜，颇见新奇。对此，公孙氏精研其妙，并糅合进剑器浑脱舞的技艺，这便是《剑器浑脱》的缘起。由此可知，公孙武舞善于博采众长，并使剑术、套路、节奏于当时发展得更美。其博采之能，所涉他人之技艺，还有她以唐代号称"三绝之一"裴旻的剑术，为此她又创出《裴将军满堂势》，也被世人好评。

公孙氏《西河剑器》和《剑器浑脱》从外观的区分来说，首看穿着。公孙大娘出演的《剑器浑脱》，头戴胡帽（浑脱皮帽），脚蹬胡靴，俨然装点为束袖锦衣的武舞壮士，让人一目了然，知其舞名。若演《西河剑器》，公孙氏以戎装锦衣或加五彩帽子，鲛绡飘带，破风而起，体态大有剑侠之风、中原武人之气。所以杜甫运用浪漫的笔法在《剑器行》一诗里写："霍如羿射九日落，矫如群帝骖龙翔。"诗人以夸张之语，昭示公孙武舞场面的盛况。

从追溯公孙《剑器》舞的套路节奏看，它循序而升腾在开场，舞者手执火旗，翩鹳回旋，莲步轻轻而伴随金鼓、歌声，时而单剑独舞，遂以双剑相从，步履逐渐加快，愈演愈烈，舞姿升腾，犹称奇功；时而或单人绝技，或双人以剑器竞雄，腾腾势气展现着刀光剑影。由此，不难想象当时的巾帼须眉与爱舞之风。

选自 2003 年《漯河文史资料》第十一辑

杜甫与郾城

宋宗祧[1]

杜甫是中国历史上伟大的诗人之一，号称“诗圣”。杜甫虽然是唐洛州巩县（今河南省巩义市）人，但曾在郾城度过数年美好的少年时光。从某种意义上说，杜甫是喝着沙澧河的水长大的，“诗圣”的诗歌里有沙澧大地的滋养。

据杜甫《观公孙大娘弟子舞剑器行并序》，开元五年，童稚的杜甫曾于郾城观公孙大娘舞剑器、浑脱。当时杜甫不过6岁。但据王辉斌《杜甫之父杜闲考略——兼及其子女六人的生年问题》（载《首都师范大学学报》1997年第2期）一文考证，杜甫也就两三岁。不管是6岁，还是两三岁，总之都是幼儿。杜甫为什么会在郾城看公孙大娘表演呢？原来，杜甫父亲杜闲这一年担任了郾城尉（相当于副县长兼公安局局长），便把妻子崔氏和他们当时唯一的儿子杜甫接到郾城。

来到郾城的杜甫过着无忧无虑的幸福生活。他不仅经常和小伙伴到河里摸鱼，还上树摘梨打枣，十分顽皮。位于沙澧河交汇处的郾城因有漕运之利，经济发达，文化繁荣，不仅经常举办各种各样的文艺演出活动，还涌现出许多闻名遐迩的艺术家，公孙大娘就是其中的佼佼者。公孙大娘的《剑器》舞号称天下第一，长安、洛阳两京的达官贵人喜欢观看，甚至玄宗皇帝也是她的粉丝。有一次，公孙大娘在县城表演剑器、浑脱舞，万人空巷，杜闲夫妇也带着小杜甫前往观看。当时杜甫和身为“副县长”的父亲坐在前排，看得非常清楚。公孙大娘非凡的技艺让他

---

① 宋宗祧，1945年4月出生，河南省巩义市人。天津大学电机专业毕业，1969年7月参加工作，曾任河北省新城县供电所、河南化工厂技术员和助理工程师，河南省人大常委会财经委员会办公室副主任、河南省对外经贸厅处长。

对这位伟大的艺术家终生难忘。唐玄宗天宝十四年（755），“安史之乱”爆发，已经进入官场的杜甫从长安辗转逃难到蜀地。大历二年（767年）十月十九日，杜甫在夔州（今重庆奉节）别驾元持家里，观看临颍李十二娘表演剑器舞。一听乡音、一看行头，就有一种莫名的亲切感，于是杜甫就上前打听，才知道李十二娘不仅是临颍人，还是公孙大娘的徒弟。千里遇老乡，两眼泪汪汪，杜甫不禁感慨万分。50年前在郾城观看公孙大娘演出的盛况立刻浮现在眼前，于是写下了《观公孙大娘弟子舞剑器行并序》。杜甫写道：“昔有佳人公孙氏，一舞剑器动四方。观者如山色沮丧，天地为之久低昂。霍如羿射九日落，矫如群帝骖龙翔。来如雷霆收震怒，罢如江海凝清光……”

杜家作为书香门第，杜闲当然不会放任儿子疯玩。为了更好地培养杜甫，杜闲给他请了一位教书先生。这位先生一不教《五经》，二不教《千字文》，就教杜甫读许慎的《说文解字》。先生先带杜甫到许慎的墓前行“开笔礼”，让他对着先贤、跟着先生诵读了一段《说文解字·叙》。三年下来，杜甫已经认识了4000字左右。杜甫长大后写的《壮游》回忆说：“七龄思即壮，开口咏凤凰。九龄书大字，有作成一囊。”应该说，杜甫是在郾城完成了他的启蒙教育，为他以后成为“诗圣”奠定了坚实的基础。

在郾城生活了三四年之后，杜甫的母亲病逝。失去母亲，是少年杜甫一生的痛。而对于杜闲来说，则是失去了家庭的顶梁柱。杜闲又当爹又当娘，还要上班，没有多久就撑不下去了。无奈，杜闲把儿子送到了洛阳的姑姑那里。之后，杜甫虽然又来过几次郾城，但都是小住数日。三年后，杜闲续弦卢氏，又为杜甫生下了四个弟弟和一个妹妹。到了开元二十年，杜闲升职，当了正六品下的奉天（今陕西省乾县）令，杜甫就再也没有回过郾城。

杜甫的名气在后世可谓妇孺皆知，哪个地方只要有“诗圣”的踪迹，就会被哪个地方的人引以为荣。漯河不仅有“字圣”许慎，还有“诗圣”杜甫，并且都有根有据、实实在在、底气十足，经得起检验。当然，厚重的历史文化底蕴，作为宝贵的精神财富，不是和谁比，也不是要炫耀，而是要珍惜、继承、发扬。我想，漯河人在这两位圣人面前，一定会从自身做起，加强修养修为，把自己打造成有文化底蕴的人!

选自 2016 年《漯河文史资料》第二十三辑

岳飞《满江红·怒发冲冠》词诞生于郾城

孙发义[①]

岳飞《满江红》：怒发冲冠，凭阑处、潇潇雨歇。抬望眼，仰天长啸，壮怀激烈。三十功名尘与土，八千里路云和月。莫等闲、白了少年头，空悲切。靖康耻，犹未雪。臣子恨，何时灭。驾长车，踏破贺兰山缺。壮志饥餐胡虏肉，笑谈渴饮匈奴血。待从头、收拾旧山河，朝天阙。

《满江红》词诞生的背景

从《满江红·怒发冲冠》词中不难看出，词人在许多地方交代事件本身和作者缘事而生之情及事件发生的时间、地点，表明历史事件的句子是“靖康耻”和“臣子恨”；表明具体事件的句子没有明白道出；表明缘历史事件而生之情的句子为“壮志饥餐胡虏肉，笑谈渴饮匈奴血”；表明具体事件而生之情的句子是“怒发冲冠”和“抬望眼、仰天长啸，壮怀激烈”；表明约略时间的句子，有以作者年龄为准的“三十功名尘与土”和以作者面容为准的“白了少年头”；表明特定自然环境的句子是“潇潇雨歇”；表明恢复大宋河山所需行程的句子为“八千里路云和月”；表明进军目标的句子为“驾长车，踏破贺兰山缺”；表明具体地点的句子是“凭栏处”。

“靖康耻”和“臣子恨”，这是宋金战争中两件大的历史事件，也是岳飞认定的宋朝两桩奇耻大辱。

① 孙发义，郾城县人，1961 年参加工作。曾任郾城县教育局办公室副主任，县志办副主任，县史志档案办公室副主任等。

"靖康耻"是指发生在靖康年间的事件。靖康元年（1126年），金军分东西两路大举南下。由于宋廷把各路勤王之师和民兵等遣返原地，大河两岸没有足够设防，金兵轻易渡过黄河，攻破首都开封，把徽、钦二帝先后扣押在金兵营中，并大肆搜刮开封府及官户、民户的金银布帛。靖康二年（1127年）四月初一，又将徽、钦二帝及其后妃、皇子皇女、宋室贵戚等千余人俘虏北去。北宋朝廷的舆服法物礼品和珍藏图籍被洗劫一空，北宋政权彻底覆灭。

"臣子恨"是指宋高宗赵构绍兴九年（1139年）正月，秦桧代表宋高宗拜受金朝诏书，接受屈辱"和议"。这次"和议"，金朝把掠取的陕西、河南等地"赐"给宋朝，宋向金称臣，每年贡银25万两、绢25万匹，金朝归还徽宗和皇后棺木。《满江红·怒发冲冠》除了表明岳飞对"靖康耻""臣子恨"的念念不忘和对誓灭金虏、恢复大宋河山的坚定决心外，还告诉我们词中反映的两桩历史事件："靖康耻"发生在靖康元年（1126年）和靖康二年（1127年）；"臣子恨"发生在绍兴九年（1139年）。这就表明，《满江红·怒发冲冠》一词，不仅产生于靖康年之后，也产生于绍兴九年之后。

词的一般填写方法多在开始交代具体时间、地点和事件。岳飞这首词也是如此。为首一节"怒发冲冠，凭栏处、潇潇雨歇"。这里的具体事件没有道出，"怒发冲冠"是缘具体事件而生之情。什么事情使岳飞如此愤怒？从贯穿通篇的思想可知，正是对金的一次战斗，"怒发冲冠"当是由该事件所生之情，"凭栏处"当是该事件发生之地，"潇潇雨歇"当是该事件发生之时的自然条件。

"凭栏处"正表明《满江红》背景的具体处所。它在哪里？在小商桥。其所"凭"之"栏"正是小商桥上的石栏杆。小商桥位于临颍、郾城交界处的老颍河上，该桥为古石拱桥，始建于隋开皇四年（584年）。

小商桥是中原地区古代南北官道要冲。该地曾为古战场。南宋岳飞军在"郾城之战"一败金兀术之后，杨再兴将军追杀金兀术至此，因急于生擒兀术，在桥东200米处跃马过河，不幸马陷淤泥，不能脱身，被金兵乱箭射死，壮烈殉国。

在“郾城大战”中，地处南北交通要道的小商桥，成了宋、金争夺的焦点。岳家军要攻它，以便大举北进，渡过黄河沿着官道长驱而北，“踏破贺兰山缺”，直取燕京，进而杀向黄龙府、五国城；金军要夺取它，进军郾城，摧毁南宋的柱石岳家军司令部，然后渡江，攻下杭州，灭亡南宋。岳飞深深意识到这点，选派得力干将杨再兴据守此桥。金兀术也深深意识到这点，亲统12万大军，决心夺取此桥。双方军事力量是1：4000，这是古今战争史上罕见的以寡敌众之战，战斗的激烈程度是可想而知的，岳家军300将士的英雄气概也是可想而知的。岳飞为在这场战斗中做出了重大牺牲的岳家兵和壮烈殉国的将领杨再兴悲痛万分，对金人的旧仇新恨转化成“怒发冲冠”的冲天怒火，就是十分自然的了。

这就清楚地说明《满江红》中的具体事件，便是“郾城大战”中的小商桥战斗；具体时间便是绍兴十年七月十四日，这天天降大雨；具体地点便是小商桥。岳飞来到商桥战场时，“潇潇雨歇”，他凭着小商桥的桥栏，触景生情，想到过去，展望未来，无限愤慨，无比激动。光耀千秋的《满江红·怒发冲冠》正是这样的时间、地点和条件下的产物。

《满江红》词填写于何时何地

《满江红·怒发冲冠》这首不朽之作填写的时间当为绍兴十年七月十四日夜晚，地点在今河南郾城。理由如下：绍兴十年七月十三日进行了商桥战斗。金兀术直到夜晚遁去。这时，岳飞料理杨再兴的丧事，同时估计到狡猾的金兀术不会甘心失败，必然偷袭颍昌，便命岳云、姚政火速支援王贵。果然不出所料，金兀术又被击败。次日夜，敌人向汴京遁逃，岳飞命令跟踪追击。十四日，岳飞回到郾城正是深夜，他想到连日激战，岳家军以寡胜众，确实打出了风格；杨再兴壮烈殉国，确实可歌可泣。此时激愤难抑，无比壮烈的《满江红·怒发冲冠》正是诞生于此时此地。

不难想象，岳飞想到杨再兴等为国捐躯的情景，怒火满胸，使他写出了为首三句：看到胜利在握的大好形势，他又信心十足、心情激荡，这便是后边的三句；接着他回忆自己30余岁沙场争战之苦，又顾念要取得彻底胜利就得从杭州打到燕京、黄龙府、五国城，计其行程足有8000里之遥，这意味着仍得一番艰苦的戎马生涯。因而，自我勉励千万不可虚掷岁月，以免有“少壮不努力，老大徒伤悲”之叹。想那“靖康”之耻未雪，“臣子”之恨未报。这时，正好乘胜前进，麾师渡河，沿着南北官道，长驱而进，踏破河北磁州的贺兰山缺，食敌人肉、饮敌人血，直到彻底胜利。到那时，到朝上去报捷，再重整大宋河山。这就是《满江红·怒发冲冠》的全部寓意，也是收复大宋河山的战略思想。

尽早收复大宋河山的决心鼓舞着岳飞。回到郾城后，次日天明，他便拔寨而起，进军朱仙镇。这里距汴京只有45华里。岳飞会合先头部队，兀术复聚兵10万，两军对垒而阵，岳飞遣骁将以背嵬五百奋击。金军又大败，兀术逃回汴京。

这时，两河忠义闻岳家军将渡黄河，奔走相告。兀术自知汴京难守，欲弃城而去。岳家军所向披靡，行将渡河而北。正当此时，投降派的秦桧一伙竟弃淮北与金议和，发诏要岳飞班师。

岳飞接到班师诏书之后，急上《乞止班师》疏。岳飞自郾城班师时为七月二十一日癸亥，《宋史·岳飞传》和《许昌县志》《郾城县志》《临颍县志》皆云，在班师前“飞留军五日以待民徙”。可知，接到班师诏书，当在七月十六日戊午。

秦桧知岳飞志锐不可回，乃先召杨沂中、刘锜等还屯。而后上章：“飞孤军不可久留，请命班师。”岳飞一日奉十二金字牌，情知事难挽回，愤惋泣下，东南再拜曰：“十年之力，废于一旦！”只得收军。为防敌兵追赶，扬言翌日渡河。兀术恐京城之民内应，弃而北遁百里。岳家军悄然回郾城，而后引军南归。

上述情况告诉我们，《满江红·怒发冲冠》词，只能诞生于小商桥战斗之后。小商桥之战发生于七月十三日，直至夜晚兀术遁去后，又焚化杨再兴尸体，公祭安葬，刻石立碑。接着十四日又有颍昌之战。直到下午才结束战斗，后又部署岳家军前锋进军汴京。这些事情的处理即使以最快的速度，也需要一天的时间，也就是说，岳飞只能在十四日下午颍昌战斗结束后于天黑时返回郾城。这时，他心情无比振奋。十五日，岳飞进军朱仙镇，接着又是激战，哪里来的时间？十六日，班师诏书已到，眼见得前功尽弃，必胜的信念、振奋的心情受到无情打击，他心乱如麻，哪里还谱写如此壮烈的辞章？因此，可以推定:《满江红·怒发冲冠》词的题写时间，应当在绍兴十年（1140 年）七月十四之夜，题写地点应当是郾城。

岳飞这首激动人心的《满江红·怒发冲冠》词，正是诞生在激烈的宋金“郾城大战”之后，是岳飞武功鼎盛之时，也是岳家军战绩最辉煌之地。同样，这首《满江红·怒发冲冠》在岳飞所有诗词中也达到了光辉的顶点。它是岳飞满怀凛凛正气，以碧血丹心谱成的。因而，能与日月争辉，与天地共久，使人千载后读之，仍被其撼动爱国心弦！

选自 2004 年《漯河文史资料》第十二辑

“黄泉”会母　其乐融融

蒋向军[①]

这是春秋时期发生在临颍的一个历史故事。

郑国国君郑武公有两个儿子，大儿子叫庄公，二儿子叫叔段。庄公是“牾生”子，母亲姜氏不喜欢他，而偏爱叔段，并多次请求郑武公将叔段立为太子，但都没有得到应允，最后还是大儿子庄公继承了王位。

庄公继位以后，母亲请求他将弟弟叔段封到制地（今河南汜水）居住。庄公认为那里是个地势险要的地方，没有答应。母亲又请求把叔段封到京地（今河南荥阳）。庄公说：“可以。”

叔段到京地以后，大修城池。当时先王的制度是：大的封国都城不超过三百立方丈，中等封国只能是它的五分之一，小的封国只能是它的九分之一。叔段是个小国，而都城竟超过三百立方丈。郑国大夫祭仲对庄公说：“叔段的都城超过大国，那将是郑国的一大危害，我们不能容忍他这样做。”庄公说：“母亲让他那样，我有什么办法！”祭仲说：“姜氏的贪欲是无止境的，不如及早把她处置个地方，免得她的贪欲蔓延下去。”庄公说：“多行不义必自毙。你就等着瞧吧！”

叔段到京地不久，又将郑国的西部和北部边境一带地方据为己有。郑国大夫子封得知后，气愤地对庄公说：“这件事您准备如何对待？如果您想把那些地方让给叔段，那我就去为他效劳；如果不想让给他，那我就请求及早除掉他！”庄公说：“对国家不忠，对兄长不亲，迟早会自己崩溃的！”

叔段在京地不但大修城池，而且扩大领土，后来又干脆招兵买马、

① 蒋向军，1982 年 2 月出生，河南临颍人，本科学历。2004 年 8 月参加工作，历任漯河市政协学习文史委办公室主任、农业和农村委副主任。

制造兵器，准备攻打郑国。姜氏也准备届时打开城门，作为内应。郑庄公得知他们的行动日期后，立即命令大夫子封率领二百辆兵车讨伐京城，京城百姓也群起响应。叔段自觉势单力薄，于是就逃亡到共国（今河南辉县）去了。

庄公回到郑国都城后，很快将母亲姜氏流放到城颍（今临颍县城西北固厢，当时属郑国南鄙），并发誓说："不及黄泉，无相见也。"但事后不久，庄公就后悔了。

一天，郑国大夫颍考叔知道了这件事，去见庄公。庄公请他吃饭。吃饭的时候，颍考叔总是把肉食放在一边不吃。庄公不解，问他为什么这样做。他说："小人的母亲只吃过小人给她弄的饭，没吃过国君给的饭，想把这些肉食带回去，让母亲尝尝。"庄公听了面有惭色地说："你有这个思想，难道我就没有吗？"颍考叔故意问他什么意思。庄公把事件的经过原原本本地说了一遍，并说明自己早已后悔了，只是当时说过的话让他为难。颍考叔说："那有什么为难的？挖个隧道，在那里和母亲会面，谁能说那不是'黄泉'相见呢？"

于是，郑庄公来到城颍，每天挖土不止。几天后，一座宽宽绰绰的地下隧道筑成了。庄公在这里会见母亲，高兴地赋诗曰："大隧之中，其乐也融融！"母亲走出隧道，也高兴地赋诗曰："大隧之外，其乐也洩洩！"

从此，母子团聚，和好如初。

后有君子评论说："颍考叔，纯孝也，爱其母，施及庄公。诗云：'孝子不匮，永锡尔类。'其是之谓乎！"

选自2007年《漯河文史资料》第十五辑

岳飞大战金兀术于郾城

邢富功

伟大的民族英雄岳飞，字鹏举，河南省汤阴县人，生于宋徽宗崇宁二年（1103 年）。当时我国正处于历史上兵荒马乱时期，北宋末年，岳飞投戎于抗金名将张所、王彦领导的义军。“靖康之变”后，岳飞在宗泽部下，先后任秉义郎、武经郎（小官职）。1126 年春，金兵进犯中原，掳去徽、钦二帝，在宋军抵抗金兵的入侵中，岳飞机智英勇，初战立功，引起军中要人的注意。1127 年，岳飞年仅 24 岁，亲率七千人马北渡黄河，深入敌后，转战太行，打乱了金兵南侵的部署，收复了大片失地。

宋高宗建炎二年（1128 年），金兀术带其长子乌鸦，集结十万重兵进犯东京（开封），逼近中原。岳飞奉诏南渡黄河回师东京，在留守杜充部下任统制官。金太子乌鸦在郾城北小商河一带侵扰，岳飞奉令来郾城追杀乌鸦，追到距县城东 20 里青龙镇（现黑龙潭）附近，与金太子乌鸦相遇，经过几个回合，金太子渐渐不力，最终战死在小商河和沙河之间的李集东吕庄郊野。因金乌鸦葬于该庄头，故将该村改名为“太子墓吕”（现仍称吕庄）。金兵损了主将，不敢再战，向北溃逃。1132 年，岳飞升为神武副军都统制。1133 年 9 月，岳飞奉诏书去临安（南宋的国都，今杭州），参见南宋的第一位皇帝宋高宗赵构。宋高宗赐岳飞“精忠岳飞”锦旗，其部改为“神武后军”，是年 12 月诏书李横、牛皋等部归属岳飞指挥。1135 年 12 月，南宋改“神武军”为“行营护军”。岳飞部为“后行营护军”，张俊为“中行营护军”，韩世忠为“前行营护军”，刘光世为“左行营护军”，吴瑜为“右行营护军”。由于岳飞壮怀激昂，英勇善战，全身虎胆，亲经大小战200余次，渐由一农家子弟成长为南宋抗金派的代表人物和我国古代杰出的抗金名将、民族英雄。岳飞抗金“郾城之战”，是威震中外的著名战役，也是岳家军受挫的重大转折、岳飞蒙冤的开始。

岳飞治军严明，其亲舅父姚某，在岳部当一名小官，依仗岳飞的权势，胡作非为。有一次讨伐李成时，途经徽州，百姓控告姚某有骚扰。岳飞当着母亲之面批评舅舅。姚某非但不听，反而怀恨在心，竟向岳飞施放冷箭，于是岳飞按律将其斩首。杨再兴原是湖北异军曹成的部下，勇猛善战，在一次与岳家军的对战中，砍死了岳飞前路军第五正将韩顺夫，后又杀死岳飞的堂弟岳翻，在岳家军追杀激战中，杨再兴掉入深涧，身陷绝境，但仍不服，大喊：“愿就缚见岳飞。”岳飞不计前仇，“以礼相待”，加以重用，提为统制官。杨再兴知恩受感，忠心耿耿地随岳飞征战，直到“郾城之战”马踏泥河，中箭而死。

南宋绍兴十年（1140年），岳飞奉旨由襄阳率军北上，由于治军严明，一路上与徐庆、牛皋等将领合力连克邓、唐、陈、蔡、随五州，又收复颍昌等地。岳飞率军到郾城之后，以郾城为中心横跨东西，集中精兵强将，选定有利地势，即郾城县城南二里夹河里（北有沙河、南有澧河，东有环抱的澧河和汾河），在张村、吕庄之间扎下军营。故在此留下许多遗址，如挂刀营、指挥寨、马夫张等。在郾城附近经过数次交战之后，岳家军士气高昂，越战越猛，连传捷报。金兵处处损兵折将，士气低落，但两军胜败各有谋算，小商桥对垒决战已经形成。岳飞差派名将杨再兴、王兰等将领率三百骑前阵迎敌，金兀术集结十二万重兵固守，一场血战很快开始了。杨再兴连杀金将雪里花南等四个太子，金兵顿时大乱，自相践踏，死伤惨重。其残部向西北溃逃，杨再兴、王兰二将追杀不舍。由于二将杀敌心切，征战中不慎马陷泥河（即小商河），两岸金兵借此夹击，二将皆中箭殉国。岳飞闻讯带子岳云，亲率众将张宪、牛皋、严成方、何元庆、余化龙、罗延庆、王尚志等，兵分六路，带领雄师三万余人，自郾城挂刀营飞马前往迎敌，“途经五里庙（五里岗），首战杀了金将阿李朵孛堇，又于王店村北杀敌无数，获军马二百匹”（见《金陀粹编》卷十六）。金兀术连吃败仗，兵力收缩于小商桥、临颍。南宋韩世忠元帅得知岳飞元帅在小商桥与金兵大战，速从湖州赶来，数次与金兀术对战拼杀，最终破了金兀术的“五方阵”，金兵死尸遍野。金兵大败向北溃逃，岳家军与各路援兵合力，乘胜追击，收复大片失地。当追杀到朱仙镇时，岳飞一马当先，杀出了军威。因此，岳飞阵前受封，钦差开读：“皇帝敕赐岳飞上方剑一口，札符数百道，有罪者先斩后奏，有功者任凭授职。”遂引起了当朝奸相秦桧的忌恨。南宋绍兴十一年（1141 年）四月，秦桧谗言上奏君宋高宗。高宗连下十二道金牌诏书，强令岳飞撤兵，飞以累奉诏班师，兵退武昌，紧接着又将岳飞诏之临安（南宋国都，今杭州），被解除其兵权。秦桧暗示王浚进一步诬告岳飞“谋反”，八月，高宗降旨判定岳飞“阻挠国事罪”。绍兴十二年（1142 年 1 月 27 日），岳飞、岳云、张宪等在杭州被赵构、秦桧冤杀，并抄家、灭族。时年岳飞 39 岁，岳云 23 岁。

据《宋史》记载：“何铸，浙江余杭人，字伯寿，政和进士，绍兴中，累官监察御史、御史承，初秉秦桧夙旨，弹劾异己赵鼎、李光等人。绍兴十一年（1141 年）审讯岳飞，察其冤，劝桧勿无故杀一大将，忤桧意，桧劾其私于岳飞，责授秘书少监徽州居住，后奉祠卒。”

宋高宗赵构于1162 年 6 月禅位于宋孝宗（赵昚）。孝宗隆兴元年（1163 年 7 月），降旨为岳飞的冤案昭雪，恢复岳飞受害前的原官职，即任少保、武胜定国军节度使、充湖北京西路宣抚使、兼河南北诸路招讨使、兼营田大使、武昌郡开国公等，并追封为武穆、鄂王，改谥忠武，清退抄家时没收的全部财产仅九千缗。由此证明：岳飞既是一位精良忠臣、民族英雄，又是一位清正廉洁的将帅，一位文学家，留下诗词 30 首，其中《满江红》最为有名，被后人称为“千古绝唱”。

岳飞在郾城大战金兀术尚存遗址

指挥寨

南宋绍兴十年（1140 年），岳飞奉旨由襄阳北上抗金，经过一路冲杀，到郾城。为了精确指挥作战，选定距县城四华里，沙、澧二河以南，汾河以东的一个较大村庄扎营。此处有围村土城墙，军中的文官武将集中于此议事，指挥作战，定名为“指挥寨”，村名也由此改为指挥寨村。

挂刀营

岳家军进至郾城的另一个安营处，在沙河以南，澧河以北、以西，三面环河，地势有利，距县城二里的东张村、西吕庄二村之间。吕庄十字街口有一棵七人合抱的大杨树。岳家军为了“严明军纪”，将军营中的一把佩剑高悬在大杨树伸向西南的树枝上，以示“违犯军令者斩首”的戒律。当地人民为了纪念岳家军爱国爱民的功德，将二村合为一庄，改庄名为“挂刀营”。传说悬挂岳家军佩刀的大杨树被伐掉，留下一个场面大的树坑还依稀可辨。原河南省委书记杨析综于 1986 年视察郾城时，还特意问到那棵大杨树。

马夫张

马夫张村是距指挥寨北一华里、澧河以南、距挂刀营二华里的一个小村庄，是岳家军停放军马车辆的地方，管理场地的那个头目姓张，后人为了纪念岳家军抗击金兵，便以此姓改村名为马夫张村。

太子墓吕

宋高宗建炎二年（1128 年），金兀术的大太子乌鸦在郾城以北小溵水（颍河一个支流，时称小商河）一带骚扰。当时驻守东京（开封）的岳飞奉旨追杀乌鸦，因岳家军气势浩大，乌鸦闻讯惊恐万状，急忙从小溵水北岸南渡，岳飞率将士紧追至青龙镇（现黑龙潭村）附近将其杀死，后葬于距青龙镇北八里的吕氏屯，吕氏屯村也由此改名为“太子墓吕”。

岳士王

岳士王村位于郾城县东20里，沙河南岸，青龙镇（现黑龙潭）西南八里处。宋高宗建炎二年（1128），岳飞奉命追杀乌鸦，在此发生了激战，当地百姓为纪念岳家军将士，把当时激战和安葬邻近的一屯定为“岳士亡”。据传因“亡”字不吉祥，谐音为“岳士王”。现在村内仍存有一条沟，宽三米、深五米、长三里，简名“亡沟”。随着村名变更，改名为“王沟”。1981年，在该村发现了许多重要遗物，计马镫一对，宝剑一把，铜币20余种、500多枚，有“元斗通宝”“元祐通宝”“天祐通宝”“景祐元宝”“咸平元宝”“政和通宝”等，证明“岳士亡”是当年宋、金交战的主要战场之一。

乾勒桥

岳飞亲率岳家军自挂刀营出发迎敌，行至小商河畔时，众百姓正为岳家军修桥补路，见是岳元帅出征迎敌，急忙上前拦马，请岳元帅为桥命名。因军情紧急，不容细说，岳飞停骖勒马，答曰：就叫乾勒桥。桥旁的一个村庄也因此改为“乾勒桥村”。

小商桥

岳飞率将士急速赶到小商河（乾勒桥向北四里余）为杨再兴致哀祭祀，焚其尸，“得箭镞二升”（见杨再兴祠碑），骨灰和遗物安葬于小商桥河北200米处。岳飞令岳云从小商桥上取回一块青石，作为杨再兴大将的墓碑，并用杨再兴生前使用的长矛兵器划刻“杨再兴坟墓”五个闪光的大字，立于墓前。字迹至今清晰可见。小商桥依小商河而建，因碧水交汇，地灵人杰，是驰名中外、也是人们敬仰的一块圣地，此处的文物已被《河南古今地方词典》收为专条。

忠武祠与忠义街

小商桥之战，又称“郾城之战”，溃金兵八千，金兀术军大乱，连夜北撤。岳家军乘胜追击，直赶到朱仙镇，正要渡黄河“直抵黄龙府（金兵大本营）与诸将痛饮”之际，连接到宋高宗赵构勒令退兵的十二道金牌，岳飞忍痛班师。回师路上众百姓拦马跪拜，哭声震野。岳家军为保护户民南迁，仍留兵五日，真可谓“十年之功，废于一旦”。后得知秦桧以“莫须有”罪名上奏昏君赵构，岳飞、岳云父子被杀害。

明嘉靖三十四年（1555），郾城人民为了纪念民族英雄岳飞及名将杨再兴等抗金将士，捐资在郾城县城西北隅建造一座庙宇式“忠武祠”（民间又称岳父子庙），分前后大殿、东西厢房，大殿内有岳飞、岳云、张宪、牛皋、杨再兴、王兰的大型塑像，大殿门外又有奸相秦桧及其妻王氏帮凶王浚、万俟卨请罪的石胎跪像；大门前通向“忠武祠”的火驹巷也由此改名为“忠义街”。

选自 2003 年《漯河文史资料》第十一辑

郾城古战场赞“三贤”

宋宗祧

我们一行来到漯河市郾城区。城区高楼林立，城郊麦浪翻滚。几乎没有谁会想到，如此美好的地方，800多年前曾是一个血流遍地的古战场。

北宋靖康二年（1127年）四月，金兵攻入东京（今河南开封），掳走徽、钦二帝，北宋灭亡。其后，宋高宗赵构在杭州建立了一个偏安政权，史称南宋。

高宗绍兴九年（1139年）正月，宋、金双方在绍兴达成和议，南宋向金国纳贡称臣。孰料不久，金国右副元帅兀术、领三省事斡本等在本国发动政变，而后撕毁和议，再次发动了对南宋的侵略战争。金朝出兵不到一个月，就占领了根据和议归还给南宋的河南之地，继而威胁淮河以南。于是便有了史称“郾城大捷”的岳飞与金兀术的殊死较量。

对于那场战争，也许谁都能忘记，但我脚下的土地不会忘记。

这是一场给侵略者一记当头痛击的正义之战。我对着麦田深深地三鞠躬，吊祭在那场战争中为了保家卫国而英勇牺牲的所有将士，并给予崇高的礼赞。

我首先要礼赞的是宋军统帅岳飞。

岳飞是南宋主战派的代表。历史上，凡是受到侵略的一方总会分化成主战派和主和派。对他们的看法，我个人观点有点绝对，就是无条件支持主战派。在我看来，所谓主和派，那是面子上的话，其实质就是投降派。我曾经看到有人对北宋与辽国签订的《澶渊之盟》啧啧称赞，叫什么“金钱买和平”。呵呵，金钱能买和平？就拿这次战争来说，绍兴协议刚签订一年多，南宋臣也称了，钱也送了，但又怎么样？金国还不是连借口都不找一个，就直接打过来了？可见用“金钱买和平”不过是一厢情愿，自欺欺人。

绍兴十年五月下旬，宋将刘锜在顺昌府（治所在今安徽省阜阳市）与金兵开战。六月初，宋高宗急命驻扎在鄂州（今属湖北）的岳飞“多差精锐人马，火急前去救援”“不得顷刻住滞”。但是高宗又担心岳飞会乘机北伐，便特别以“重兵持守，轻兵择利”诫之，规定光州（今河南潢川）和蔡州（今河南汝南）为岳飞进军的极限。

岳飞接旨后立即出兵北上。大军刚到德安府（治所在今湖北安陆），司农少卿李若虚快马前来传达宋高宗密旨：“兵不可轻动，宜且班师！”一心精忠报国的岳飞对高宗朝三暮四、出尔反尔的态度十分气愤，断然不从，并向“钦差大臣”李若虚吹胡子瞪眼睛。岳飞认为北伐的计划已经延搁三年，机不可失，时不再来，岂能一再延宕。岳飞话音一落，李若虚立即响应，赞同岳飞北上，才有了郾城大捷和其后一连串的胜利。

岳飞可赞处甚多，但我最赞他的“一根筋”。难道你不清楚打仗就是玩命，干吗非要北上不可？好像你长了多少个脑袋似的。

两宋之所以都被外族所灭，就是因为像岳飞这样“一根筋”的人太少。

接下来我要礼赞的是这位主动承担“矫诏之罪”的李若虚。

李若虚这次到岳飞军中传旨本来就是违心地执行皇命，再加上岳飞的断然拒绝，基于大义，他毅然说：“事既尔，势不可还。矫诏之罪，若虚当任之。”不但毫不犹豫地承担起“矫诏”的责任，而且回朝为岳飞力争。七月，李若虚返回“行在”临安，报告朝廷：“敌人不日授首矣，而所忧者他将不相为援。”当时由于岳飞进军战果辉煌，赵构就隐忍了，未对李追究责任。

其实，李若虚对岳飞还另有恩情。绍兴七年，赵构对允诺“将淮西诸军交岳飞统辖，遂行北伐计划”的事反悔食言，加之宰相张浚在分配军权上有私心，与岳飞发生言语冲突，导致岳飞愤而辞职。虽然朝廷不准，但岳飞径归庐山，在母亲墓前结庐，坚持不出。赵构只得命时为岳飞部属的李若虚、王贵代表朝廷前往庐山礼请岳飞回京，并撂下狠话说，若岳飞再拒绝，将连李、王一并军法处置。李若虚等至庐山东林寺转达朝廷之意，但岳飞牛脾气大发，坚持不肯回京。李若虚虽是岳飞部属，但年长岳飞数岁，便厉色道："相公你想造反吗？你不就是一个河北的农夫！如今你受天子委任，有了兵权，你就以为能够与朝廷抗衡了吗？你如果坚决不回去，连累得我等受刑而死，我们可都没有对不起你呀！"双方一连僵持了六天，岳飞才怨气平复，随着李若虚回了临安，一场危机终于化解。后来，岳飞被秦桧害死，李若虚也被贬谪，死于贬所。

岳飞辞职风波是影响岳飞与朝廷关系的重要事件。当时就有张浚上书弹劾岳飞"要君"，秦桧也在背后煽风点火。事后赵构虽表面上表示了宽容，但私下难免怏怏不快，这就为岳飞日后风波亭被害埋下祸根。但聊以自慰的是，这件事终究在李若虚六天的密集思想强攻下和平解决，为岳飞为国家建功立业争取了宝贵的时间。

最后，我要礼赞的是惨烈牺牲的岳飞裨将杨再兴。

绍兴十年七月初八日，岳飞长子岳云首先率领骑兵精锐出城迎击金兀术，双方展开了激烈的鏖战。几十回合过后，金国的十余万后续军队也陆续开进战场。此时，杨再兴单骑冲入敌阵，扬言要活捉金兀术，使出一身神力，杀金军将士近百人，他自己也身中数十枪，然奇迹生还。

郾城大捷后的七月十三日，杨再兴等300骑为前哨巡逻到小商桥，猝然与金军主力数万人遭遇。金军对他们实施包抄围掩。尽管众寡悬殊，杨再兴等却毫无惧色，殊死拼斗。由于杨再兴擒兀术心切，跃马欲过小商河时，坐骑陷淤泥中不能自拔，被金兵乱箭射死。此战，宋军300将士全部为国捐躯，而金军被杀的有2000多人。宋军将杨再兴尸体焚化以后，竟得箭镞两升。岳飞把杨再兴骨灰葬于河北岸，哭祭并亲树墓碑于坟前。杨再兴等将士的英勇牺牲，更加坚定了岳飞抗金收复失地的决心。时天下大雨，岳飞悲愤交集，于小商桥上吟《满江红·怒发冲冠》词，全军将士无不慷慨激昂。杨再兴之死可谓死得其所，比泰山还重。

什么叫英雄？摧锋于正锐，挽澜于极危是也。岳飞、李若虚、杨再兴三贤当之无愧。

选自 2016 年《漯河文史资料》第二十三辑

风情物产

沙河船工过春节的风俗习惯

石金江[①]

沙河是淮河一支较大的支流，起源于河南许昌地区鲁山县伏牛山木达岭，流经河南中部许昌、周口两个地区。据船工们讲："长淮八百三十里，七十二道归正阳。"就是讲沙河在正阳县[②]末口入淮河。多少年来，沙河一直是河南对外物资交流的重要内河航运通道。河南、安徽、江苏大批船工聚集在漯河，使漯河成为当时比较繁华的水陆码头。现在漯河仍有沙河航运管理处，职工 1000 多人。由于沿岸水利设施很多，特别是周口大闸建成后，已不行船，大批船工已改行做其他工作。1981 年 8 月，我们在收集沙河船工号子的同时，对船工们以前过春节的风俗习惯做了访问搜集，现简单介绍一下。

帮　船

一般在腊月二十左右，沙河船工们为了过好春节，大部分都停船驻下，找一个比较宽阔的河面，相互联系，邀请一些有交情的船工，一般都是七八家，最多十来家在一起，把船一字排开，互相连在一起，呈现出长几十丈、宽七八丈的宽阔场面。

① 石金江，漯河人，1952 年出生。1968 年毕业于河南省戏剧学校，曾任漯河市豫剧团党支部副书记。

② "七十二道归正阳"之正阳指今安徽省淮南市寿县的正阳关镇，是淮河、颍河、淠河三水交汇之处，三水上游有 70 多条支流汇聚于此，故有此流。历史上淮河中游重要的货物集散地，明成化年间官府在此设立收钞大关，正阳关因此得名。

搭财神棚子

船连在一块后，首先要搭“财神棚子”，用一些篙、席等物，把绑在一起的船头围起来，要搭得上不见天、四周不见透亮。然后再在大桅顶上打上“大王旗”，中间扎上红绸子。船工们管扎红绸子叫“大王红”。扎“大王红”应扎出3只耳朵来。因船工们信奉的王都是“大王爷”。据船工们讲，是一种7寸长、像蛇一样的动物（实际都是水蛇）。普通蛇的头是扁头，而“大王爷”是方头，头上有7颗星。船工们无论是行船、驻船，如若在水中碰见蛇，都要停船。然后，用船上的大托盘，在水中洗一下，以水为净。而后面对蛇恭恭敬敬地讲道：“你若是‘大王爷’，你就上盘来。”如蛇上了盘，就盘成字形，船工们再用小托盘放在大托盘上，用香一拨，“大王爷”就上了小托盘。再用马灯罩罩住，放在船头，用船上的大锣猛敲。大锣在船上也称“大王锣”。然后摆“大香”（大香，是从外边进来的香，比一般香粗得多、长得多）、黄裱、香、蜡、纸炮，对着“大王爷”磕头烧香。在船头烧香敬“大王爷”也是有讲究的。因为船头是船工们敬神的地方，所以女人不准上船头，男人不准在船头大小便。在船上敬完“大王爷”后，再送到岸上“大王庙”里敬。“大王庙”一般沿河的大地方都有，这些庙都是船工们出钱在岸上修的。出钱是自愿的，看每条船上的情况如何，条件好就多出，条件差就少出。“大王庙”里修的神都是人形，有盔有甲，像个武将。庙内有和尚专门管接“大王爷”进庙。船工们送来“大王爷”后，和尚们就用一个四方的“大王盒”把蛇装起来，要盖得四周严丝合缝。“大王爷”一般在干旱和洪涝时才出现。这时船工们就要出钱搭戏台，请剧团唱戏，求“大王爷”显灵。在开戏之前，戏单子要放在“大王爷”面前，让它点戏，戏单子一张张地掀。若掀到哪一出戏上，“大王爷”头一动，即唱哪出，如若不动就再重掀。也有不点的时候，那就是“大王爷”不想听戏，这时可随便唱。

扎松把子

财神棚子搭成后，还要用柏树枝、芝麻秆、黄表纸这3种东西捆在一根棍子的两头和中间。这就是船工们讲的“扎松把子”。“松把子”扎成后，绑到大桅的当中腰。以上这些活动，必须在腊月二十九前完成。

挂　红

“挂红”就是在年三十的五更头上，把一只公鸡杀死，由船工拿着鸡，让鸡血围绕船的周围滴一圈，为“挂红”。“挂红”一般都由有经验的老船工进行。把鸡脖子上杀个口子，用手捂住刀口，让鸡血顺着鸡嘴往外流，这样血流得集中，流得慢，才能绕船一周。如若不捂住刀口，鸡血就很快流完，转不了船体一周，就达不到“挂红”的目的。

接　年

“挂红”完后，天色已亮，这时就要准备“接年”。用鲤鱼、鸡子、猪头为刀头三身①，三杯清茶、三盘果子为供品，放在船头，然后烧香磕头，敬“大王爷”。据船工们讲，“神三鬼四”，所以敬神都要用三取吉利。烧香磕头完毕，把清茶倒入河中，算是敬“大王爷”，把刀头三身举到船的大舱内敬财神爷。吃过早饭后贴对联，对联一般都是些恭喜发财、生意兴隆之类的吉利话。到中午还要烧素香、敬清茶，一敬“大王爷”，二敬“财神爷”，就算把年接来了，在大年三十这一天，无论干什么都要说“元宝”。如吸烟叫吸“元宝烟”，喝茶为喝“元宝茶”，吃果子为“串元宝”等。

① 传说海外有国，国人一首三身。另，佛教通常指法身、报身和化身（或应身），乃成佛所证之果。或作“三牲”。

辞岁熬年

大年三十晚上一到，船工们每家的小辈都要给长辈磕头辞岁，请安。凡小孩辞岁磕头，长辈都要给压岁钱。然后男女老少围在一起娱乐玩耍。娱乐以演唱“呀呀号”为主。“呀呀号”由一人领唱，众人接“呀哟依呀哟……”“呀呀号”一般都是即兴演唱，也有老辈流传下来的“呀呀号”，如“家有千顷共百牛，不如俺船工在外头，不种麦子吃白面，不种棉花穿丝绸，不种菜园有菜吃，不种芝麻喝香油”。还有“一位小姐真可夸”“唐寅画画画得好”“挑起小挑游四方”等，一直玩到深夜，这时各条船上都要再开一桌整席，全家老少围坐在一起，算是吃“消夜”。

洁净船

宵夜吃过后，就开始“洁净船”。“洁净船”是船工为取吉利进行的一种活动。意为驱走往年霉气，明年行船如意。洁净船时，把一铜盆放在一块木板上，盆中央放一块燃烧通红的栗炭，即栗子树烧成的炭，然后一手拿酒壶，一手托铜盆，口中念道：“小小酒壶圆溜溜，今日到了我的手，落到我手敬龙舟。”念完用酒壶往盆中倒酒：“一点金，二点银，三点点个聚宝盆。”然后从船的前杆去，从后杆回来。因年三十干什么都称为“元宝”，所以又唱：“元宝动身，斗发万金；元宝捧起来，恭喜大发财；元宝捧得高又高，过年又排 7 个榔头、8 个大压梢；元宝朝后走，金子、银子落几斗；元宝到赶堂（船上一个舱的名字），子子孙孙坐满堂；元宝盆、怀中抱，五路财神都来到；元宝盆，真奇怪，里头还有一窝小金鸡；小金鸡，会打鸣，里头有个小银人；小银人，真怪好，怀中抱了三件宝，避风珠，风调雨顺，避水珠，顺水行舟，避火珠，火炼仙丹；元宝到了后船头，辈辈出王侯；元宝落地，一本万利；元宝进仓，置田置庄哟……”

升　旗

升旗是年三十船工们的一种习惯。为取吉利，要在船的多个部位都升上一杆旗。升旗必须边升旗边念号子，一人领念，众人接“好”，以取吉利。念白节奏自由，情绪轻快欢乐。最后一句念完，大家随之跺脚并放炮、击锣。升旗号子我们收集到了几种不同的词，这里介绍几种。

（一）升旗号子

一龙旗，二凤旗，三园结义旗，四事如意旗，五子登科旗，六六大顺旗，七星北斗旗，八卦文王旗，九子莲灯旗，十全富贵旗。这些旗，不算旗，鸣锣一响另换旗。（下边用“呀呀号”唱）

一根旗，百鸟朝凤，唐初的英雄数秦琼；二根旗，双凤朝阳，伍子胥过昭关力保皇娘；三根旗，福禄寿三星辰，薛仁贵跨海去东征；四根旗，世事如意，黄鹤楼三气周瑜；五根旗，五子登科，赵云大战长坂坡；六根旗，六六大顺，孙膑大破五神阵；七根旗，七星传百斗[①]，杨六郎把守三关口；八根旗，金丝六挂[②]，斩将封神姜子牙；九根旗，九子莲灯，杨府有个杨排风；十根旗，十全富贵哟……

（二）升旗号子

一根旗，正月正，唐僧西天去取经，唐僧西天回来路，唐王驾前立大功。二根旗，龙抬头，天子耕地乘赶牛，郑国老母来送饭，五谷丰登太平收。三根旗，三月三，青蛇白蛇爱许仙，只因法海作了对，到后来大水漫金山。四根旗，四月八，马岱西凉转回家，马岱西凉回家转，回到家里抱娃娃。五根旗，五月端阳，刘备招亲过长江，刘备到了五十上，梳洗打扮装新郎。六根旗，热难熬，关公勒马上灞桥，三请三让上

---

① 或作北斗。

② 或作八挂。

了马，刀尖挑甲沾红袍。七根旗，七月七，天上牛郎会织女，青河桥[①]前把剑[②]比，本事不过养由基[③]。八根旗，是仲秋，孙膑下山骑青牛，孙膑手执沉香拐，他与庞涓结下仇。九根旗，天气寒，姜子牙钓鱼在舟船，三尺杆六尺线，一钓周朝八百年。十根旗，各样鲜，曹孟德独霸在中原，河北省里造了反，吕布占了虎牢关哟……

（三）升旗歌

船板插的恨步旗，跳板上插的行步旗，船头一根旗，明明叫摆头旗，头桅一根旗，挂印封侯旗，将军柱上一根旗，得力将军旗，盘关一根旗，天官赐福旗，大劈水上一根旗，跨个将军旗，大桅上一根旗，名叫“大王旗”，二头板上一根旗，龙兄龙弟下象棋（船工自称龙兄龙弟），后艄上一根旗，名叫顺风旗，橹上一根旗，二龙分水旗，架腿子上一棍旗，顶风玉柱旗，大仓一根旗，带子上朝旗，倒座子上一根旗，子子孙孙旗，灶上一根旗（灶，即船上厨房），名为珍酒美味旗，舵杆[④]上一根旗，乌龙[⑤]摆尾旗，后艄窝上一根旗，名为座头旗哟……

活　船

升旗仪式结束，还要进行最后一项活动——“活船”。“活船”又叫活锚，活锚一是怕河涨水，船停久了，淤住铁锚；二是春节期间活动活动锚，以利明年行船。“活船”时唱“活船”号子：“左金花，右银花，小小锚链真可夸，金锚头，银翠花，老君炉里是它家，今日到了咱的手，龙兄龙弟把它拉，链子一响，黄金万两，链子一拉，恭喜大发。”活完船后，有些船工还继续娱乐，演唱“凤凰三点头”等一些大号子，

① 或作清河桥。

② 或箭。

③ 春秋时楚国大夫，字叔，善射，能百步穿杨。见《左传·晋楚鄢陵之战》《东周列国志》第五十三回。一作养游基。

④ 或作船杆。

⑤ 或作金龙。

直至天亮。初一早上船工们就是互相拜年问好。

以上是船工们过春节的一些风俗习惯，大都是年三十前进行，初一后就一切正常了。

选自 1987 年《漯河文史资料》第一辑

沙河船工号子

石金江　张伟搜集整理

（一）高高山上一庙堂（绞盘关号子）

高高山上一庙堂，姑嫂二人去降香。
嫂嫂降香求儿女，姑娘降香求才郎。

（二）不见人老转少年（绞盘关号子）

八十老公下花园，手扒花枝泪涟涟。
花开花败年年有，不见人老转少年。

（三）世上人多心不平（拉纤号子）

天上星多月不明，河里鱼多水不清。
山上花多看不尽，世上人多心不平。

（四）小小锚链真可夸（活锚号子）

左金花，右银花，小小锚链真可夸。
金锚头，银翠花，老君炉里是它家。
今日到了咱的手，龙兄龙弟把它拉。

（五）开船歌谣

打掉扒头锚，划子排后艄，大跳传起来，头篷打满了，
上风打着水，大篷壮两号，下风踩劈水，
（问）：头里什么船？

（答）：头里是草船。
叫我金珠玛瑙船过去哟。

（六）唐寅画虎画得好（呀呀号）

唐寅画虎画得好，画一只舟船水上漂，
画个能人船头站，画个舵工站后艄，
画个橹、画个棹，浪打船底过，
船打水上漂，一摇三摆大下江南了！

（七）不如俺船工在外头（呀呀号）

家有千顷共百牛，
不如俺船工在外头，
不种麦子吃白面，
不种棉花穿丝绸。
不种菜园有菜吃，
不种芝麻喝香油！

（八）拉纤号子

一位贤良数孟姜，二郎担山赶太阳，
三人哭活紫荆树，四人哭活小秦王，
伍子胥打马过昭关，把守三关杨六郎，
七岁孩儿百家锁，八子刚强访张良，
九里山前活埋母，小韩信十里山后出霸王，
十一征东薛仁贵，十二韩信杨满堂，
十三太保李存孝，十四铁镐王宪章，
十五武松打过虎，十六开店孙二娘，
十七大刀王怀女，十八罗成回马枪，
十九王莽撵刘秀，二十八宿闹昆阳！

（九）五月初五闹龙舟（长流水号子）

鼓打中心锣打边，高邮少白水连天。
看不尽天下好美景，游满天下在盘船。
南徐州，北徐州，包老爷放粮在陈州。
周家口有一对铁旗杆，亳州有个花戏楼。
银州本是阜阳境，七郎八虎闯幽州。
潞州出的好大米，赵匡胤被困南唐在寿州。
水母娘娘泗州镇，二马桥正对高邮州。
扬州正据天心理，扬州美女第一流。
镇江对过是瓜洲，瓜洲出的俊丫头。
梳头篦子常州好，嘴点胭脂上苏州。
三老四少抚州内，亮沙灯笼数泰州。
浪荡公子出杭州，双黄鸭蛋出在高邮州。
大脚老婆出寿州，狮子回头望虎州。
炮打吉林州，里下河还有个南通州。
四十五里通州宿，五月初五闹龙舟。

选自 1987 年《漯河文史资料》第一辑

漯河船民的生活习俗

范子文

《漯河文史资料》第一辑（1987 年版）、第十一辑（2003 年版）中，有关漯河航运的历史、船舶、船民过春节的风俗习惯和船工号子等，都做了较详的记载。现再写船民的生活习俗，作为对漯河航运内容的补充。

漯河沙河的船民，大多来自沙河沿岸农村，他们少有薄田，迫于生计在沙河“跑船”（如现在运输工人“跑车”一样）。船民们成年累月来往于沙河水面上，经寒暑、斗风雨、历险滩、战波涛，生活环境改变了他们原来的生活习俗。这种独特的习俗，船民们奉之为圭臬，须臾不可离也。

船民的生活习俗，古籍文献记载寥若晨星。笔者从现代船民生活中搜集若干，以飨读者。

船就是船民的“家”，船民的家就在船上。有的一住几十年，几辈人都在船上，有的在村里早就没有房子，船民以船为家，走到哪儿哪儿就是家。如在颍上县，30 多年前修新闸断航时，老船民张怀田把船靠在颍河岸边，一住就是几十年，6 个孩子都是在船上长大的。有的船民就在河道内盖起了简易的住房，生活非常困难。

儿童在船上的生活。在船上，孩子一学会走路，父母就用布带子拴住孩子的肩膀和腰，孩子腰上还要拴着葫芦，起到救生圈的作用。葫芦上系着铜铃铛，孩子走动时，父母听到铜铃声，可随时掌握孩子的去向。更细心的父母，会用绳子把孩子拴到船上，这样孩子在船上不能随意走动，就不会掉到河里。

船民的航运收入。清朝及民国初年，每百单运 1 吨货需 3 串到 4 串钱（1 串 1000 制钱），1 串钱可买 50 斤白面。一只船能装 20 吨（多至 50 吨）可收入 80 串，非常可观。所以民间流传有“一只船，百亩田”的俗语［注：钱，即制钱，是明清称由本朝铸造通行的铜钱。该钱直径 1.5 厘米左右，中有方空。两面，一面为“××（皇帝年号）通宝”，一面为“满文”二字（皇帝年号），如“同治”“光绪”等］。

船民的忌讳。船民最忌讳说“沉”和“翻”，或与此同韵、同音的字。人们说话时，遇到这些字必须用其他的字替换。如“翻身”称“转身”，“盛饭”称“舀汤”，“船帆”称“船篷”，“收帆”称“落篷”，“开船”称“走船”“行船”。另有特殊称呼，如“船老板”称“管船的”，其妻称“管船娘子”；称姓“范、陈”的人，称“老哥、老弟、老乡”；称伙计叫“老派”等。

船民有“十不准”（公约）。一、男人不准在船头小便；二、妇女不准在船头的搭挑走动；三、妇女生育后，一个月内不准出舱，婴儿尿布不准迎光晾晒；四、住船时，不准住路口、巷口、沟口；五、上街买油回船时，油瓶要放在篮子里挎着，不准提着油瓶走路；六、买新铁锅上船时，不准从别人船上经过；七、蒸馍时，不准串门子，也不准别人上船干扰；八、春节请客，不准客人把菜吃光，要留一两个不动；九、婚期时，在同一条河边，男方住上水，女方住下水，不准女方住上水，顶多也只能住对河；十、卖船时，不准卖搭挑、大舱板、前杆右门等这些象征“子孙路”“子孙饭”“子孙门”的物件。这些旧俗，现在已改了不少，但老一辈的船民至今还坚持许多“不准”。

船民小病自己治。长年经受风吹雨打，船民的身体素质好，很少生病。在旧社会，生活条件不好的船民一旦被碰伤，用唾液擦擦伤口，撕块儿干净的布缠住了事。要是头痛发烧或是拉肚子等常见病，能扛过去的就扛过去，实在不行就喝点儿热汤盖上被子捂出汗，或吃点姜、蒜等能治病又不花啥钱的食物。新中国成立后，船民的医疗条件有了改善。船民有啥不舒服的，船上有卫生员可以对症下药。现在，很多船成了个人的，船上没有了药箱和卫生员，细心的船民就买些常用的药放在船上，有了病自己治。

上船不能喝酒。船民喝酒有血的教训。1992 年 12 月下旬的一天，船正走在红山头附近，有位船民中午喝酒后，其他人都认为他休息了，晚上吃饭时到处找不到他，船上的人才意识到是不是因喝酒太多掉进河里了？但什么时间掉的，没人知道。后来，船民们在河里找到了那人的尸体。再后来，又发生了船民喝酒后掉到河里淹死或受伤的事。

一件件人们不愿看到的悲剧在船上发生，促使船民醒悟：上了船，安全重于泰山。想要船民们都平安，就不能喝酒。也有耐不住寂寞的船民，遇上高兴事或发愁事就想掂酒瓶。喝醉了躺在床上不动，这是比较好的。最怕喝多了在船上乱跑，闹得全船人都不安生。如今船上有了制度，上了船无论是谁，严禁喝酒。船民在船上喝酒，发现一次查处一次。对于有酒瘾的，那就取消其船民资格。

船民的婚礼。船民结婚称“轿船”。“轿船”，是船民婚礼的一种方式。新中国成立前船民结婚时，男方的“轿船”（又称轿划子，张灯结彩，打扮得如同轿子一样）上，有一位父母俱全、夫妻和睦、有子有女、经济条件较好的“利市人”，身穿新衣，腋下捆着宽带子（带子须有两个帮忙人拉紧作为保险），一脚顶住船沿儿，脚在后做马步势，待女船放第二次大炮时，动作敏捷地拖住新娘，用力向接亲船上抛去；接亲船上的人，马上接住新娘，让其站在铺着袋子的船头上。这时早有人拔起竹篙，撑起接亲船，打 3 个圈，向上游开去。就这样，新娘被抛在新郎的船上，新的家庭组成了。

新中国成立后，这种婚礼越来越趋于简单。结婚那天，男方撑着轿船，到女方船边。新娘跳到船上后，举行个仪式，就算完成了结婚典礼。

船民的葬礼。一种方式是，船民死后，放在一口经过处理的棺材里，一直等到船从远处回到老家时，尸体才被送到岸上入土。另一种方式是，船上人死了，遗体要放在甲板上，所有与死者有亲戚关系的船民，便从各处聚集在一起，在水上组成一个长长的送葬船队。每只船上插一小白帆，曰“插花”，白帆飘飘，香烟缭绕，直到把死者送到墓穴。墓址选在沿河荒凉的岸边，不立墓碑。

船民很注重为死者做“功德”，为死者举行“超度”仪式。死者灵位一般都供奉在住舱的“供神台”一角。在敬神时，也祭奠死者。

船民如因其他事故落水而死，死者的家属在水面寻尸时，要在船头挂起一件死者生前穿过的衣衫，沿河哀号。其他船如果在水面发现了死者的尸体，就会很快地向死者的亲属报告。如果在水面上寻不到死者的尸体，死者的亲属还要在船上举帆招魂。

船民的生儿育女都在船上。当要生育时，船就靠近码头，找接生婆接生。实际上，船家妇女基本上都有一些简单的接生知识。有的船民生下孩子后，需要立即走出船舱去干活儿。因为大多数船上只有夫妻两人，行进中的船一个人不行。万一遇到难产（俗称“占位”），为保母子平安，无奈的船民只有使用一套迷信的办法：请来跳神的人，在船头念念有词，作法催生；或叫小孩爬到船篷上，用竹竿拼命地敲打篷盖，帮助催生；或把装上的第一包货物移到两边，用扫把敲敲，如果是空船，则在原第一包货物的位置冲水，然后收集此水给孕妇喝下等。

由于缺乏必要的医疗条件，尽管船民生育率很高，但存活率很低，有个船民一生生育 12 胎，只存活两人。

船民的现状。20 世纪六七十年代，由于舞阳沙河马湾拦河闸和周口拦河闸相继建成，两个拦河闸均未设船闸，曾经辉煌的漯河航运，从此趋于消亡。现在漯河的船民，还有一支由 60 多艘货轮、近 300 人组成的船队漂泊在安徽、江苏江河之上，往来于颍上以下淮河下游及洪泽湖、大运河、长江之间，日行 100 千米。

船民一个航次，往返需要 30 天左右。船队出发时，米、面、菜等都要准备充足。在船行进中，船队头尾相连可达 350 米左右，而且是 24 小时不断地前进。在船上自己做饭。只有在过船闸或到达目的地时，船民才能到附近的市场上买些时令蔬菜，换换口味。

寂寞的船民生活是船民最大的心理负担。船上空间狭小，能走动之处不足 30 平方米。行进时，每艘船上的工作人员全神贯注地操作。只有停船时，才能相聚，打打扑克或看看电视。由于船上的用电局限，只有船头轮机运转时能够发电，其余船只每夜还要燃煤油照明。船上的饮用水可储1吨左右，只有进洪泽湖和长江才可以补充。由于轮机转动可以带来热水，所以船民们的热水洗澡还是能够满足的。

船民们每年在家的时间还不足两周，春节很少回家。船队挂着“漯河港”的虚名，在人生地不熟的外省码头跑航运，很受排挤。常常是看人家眼色，给人家说好话，就这样，仍是当地的船队装运后才轮到他们。

漯河船民目前最大的心愿是早日复航。他们认为早日复航，一可以给漯河带来巨大的经济效益，二可以早日回“家”。根据《河南省内河航运发展总体规划》，我省目前先恢复周口以下通航，然后逐步通航到漯河，最终至平顶山。

目前，颍上和耿楼船闸于2005年下半年和2006年开工建设，约定在两年工期内全部完工。沙颍河复航在“十一五”期间要完成。漯河复航是迟早的事。

人们铭记“水旱码头”的历史，了解当今船民的生存状态，展望沙河续航的前景，以激发其励精图治、自强自勉，提升漯河成为区域性交通运输中心、商品流通中心的信心，让昔日的“水旱码头”再现辉煌。

选自2008年《漯河文史资料》第十六辑

沙河船民的春节风俗一瞥

李　辉①

漯河市位于河南省的中南部，地势平坦，沃野千里，人民吃苦耐劳，所以，这里成为膏腴之地就不足为奇了。更为有利的条件是，淮河最大的支流——沙河流经全域，与澧河在此交汇，滋润着这方土地，使这里成了肥田沃土。年年出产的大宗粮食、棉花需要外运，许多生产资料、生活用品需要运进，漯河就自然而然地成为一个河运天然良港。京汉铁路通车之后，这里就成了闻名遐迩的“水旱码头”。

我的家乡紧靠沙河，姑父家离我家仅 1 里之遥，他们一家四口就生活在船上，姑父就是船上的老大（舵工）。每每从“口上”（周口）运货到“河上”（漯河），再从“河上”返回“口上”，每年总有个百八十趟。故而，他对船上的风俗习惯十分了解。

20 世纪 50 年代，我正读小学。放假时，我常到姑父的船上玩，亲眼目睹过船民的生活。我问河水为什么那么清，姑母告诉我说，沙河水是条青龙在护卫着哩。实际情况是，沙河水源主要是来自伏牛山的山泉，河水一路奔流，经过无数次的沙石过滤，到了我们这里就非常清澈。那时节，新中国刚成立不久，两岸基本上没什么工业，河水几乎是“零污染”，因而沙河水才显得那么清，不用说，船工们吃的喝的都是河水。我不止一次饮用河水，那河水不仅喝着爽口，还带一点儿甜味。暑假时，我们这些十来岁的孩子经常“扑扑通通”地跳到河里打水仗，劳累一天的大人们也会跳到河里洗个“通身澡”，妇女们一年四季都要在河边洗衣、洗菜……但是，所有这些行为都不会影响水质，因为河水滔

① 李辉，河南西华县人，1945 年出生，1968 年毕业于河南大学。曾任教师、编辑，原郾城县党史办主任等。

滔东去，即使是脏了一片水，但马上就被冲走了，也就是我们常说的“活水”，有稀释功能。从“河上”到“口上”去是顺水，不需要纤夫拉纤，只需船老大掌好舵，让船顺水漂流就可以了。从“口上”到“河上”则是逆水，船老大除要在船上用力撑船外，还需要三四个纤夫拉纤，纤绳拴在高高的船桅上，纤夫们弓着腰拉纤时，节奏一致、哼调一致、用力一致，才能起到良好的效果。姑母告诉我说，纤夫们每天必须吃 5 顿饭，才能保证他们有体力连续工作。

沙河发源于鲁山西部的石人山，流经漯河，至周口入颍河，再汇入淮河。古有“长淮八百三十里，七十二道归正阳”之说。沙河一直是河南省对外物资运输交流的主要内陆河道之一。据 1953 年统计，沙河水系占河南省航运总量的 38%，漯河港占沙河水系的 87%，是河南省最大的内河航运港口。1953 年船工实行定港定籍时，在沙河上航行的木帆船有 525 只，载重吨位 8207 吨。1957 年货运吞吐量 326891 吨，职工达 1000 多人，与船民相配套的搬运职工达 5000 多人。1974 年的货运周转量达到 1166 万吨。船工和运输工人实为发展漯河经济的两大生力军。他们的习俗对市民的影响很大，本文所探讨的，正是船民们在生活习俗方面的部分内容。

沙河船民过春节，有其独特的风俗习惯。

1. 敬奉“大王爷”

船民们所信奉的“大王爷”，实际上是水中的青蛇或白蛇，也称小龙。这种蛇长七八寸，方头，头上有 7 颗星。船工无论行船、进港或靠岸，如若在水中碰见它，都要停下船来敬奉它。所以，一般在每年的腊月二十左右，船工们为了过好春节，大家都将船靠岸驻扎下来，大伙互相联系，邀请一些彼此交谊深厚的船工，一般七八家，多的十几家聚在一起，将各家的船一字排开，用绳索绑在一起，连成一个长宽各十来丈的宽阔船面。船绑好后，先搭个“财神棚子”。用竹竿和席子等物，把绑在一起的船头围起来。搭好的“财神棚子”，要上不见天日，四周不见透亮，然后再在桅杆顶上挂上“大王旗”，中间缠上红绸子，船民们称之为扎“大王红”。扎“大王红”要扎出 3 只耳朵来，可能因为“大王爷”有3只耳朵。当然，这只是笔者的揣测而已，俗话不是说“马王爷有三只眼”吗？除此之外，还要把柏树枝、芝麻秆和黄表纸这3样东西捆在一根棍棒的两头和中间，船民们俗称为“扎松把子”。松把子扎好后，绑在大桅杆的中间。以上这些活动，必须在腊月二十九前完成，这样一来，能保佑船家平平安安，幸福安康。

2. 挂红

一般由掌舵的老船工进行。我的姑父在他二三十年的船工生涯中，大多年份的“挂红”工作都是由他完成的。据他讲，每年的五更鼓里，把一只大公鸡杀死，用手捂住鸡脖子上的刀口，让鸡血顺着鸡嘴往外流淌。为了让鸡血洒满所绑船只的一周，因此必须捏紧鸡的刀口，让鸡血尽量细细地流淌，而且“挂红”的人行走速度要快。如果鸡血不能绕船一周，就没有达到“挂红”的目的，必须赶快再来一只，直到所有船只都洒上鸡血为止。据我的姑父讲，他头一次进行“挂红”时，由于走的速度太慢，尽管捏紧了刀口，也只走了一半多的船面就把鸡血放完了，只好再杀一只，以后就熟悉了这项工作，做起来就更得心应手了。

3. 接年

“接年”和“挂红”是紧紧相连的两项仪式，“挂红”之后，天已大亮，这时就是“接年”的最佳时机。就是把事先准备好的“三牲”（猪头、公鸡、鲤鱼）为刀头，再用3杯清茶、3盘糖果作为供品放在船头，然后烧上3炷香，同时点燃黄表纸敬“大王爷”。船民们认为，这是必须做的事，只有如此，才能保佑来年平安吉祥，正像海边的渔民敬奉妈祖娘娘一样。我经常听姑父一家人念叨着“神三鬼四”的话语，我不知道是什么意思，就向他们讨教。有一次，姑父正色地告诉我，敬神都要用“三”这个数字取吉利。烧香磕头完后，把那3杯清茶倒入河水中，算是敬“大王爷”，再把刀头“三牲”送进船舱敬财神爷，再次烧香磕头完毕算完事，就算把“年”接来了。大年三十这一天，船民无论吃什么、喝什么或者干什么都要加上“元宝”二字。如抽烟说抽“元宝烟”，喝茶说喝“元宝茶”，吃糖果说“串元宝”，做饭说做“元宝饭”，如此等等。

4. 升旗

升旗也是船民们在过春节时必须进行的一项活动。大年三十这天，太阳刚刚升起就要进行。升旗时必须边唱船工号子边升旗，一人站立船头领唱，众人皆呼“好”，节奏自由，情绪轻松。领唱人唱完最后一句歌词，众人随之一起跺脚，同时放炮敲锣。歌词的内容比较长，只有像姑父那样的人才能念得一字不差。这里给大家介绍 3 种升旗歌词。

（1）百鸟朝凤歌

一龙旗，二凤旗，三园结义旗，四是如意旗，五子登科旗，六六大顺旗，七星北斗旗，八卦文王旗，九子莲灯旗，十全十美旗。这些旗，不算旗，鸣锣一响另换旗。

一根旗，百鸟朝凤，唐初的英雄数秦琼；

二根旗，双凤朝阳，伍子胥过昭关力保皇娘；

三根旗，福禄寿三星辰，薛仁贵跨海去东征；

四根旗，世事如意，黄鹤楼三气周瑜；

五根旗，五子登科，赵子龙大战长坂坡；

六根旗，六六大顺，孙膑大破五火牛神阵；

七根旗，七星朝北斗，杨六郎把守三关口；

八根旗，金丝八挂[①]，斩将封侯姜子牙；

九根旗，九子莲灯，杨府有个杨排风；

十根旗，十全十美，福禄寿禧富贵旗。

（2）英雄赞歌

一根旗，正月正，唐僧西天去取经，唐僧取经回长安，唐皇面前立大功；

二根旗，龙抬头，天子耕地快赶牛，韩国老母送饭来，五谷丰登太平收；

三根旗，三月三，白蛇青蛇爱许仙，只因法海作了对，后来才有大水漫金山；

① 或作六挂。

四根旗，四月八，马岱西凉转回家，马超马岱忠良将，马岱回家抱娃娃；

五根旗，五月五，刘备招亲去东吴，刘备到了五十上，梳洗打扮做新郎；

六根旗，六月六，关公勒马在灞桥，三请三让上了马，大刀挑甲染红袍；

七根旗，七月七，天上牛郎会织女，银河桥前把剑比，本事不过养由基；

八根旗，是仲秋，孙膑下马骑青牛，孙膑手执沉香拐，他与庞涓结了仇；

九根旗，九月九，姜子牙钓鱼在船舟，三尺钓竿六尺线，一钓周朝八百年；

十根旗，十月十，黄兴领导武昌辛亥起义，大清皇帝退了位，孙中山回国当总统。

（3）大王爷歌

船板上插的顺步旗，跳板上插的行步旗；

船头一根旗，名叫摆头旗；

头桅一根旗，挂印封侯旗；

将军柱上一根旗，得力将星旗；

盘关一根旗，天官赐福旗；

大劈水上一根旗，跨个宰相旗；

大桅杆上一根旗，叫作“大王爷”旗；

二头板上一根旗，龙兄龙弟下象棋；

后船艄上一根旗，名叫顺风旗；

摇橹上一根旗，是二龙分水旗；

架腿上一根旗，顶风玉柱旗；

大仓里一根旗，带子上朝旗；

倒坐一根旗，子子孙孙封侯旗；

灶上一根旗，名为珍酒美味旗；

船杆[①]上一根旗，金龙[②]摆尾旗；

后艄上一根旗，名为座头旗。哟嗬嗬，哟嗬嗬……

5. 辞岁

除夕夜晚，船民每家的晚辈都要给长辈磕头请安。凡是磕头请安一毕，长辈马上将事先准备好的压岁钱交给他（她）。之后大家在一起娱乐、玩耍，如打骨牌、打麻将、打扑克或者猜拳喝酒；妇女们多围在一起哼小调，一人领唱，众人合唱，一直玩到深夜才算尽兴。这时，船工一家在各自的船上围坐在一起，开一桌整席，吃了"除夕饭"，以待来年。北方人家吃的是"扁食（饺子）"。

6. 唱《洁船歌》

吃罢晚饭，就开始"洁净船"了。"洁净船"是船工们为了取吉利而进行的一种卫生活动。意为驱除上一年的晦气，而迎来新的一年，保佑这一年的行船顺顺当当、平平安安、万事如意。洁净船时，端上一个铜盆，把它放到一块木板上，铜盆的正中央放一块燃烧得通红的栗木炭，然后一手拿酒壶，一手抚住铜盆，口中念念有词："小小酒壶圆溜溜，今日到了我的手，落到我手敬龙舟。"念完后，用酒壶慢慢往盆里倒酒，倒酒时还要数道："一点金，二点银，三点点个聚宝盆。"然后向船的前桅杆走去，再从后桅杆回来转上一圈，边走边唱《洁船歌》。因为船民大年三十干什么都离不开说"元宝"二字，所以唱时必须从"元宝"开始。歌词是这样的："元宝动身，斗千金。元宝捧起来，恭喜发大财。元宝捧得高又高，过年又排 7 个榔头，8 个大压梢。元宝朝后走，金子银子落几斗。元宝到赶堂（赶堂就是船舱），子子孙孙坐满堂。元宝盆怀中抱，五路财神都来到。元宝盆，真稀奇，盆里有窝小金鸡。小金鸡，会打鸣，里面还有个小银人。小银人，真巧妙，怀中抱了三件宝：'避风珠'——风调雨顺；'避水珠'——顺水推舟；'避火珠'——火炼金丹。元宝到了后船头，辈辈出王侯。元宝落地，一本万利。元宝进仓，置田置庄……"《洁船歌》唱完了，此项活动也算结束了。

① 或作舵杆。
② 或作乌龙。

7. 活锚

沙河船民过春节时，还有最后一项习俗就是“活锚”。因为在临近春节时，船民们为了过好年，十几条船一起朝着延绵宽阔的岸边集拢在一起，将船锚抛下，扎进河底以固定船只。船民们过罢春节之后，船体十天半月没动，不知船锚被河底淤泥淤住没有，所以要将船锚拔出来活动活动，以利于明年行船。在活动船锚时也要唱号子:“左金龙，右翠花，小小船锚真可夸……”“活锚”以后，船民们过春节的风俗习惯就全部结束了。

选自 2013 年《漯河文史资料》第二十辑

郾漯民间风俗四则

谭星白[①]

民国时期，郾城、漯河民间的风俗习惯非常浩繁，其中有好的和较好的。它是民间文化的一部分，因为它是民间世代沿袭下来的诸如信仰、习惯、礼仪等具有社会性的一种文化现象。通过风俗，我们可以窥见在一定的历史时期内本乡本土的社会生活、时代面貌和人们的心理状态。因此，现在应当经过筛选，整理成文，以便移风易俗，并供后人参阅。但当年没有人记录在卷，而登载当时当地社会风情文章的报纸已经散失，总之，没有文字资料，只能凭老一代人口述笔书，记述片段。笔者昔年对民间习俗所知只是一鳞半爪，仅摭拾服饰、婚姻、元宵和丧葬四则，述其梗概。服饰是风俗的主要内容之一，它能表现出时代风尚和地方特色，也可看出城市与乡村的差异。“婚姻”一节主要记述结婚礼俗，这些婚俗大部分是从古代沿袭下来的，今天在城镇虽已消失，但作为历史文化知识，仍有保存价值……这是一份原始资料，知道什么写什么，无特色可言，目的在抛砖引玉。

服　饰

衣着　民国初年，漯河男子冬服长袍马褂或坎肩。袍，大襟右衽窄袖；马褂，对襟多于大襟，前缀 5 枚铜扣或布扣，后来只着长袍，外罩大衫（呢缎袍不罩），长袍马褂只做礼服。北伐军达漯河后，公教人员和学生普遍着中山装。其制为单领，前襟有一小两大的暗兜，如西服的口袋，后改为双领，4 个明兜，通称制服。20 世纪 30 年代初，有穿西

① 谭星白，郾城县人，1915 年出生。曾任漯河第四中学教师。

服系领带的，被人讥为“洋人”。知识妇女和太太、小姐冬穿旗袍或外罩大衫，另加毛线坎肩。夏季旗袍长至足踝，紧贴着身体，两侧下方开短衩，胸部、臀部一前一后凸出，略呈“弓”字形，时称为“曲线美”。受童子军训练的男学生穿童子军制服，上衣如军人的夏季衬衣，系红领巾，着下方缀有排扣的马蹄裤；女学生穿大襟短上衣，束短裙。小商贩和手工业者夏穿短袖汗衫、短裤，妇女为高吊腿裤。衣料有高档、低档，依贫富而定。富人冬服花缎、湖绉，夏穿纺绸、轻纱；小商贩和一般市民冬穿细布（旧称“洋布”）、粗棉布，夏天有穿苎布、夏布（粗罗纱）和柔织纱的。

农村（指郾城，下同）男子冬穿棉袍马褂或“崛肚袄”（短袄），腰系蓝腰带（或不系），走路或干活时把下襟斜掖在腰带里，下身为接腰棉裤，裤脚缠二指多宽的黑腿带，一般不套衬裤或裤衩。推车的、挑担的爱穿只有裤腿没有裤腰的棉套裤，走路腿脚利索。到 20 世纪 40 年代，年轻人多穿自缝的棉大衣，不扎腿带。夏天，穿对襟小布衫或坎肩。20 世纪 30 年代，有穿本地针织的粗线背心或汗衫的，下地干活时，赤脊梁。中、老年妇女春、秋、冬穿长过膝、镶边的蓝大袄（或布衫），外罩坎肩。“毛蓝布衫花坎肩”是俏皮的女装，老少四季都扎腿带（比男子的腿带宽 1 倍）。服孝期间不能穿红绿衣服。男女的衣着布料一般是自种、自纺和自染（蓝衣服送染坊代染）的粗布（又称土布）。中等人家男婚女嫁时买三两件绫罗绸缎。穷户是“新三年旧三年，缝缝补补又三年”。逢年过节很难换上一件新衣，做件新衣，弟兄或姐妹们共穿，不是个别人家。

发型 清代男女都辫发。男子把头部周围的发剃去，头顶的发束成长辫，辫梢缠黑丝绳，留穗。睡觉、干活或斗殴时，把辫子盘在头顶上。民国成立后，政府下令，男子一律剪辫。漯河商人、市民多剃成光头，有些人剪辫，留下长发，披在脑后，人们戏称为“改良派”。“五四”运动后，知识分子和学生剪背头、分发头和缨子头。1934 年，蒋介石提倡“新生活运动”时，公务员剪平头；女子幼年束双辫，长大改单辫，辫根、辫梢扎红（绿）绒绳，服孝期间用白绳。近额处，留一排短发，遮住前额，俗称“刘海儿”。结婚时，把辫子绾成纂子，如蜗牛壳，罩上发网，插上银簪。到20世纪30年代，中、青年妇女大多剪发，有披在肩上的长发，也有跟男子的背头一样的短发。

北伐军到漯河后，在农村中，青年男子才普遍剃光头，而老头们到20世纪30年代，在舆论的压力下，才剪掉了盘在头顶上常年用帽子盖着的小辫子；已婚妇女的纂子直到新中国成立后始剪去。

冠巾 郾、漯城乡男帽式样很多，常见的是瓜皮帽，形如半个西瓜皮，顶缀丝绳结的疙瘩，大的如胡桃，小的如葡萄，春、秋、冬三季和各阶层人均可戴，通称“帽衬”或“帽垫”，是明代“六合帽”的传承。冬天，小商贩多戴针织帽，俗名“马虎帽”，又名“一撮缨帽”，帽顶形如葱花，热时反卷上去，冷时拉下来。老人多戴风帽（如舞台上古代官员角色戴的红风帽）。文教人员和绅商戴呢制礼帽，早期帽檐较大，镶边。夏季，城乡居民外出戴大檐或小檐草帽，有粗细之分、黄白之别。还有招苇篾或高粱篾编成的凉帽，如蘑菇，形同清代官员的夏季礼帽，只是质料不同，下地干活或长途推车时，戴凉帽不易被风吹落。城镇阔人或戴盔式帽，又名“博士帽”，俗称“洗脸盆帽”。20世纪40年代，竹匠仿此式，用竹编织，普通人戴。

妇女冬戴圈帽，名为“大耳帽”。前后窄，两耳宽，颇像一条无底船，前缀以玉花。多数老太婆只扎一条二三尺长的黑手帕，中、青年妇女头搭蓝毛巾或花方巾，本地男子旧称妇女为“搭手巾片的”，即源于此。

鞋袜 漯河人穿的鞋大多数是从商店里买的。当时马路街有个“三级鞋庄”，卖的鞋有三等：毛呢、礼服呢、深口厚皮底和皮鞋，是一等；黑缎、平绒、薄皮底，是二等；小商贩、小手工业者和一般市民穿三等鞋：平布（洋布）、斜纹和帆布，均为薄皮底。乡下中等户男子结婚时，要到漯河市区买一双二等鞋。20世纪30年代起，公教人员常穿一等鞋，学生爱穿球鞋。农村男子穿家庭做的粗布鞋，黑帮白底，有单缝、双缝和圆口等式样。冬天，除棉鞋外，还有用苇絮编织的厚木底草鞋（俗称“草吧嗒”，因走起路来有“吧嗒吧嗒”的响声而为名）。妇女放足以前，穿的鞋很特别，有里鞋和外鞋。里鞋为软帮软底，脚面上用窄带子襻成“爻”字形。外鞋是硬帮硬底，叫作“套鞋”（也有半截的）。这两层鞋都是前尖后宽，形如圆锥。出嫁时穿高跟红绣鞋。妇女放足以后，这两种鞋式随之绝迹。20世纪30年代以来，女教师和女学生的鞋大多是平绒（或呢）面、平皮底；20世纪40年代后期，才以穿高跟鞋为时髦。

民国前期，男子穿白布夹袜，里面贴皮另包一层白布，叫“包脚布”。妇女未放足时，用白带子缠住脚，叫作“裹脚”，本地有“懒媳妇的裹脚——又长又臭”的歇后语。市场上大量出售机制的针织袜以后，男女都穿针织袜，布袜逐渐被淘汰。

佩戴 城乡妇女都戴耳坠儿。女子从小就穿耳孔，贯耳环，环下用珍珠或金属穗做坠，两手腕和中指分别戴银（玉）镯、银戒指，中等人家妇女大襟上扣挂一玉盘，穷家妇女也挂一个“针孔”（插针的盒，略似长形打火机）。富家女子出嫁时，头上插满翡翠、绒花，胸前挂一绣金的飘带，下缀银铃和玉环，走起路来，翠花摇摆，环佩叮当。城镇妇女夏天摇轻纱张的团扇，又名宫扇，椭圆的，扇面有人物、山水、花草等刺绣。其作用一为扇风，二为求美，手持团扇半遮面，能增加几分妩媚。阔气男子戴墨色眼镜、金戒指，持手杖，有些商人一只手腕上戴玉镯。老年男子扣上挂挖耳勺、剔牙签或眼镜盒。

以上所记主要在“五四”运动以后及以前，特别是民国成立后的三四年中，郾城居民一般还是清末的穿着。袍袖窄，实际是不带“马蹄”的马蹄袖。马褂长过腹，腰身宽，袍、褂都是深领，办喜事时，有些人还戴红顶帽衬，穿厚底高腰靴子；妇女穿镶花边的大布衫，有的脑后绾着长纂子。这些在当时都是正在消失的旧事物，不代表民国时的服饰特色，故不赘述。

婚　姻

民国时，郾、漯民间婚姻程序，沿袭前代，一般有6道手续。

提亲 媒人受男（女）方央托，央媒人提亲，只要门当户对，命相不“犯冲”，即到对方家“相亲”（主要看相貌）。年龄大的，男相女或女相男，年龄小的由父母代相。在漯河，男女双方有的住一条街，“抬头厮见”，有的是“两家相好结姻缘”，都不相亲。

订婚 俗名“交媒”。相亲后，如女（男）方中意应允，男方即送女方衣料、衣服和首饰，女方送给男方文房四宝（笔、墨、纸、砚），表示亲事已定，以物取信。假若男方条件好，几家女家争相高攀，女方就反给男方送重礼。

换帖 又名“传启”。交换定物后，男方择定吉日，设盛宴邀请女方长辈和媒人到场换帖——男女两家各具格式相同的红柬帖一份，交换。柬帖封面上印有洒金的龙凤图案，取“龙凤呈祥”之意，这就叫作“龙凤帖”。中间一行为 4 个黄色洒金大字“永结秦晋”。内开三代姓名、男女生辰八字及由谁做媒等。这是婚约（书），表明正式订婚，具有约束力。如果有一方中途毁约，另一方就可以持龙凤帖告状。续婚男子和穷户一般不换帖。

送好儿 “送好儿”是俗称，柬帖上写“请期”，是古名。男女到结婚年龄时，要择吉日结婚。婚期吉利与否，要根据年月日的干支和男女属相的干支来定，二者相合，就是吉日。如因特殊情况不能择吉，便利用除夕这个大吉大利的日子。婚期选定后，男方父辈持柬帖到女方家去送好儿——好日办好事，柬帖内开列上、下轿方向及迎送人员的属相。

过礼 即送聘礼。男方迎亲前一日要给女方下聘礼（古代叫“纳币”，给女方送结婚的礼品）。在郾城，礼品分干礼和水礼，干礼是只给女方送一头活猪；水礼是半个猪身的肉，鸡、鸭若干只，两坛（或四坛）酒，两个（或四个）有四层格的红盒，内装满江米面果。现在城乡民间仍沿旧俗，只是改坛酒为瓶酒，改面果为糕点。

迎亲 迎亲又名娶亲、娶媳妇，女方叫“出门（出闺）”“打发闺女”。娶亲有大娶和小娶两种。大娶是新郎、新娘各坐一顶花轿，新郎披红簪花前引，新娘凤冠霞帔①后随，轿前有鼓乐、旗、锣、伞、扇等仪仗。也有四顶轿的，除两顶花轿外，另有女家备的两顶轿供女送客坐。富家多用大娶，穷家和中等户用小娶。在漯河，一顶花轿，带班古乐，新郎骑马（后改为人力车）在前，花轿随后。农村，一顶花轿时，新郎不到女方家迎亲。本地旧例，初婚女子，男方即使很穷，也得用花轿迎娶，否则，女方父母不“发人”，因为只有再婚妇女才只准坐车不准坐轿。

花轿到女方家时，出嫁的女子把发辫绾成“纂子”（这是已婚妇女的标志，自20世纪30年代起，漯河女子多剪发，结婚时，头上插花）坐在铺红毡的椅上，她的母亲叮咛几句，母女俩擦眼抹泪，依依惜别（这是在战国时已有的礼俗），然后蒙上红纱（布），俗称“盖头”（知识妇女将盖头围在颈上），由两个男子抬到花轿前，两个女亲属把她搀扶到轿内。女子的哥哥帮轿——实际上是护轿，为防止轿夫在路上故意颠簸（如戏剧《抬花轿》）。两个（漯河历来是4个）送女的亲属即“送客”坐车后随，花轿起程时，要鸣炮3声。炮是由3根铁管拢在一起，内装火药，点燃后连续3响，叫作“三眼铳”，办喜事都少不了它。花轿在路上不能落地，8个或10个轿夫轮流抬，要走大街大路。据考，这是古代为防备路上有恶人抢亲、截花轿，后来演化成风俗。遇到寺庙、坊门、十字路口和拐弯处要贴红方纸片，俗称“号帖”，表示一路喜庆，大吉大利。

花轿到新郎家门口停下，不落地，由厨子一手端醋碗，一手持烧红的铧，在轿周围正转、倒转各3圈，边转边用醋水往铧上浇，叫“打醋坛”。鸣炮放鞭，轿按预定的方向落地。两个有配偶的中年妇女掀开轿门，从捧盒里拿出一把新木梳给新娘拢头，叫“上头”。接着，两个处女搀新娘出轿，踏席（官绅家铺红毡）而行，足不践土，进大门时要跨过放在门槛上的马鞍[②]，到庭院里“天地桌”前停下。桌上放一盛满麦子的斗，上插一杆秤，秤上挂一面铜盘（古代的铜镜），另外放两个馒头，几根柏枝，象征夫妻团圆，白头偕老，长盛不衰，新郎的同辈拿个草料盘，往新娘头上撒草节和五谷，叫作“撒盖头”，据说是为了赶走“三煞”（青羊、乌鸡、青牛之神），以求得吉利太平。撒毕，新郎、新娘先拜天地，然后夫妻交拜（行大礼时，还要拜父母）。富贵人家在张灯结彩的厅堂或布棚内举行，鼓乐吹奏，傧相赞礼，称为“拜花堂”。基督教徒在教堂内行婚礼，由神甫主持。

拜毕，新娘由新郎或别人引入洞房，揭去盖头，新郎的嫂嫂端来一碗汤面条（或枣、米稀饭），表示开始吃婆家的饭，成了婆家的人了。客房里开宴时，新郎父子要向送客敬酒，行“三献礼”（献三杯酒），三跪九叩首。席散后，送客要到洞房内嘱咐、安慰几句，诸如孝敬公婆、理好家务之类的话，这是过场。

新婚夫妻第一夜喝“交杯酒[③]”：夫妻并坐，面前各放一杯酒。交互传杯共饮，表示婚后相亲相爱。亲友和邻里的年轻人在一旁调笑、戏谑，接着是闹房、听房。第三天夫妻要拜祖先、拜父母。中午，吃喜面条，新妇要擀面条子，这就是说，从这天起，新妇要下灶做饭，这种风俗在唐代已有。“三日入厨下，洗手做羹汤”（唐·王建《新嫁娘》）。在漯河，这一天（郾城是另择吉日）新妇要由丈夫陪同，乘车或坐轿到娘家省亲，俗称“回门”，柬帖上写“归宁”（回娘家问候父母安宁与否，这是2000多年前的老俗）。再过几天，娘家接闺女回去住一个月，叫作“住对月”。新婚过程到此结束。

旧时的婚姻礼俗，有许多是源自上古的贵族礼仪，本来就烦琐，中古以后，民间又掺进一些繁文缛节和迷信成分，这就更加烦琐，而且落后。到20世纪30年代，漯河有少数知识分子受了“五四”运动以来新文化、新思想的影响，不满意旧的结婚仪式，而采用孙中山先生提倡的“文明结婚”。婚礼开始，鸣炮、奏乐（学校内是用风琴、鼓、号）；证婚人（介绍人）宣读婚书，并介绍牵线搭桥的经过；来宾致贺词；新郎、新娘向主婚人（父母或其他长辈）、证婚人行三鞠躬礼，夫妻相向鞠躬。礼毕、宴客，夫妻结伴敬酒，夜里，夫妻或谈笑对饮，或陪客人打麻将，摈弃一切陈规陋俗。

元宵（含“十九会”）

农历正月十五是我国传统的重要节日，节日活动从十四日开始至十六日结束。这一天，漯河和县城人有吃汤圆的习惯，所以汤圆也叫元宵。农村没有卖汤圆的，只吃饺子。夜里，要张灯、观灯，因此又名灯节。在农村，人们用白面（穷户用杂面和白菜根）做灯盏，像大酒杯形，灯沿按月份捏折（如正月一折，二月二折，依次类推），象征12个月。灯油耗尽，从灯盏里的水分多少，判断出哪几个月雨水多少。也有按全家属相捏成马、牛、羊、鸡、狗、猪等动物形象的。在漯河，大街小巷，灯火如昼，穷家门前也要挂个小红灯笼。大小商店门前都要扎灯山（又名“鳌山[④]”）。灯山用高粱秆扎成篱笆形，宽约 2 米，高 2 米多或 3 米，上放几十或上百盏灯盏。另外，还挂各种奇形怪状的彩灯，走马灯、鱼灯、蚌灯（两片纸蚌壳中间装灯，自动张合）。龙灯，蜿蜒起伏，象征“飞龙在天”。马路街东首扎一座灯塔，自上而下均用特制的长蜡烛装成，灯光灿烂，迷人眼目。还有从乡下来的莲花灯，由 15—20 个少年儿童组成一个队，身着红衣，两手各握一个莲花状的灯笼，跟着领队人的指挥，在场地上蜿蜿旋走，翩翩而舞。这是古代民间的踏歌形式，但只是舞而不歌。灯山上、大纱灯上都有“金吾不禁”4 个大字。金吾，又名“执金吾”，汉代武官名，相当于现代的首都卫戍司令。古代每到黄昏，金吾将军禁止京都街上行人，唐代，朝廷“敕许金吾弛禁[⑤]，以观灯”。以后各朝循例。

漯河的元宵盛会在正月十九。因 20 世纪初，漯河车站市场初具雏形，而郾城县城人烟辐辏，商业繁荣，元宵节观灯、赶会多往郾城，来漯者较少，商界为了招徕顾客，多做生意，乃改为正月十九，会期 3 天。漯河的正月十九会在豫中很有名。每逢会期，周围百里内的居民或坐车，或步行，川流不息地来赶会，镇内日达万人以上。4 条大街（南北街、顺河街、马路街、老街）人山人海，拥挤不动，挤死人、踩死人和丢小孩的惨祸屡有发生，至于被扒窃财物，更是司空见惯。

漯河商业最繁盛年代，车站和寨内各有两台戏，民间游艺（本地俗称“故事”）上千起。普通的有狮子、龙灯、高跷和对子马，精彩的有抬花轿、斗蚌（鹬蚌相争的形象化）、武术，另有驮阁、肘阁。驮阁是用木制的阁楼，高 2 米多，由八九岁的儿童扮演仙子，下有人驮起，盘旋起舞。肘阁是用肩膀扛着，每到商店门口要表演一番，商家照例要馈赠酒肉、糕点。

入夜还放烟火，有用鞭炮缀成的火龙、火伞，人举着在挤挤扛扛的人群里沿街走，常有人被燃烧衣服和头发，起名为“入云龙”的起花，千条万条照彻长空，火星落在草房上、院子里，引起火灾。20 世纪 30

年代初，寨内文武庙因放起花失火，延烧20多家商店和市民的房屋，损失很大。

商界在大会期间，确实生意兴隆，特别是油坊、饭店、饭摊。但大会耗资累万，负责大会经费事宜的商会便把它摊派给行商坐贾、大店小铺，按税率“纳捐”。寨内农民也得分摊。少则几十、多则几百（国民党政府“币制改革”前，是铜钱、银圆），当时人们讥之为“漫天撒网”。

抗日战争期间，敌机时来空袭，军事当局动辄实行戒严，十九会便只有“十九”而无“会”了。

丧　葬

本地丧葬活动，陋俗繁多，今只举与殡葬改革有关并可供参阅者简要解说，不记述其他庸俗、迷信的细节与过程。

丧葬有入殓、祭吊、下葬等6道程序。

入殓。人死后，穿上寿衣，放进棺里，盖棺钉口，叫作入殓。棺材分上、中、下三等。上等是柏木，两帮、盖、底均为独木板，叫“四独”。帮、盖各为两块板合成的叫“上六路”。帮的厚度5寸左右，盖比帮厚。或内外都油漆，或只漆外不漆内、前挡书一大“福”字。这是官、绅、富商和农村大财主家用的。二等是椿木、楸木或椿楸二木合用，称为“椿楸配”，有的是“上六路”，有的是上九路（盖和帮各为三块板合成），厚度略同一等棺。市镇多用油漆，农村有不用的，中等户（含市民和中、小地主）多用此等棺。三等是桑木、桐木、杨木（本地旧例，不用榆木）。厚度不一，最薄的不到2寸，俗称“薄皮匣”。市镇各类下层人和农村贫雇农大多用这种薄棺。棺材有的是自制，有的是买成品，自制的多为老年人活着时子孙即为其预制，称为“喜棺”，讳称“客房”。自制的用钱少，买成品用钱多。抗日战争时期，一口二等棺需三四石麦（600—800公斤），有些人家为此负巨债，典卖田地。

祭吊。入殓后，普通人家，孝男孝女要焚纸、哭灵，富家要用鼓乐、赞礼举行家祭，家祭要行三献（初献、亚献、终献），每一献要向灵牌敬三杯酒，名曰“献爵”；读祭文（叙述死者的生平事迹，类如今之悼词）；举哀，鸣放鞭炮等。孝子、族内和亲戚中的晚辈要依次祭，时间长达二三小时。

家祭后，有些家还要“点主”。“点主”就是在一块粉白的小木板上，两边分写死者的生死年月日时，中间一行写：“显考（妣）×××之神主。”“神”字缺一竖，“主”字缺一点，请一位德高望重的儒生（多为有功名的人），在仪式开始后，在赞礼的指点下，用蘸朱砂的毛笔在缺笔的“神”字上补上一“1”，叫作“串神”；后在木板的两侧各画一个“0”，叫作“贯耳”；最后在“王”字头上点一“、”，这就叫“点主”。“点主”的人称“主官”。因为是官，所以在清代要由官府批准，发给顶戴、黄马褂，入民国后，改为礼帽、长袍马褂。

停丧待殡期间，亲友、邻里或同行业者要吊丧，吊丧的礼品通常是挽幛和现金，也有送蓝、白匾的。旧漯河小北门内有一家临街门上悬的就是这种丧匾。一般小商贩和庄稼户，吊者送长挂鞭和烧纸。丧家根据吊丧者多少摆宴席，多的有几十桌，少则五六桌；上百桌或更多的是那些权势大的人家，如局长、商务会长之流。

办丧事摆排场的有两类户，一为有钱有势或有名望的，二为年老无子由别人过继的地主或富裕中农。这类人家即使只有四五十亩地，其族人、亲戚也要叫“点主”、立碑、大摆宴席（俗称“吃绝户”），要叫“过继儿”卖去承继的遗产一半方才甘心。这是旧时本地农村普遍存在的恶俗，但也有不少人主张丧事简办。民间有两句老话——“穷家不可富葬”“金棺银棺，不如（让爹娘）活着吃好穿暖”。

出殡。棺材里放进尸体称“柩”或“灵柩”，把灵柩运往葬地叫“出殡”。运柩的工具有的是用花架子抬，花架子是两根彩色的圆木上搭架，围以蓝色罗帏，顶部饰有象征星宿的龙、虎、蛇、雀等动物形象。这是古代丧车——温凉车的演变。漯河和郾城县城多用这种工具，因为这两地有架子行。农村大多用马车（牛）拉。此外，还有人拉灵车的，即把车辕去掉，按人数多少在前端系上长粗绳（绋），孝子及亲属中的晚辈，只要是成年人，每人拉一根绳，俗称“孝子拉灵”，古名“执绋”。《礼记·曲礼》：“助葬必执绋。”这种殡仪只适用于亲属多的人家。丧车上路时，亲属设祭桌，举行路祭以饯别。亲属多的有十几桌，一桌一祭。据考，这种丧俗在唐代已有，而且非常隆重。⑥

葬地。寿终正寝的老年人葬在祖茔里，要按前辈墓穴的方向和前尊后卑的次序定穴位；夫妻要合葬。柩下到穴位后，封土拢坟三年后，每年清明节要往坟上添土，越添越高。据说“坟高子孙旺”。

有几种人不得葬祖茔，即艺人、吹唢呐的、剃头的、修脚的、再婚妇、从良的妓女、匪盗、早殇的、被杀或自杀的……贫无立锥之地又无儿孙的光身汉虽不属上述几类人，也只能埋在沟边、路边。

但也有人家不愿把老人葬在祖茔里，说是“没穴位”（风水）了，就另择新茔地，俗称“拔坟”。本地农村人最迷信风水，认为先人葬在风水地，子孙就会做官，家业兴旺。郾城问十有个穷小伙子，从军后升为高级将领，当地人就认为他父母的坟墓占了好风水。于是择新茔地（本地俗“拔坟”）一时成风，其实这家并没请风水先生看风水。地主恶霸借找风水，巧取豪夺农民的土地，农民怕自己的土地被兼并，也另“拔坟”。

再者，本地汉族一姓一个祖茔，大姓又分几个支族（长门、二门、三门……），每个支族又各有祖茔，年代久了，为择风水，有些家就另立新茔地，叫作“先茔”。一个茔地是一个墓群，这样，田野上就分布着大大小小的墓群。郾城大刘乡（今源汇区大刘镇）有一个100多户的小村庄，有大墓群2个，中墓群7个，小墓群11个，孤坟不计在内，据有人统计，共占耕地60多亩。

附　记

据古文献记载，坟头并非自古就有。《易系辞》：“古之葬者，厚衣之以薪，葬之中野，不封不树。”人死了，用柴草厚厚地裹住，埋在野地里，不要坟头，墓穴周围也不植树（植树的作用如同后世的碑碣）。《礼记·檀弓》上也说：“古也墓而不坟。”周武王伐纣，“封比干墓”。（《尚书·武成》）就是在被纣王杀害的贵族比干的墓穴上拢起了坟堆，这就说明直到殷代末叶还是普遍用平葬。周朝建立后，规定“士”以上的统治者按等级建坟植树，但平民还只许平葬，所谓“礼不下庶人”。大约到了春秋后期，阶级关系出现了变化，平民墓上才拢上坟堆，而坟和墓就成了同义词⑦，因而在《说文解字》中这两个字互训。当初，周朝人建坟的作用一是表示贵族尊贵，高出平民之上；二是作为标志，按时祭祀，周朝人最重视祭祖先；三是增加盗墓的困难，因为贵族的殉葬物很多又很贵重，常被人盗掘。

作者注：

①凤冠霞帔——凤冠，古代皇后、皇妃最华贵的首饰，又名花钿、花钗，俗名花冠。上缀双凤或龙凤。民间女子出嫁时的花冠不准缀龙凤，只能饰绒花、翡翠和珍珠缀成某种鸟形，周围有珍珠穗下垂。霞帔，在明代是诰命夫人的服饰，民间称云肩，有金线绣的花纹，下缀银铃，披在肩上。凤冠霞帔即指花钗云肩。

②跨……马鞍——据宋人高承《事物纪原》载，这种婚俗始于唐。当时北方少数民族女子出嫁，骑马到丈夫家大门时要跨过门槛。居住在山西北部的汉族人模仿这种婚俗，在门槛上放一马鞍，让新娘在上面坐一坐，以象征骑马——因为汉族女子出嫁是坐车或花轿（唐宋时叫“花担子”），到后来才改坐鞍为跨鞍。

③交杯酒——起源于上古的（夫妻）“共牢而食”“合卺而饮”（《礼记》）。即同吃一块祭祀后的肉，同喝一瓢酒。大约到宋代（或早于宋）才用酒杯代瓢。酒杯杯足或盏底须用彩丝连接，并且绾为同心结之类的彩结。电视剧《末代皇帝》中，溥仪结婚时，和婉容喝交杯酒，就是用的这种婚俗。近代民间已不用彩丝连接。

④鳌山——灯山上尖，形似山，又为篱笆形似龟背（鳌，传说中的海龟），故名。

⑤敕许金吾弛禁——见《两京新记》。

⑥路祭……非常隆重——宋·王谠《唐语林》：“（唐）明皇朝，海内殷赡，送葬者或当冲设祭，张饰帷幕，有假花、假果、粉人、粉帐之属。”

⑦坟和墓就成了同义词——《墨子》：“死又修坟墓。”

选自1988年《漯河文史资料》第二辑

中原地区古代民间风俗①

马树奇② 阎稚聿③ 辑录

我国的民间风俗，是民间文化的一个重要组成部分，反映了一定的社会文化现象。现代的民间文化，基本上是古代民间文化的继承和演变。为了帮助读者了解中原民间风俗悠久的历史，批判地加以继承与发展，现将与中原民俗文化有关的古代文献梁宗懔的《荆楚岁时记》全文（漯河市辖三区两县，皆古荆楚之地）、宋孟元老的《东京梦华录》和吴自牧的《梦粱录》两书中的岁时风俗部分，分别予以辑录，以飨读者。

《荆楚岁时记》

一

正月一日，是三元之日也。《史记》谓之端月。鸡鸣而起，先于庭前爆竹、燃草，以辟山臊恶鬼。

《神异经》云：西方山中有人焉，其长尺余，一足，性不畏人，犯之则令人寒热，名曰山臊；以竹著火中，烞烨有声，而山臊警惮。《玄黄经》所谓山獠鬼也。俗人以为爆竹、燃草起于庭燎，家国不应滥于王者。

① 本文为作者辑录古代文献而成。在整理过程中，主要参阅了《荆楚岁时记》（中华书局，2018 年 8 月版，姜彦稚校注）、《东京梦华录》（中华书局，2020 年 7 月版，杨春俏译注）、《梦粱录》（江苏凤皇文艺出版社，2019 年 1 月版，王旭光校注），并以此为据进行了校勘。

② 马树奇，河南沈丘县人，1930 年出生，1949 年参加工作。曾任漯河市政协文史资料研究委员会《漯河文史资料》主编。离休。

③ 阎稚聿，漯河市区人，出生于 1970 年，自由职业者。

二

于是长幼悉正衣冠，以次拜贺，进椒柏酒，饮桃汤。进屠苏酒、胶牙饧。下五辛盘。进敷于散，服却鬼丸。各进一鸡子。造桃板著户，谓之仙木。凡饮酒次第，从小起。

《四民月令》云：过腊一日，谓之小岁，拜贺君亲，进椒酒从小起。椒是玉衡星精，服之令身轻能走。柏是仙药。成公子安《椒华铭》则曰："肇惟岁首，月正元日。厥味惟珍，蠲除百疾。"是知小岁则用之，汉朝元正则行之。《典术》云："桃者五行之精，厌伏邪气，制百鬼也。"董勋云："俗有岁首用椒酒，椒花芳香，故采花以贡樽。正月饮酒先小者，以小者得岁，先酒贺之；老者失岁，故后与酒。"周处《风土记》曰："元旦造五辛盘，正元日五薰炼形。五辛所以发五藏之气，庄子所谓春月饮酒茹葱，以通五脏也。"敷于散，出葛洪《炼化篇》："方用柏子仁、麻仁、细辛、干姜、附子等分为散，井华水服之。"《天医方·序》又云："江夏刘次卿以正旦至市，见一书生入市，众鬼悉避。"刘问书生曰："子有何术，以至于此？"书生言："我本无术，出之日，家师以一丸药，绛囊裹之，令以系臂，防恶气耳。"于是刘就书生借此药，至所见鬼处，诸鬼悉走。所以世俗行之。其方用武都雄黄丹散二两，蜡和，令调如弹丸。正月旦，令男左女右带之。周处《风土记》曰："正旦当生吞鸡子一枚，谓之练形。"胶牙者，盖使其牢固不动，今北人亦如之。

三

熬麻子大豆，兼糖散之。

《练化篇》云："正月旦，吞鸡子、赤豆七枚，辟瘟气。"又《肘后方》云："元旦及七日，吞麻子、小豆各二七枚，消疾疫。"张仲景方云："岁有恶气中人，不幸便死。取大豆二七枚、鸡子、白麻子，并酒吞之。"然麻豆之设，当起于此。梁有天下，不食荤，荆自此不复食鸡子，以从常则。

四

贴画鸡，或斫镂五采及土鸡于户上，悬苇索于其上，插桃符其傍，百鬼畏之。岁旦，绘二神披甲持钺，贴于户之左右，左神荼，右郁垒，谓之门神。

庄周云：“有挂鸡于户，悬苇索于其上，插桃符于旁，百鬼畏之。”魏议郎董勋云：“今正腊旦。门前作烟火、桃神，绞索松柏，杀鸡著门户，逐疫，礼也。”《括地图》曰：“桃都山有大桃树，盘屈三千里。上有金鸡，日照则鸣；下有二神，一名郁，一名垒，并执苇索以伺不祥之鬼，得则杀之。”应劭《风俗通》曰：“《黄帝书》称，上古之时，兄弟二人，曰荼与郁，住度朔山上桃树下，简百鬼，鬼妄搰人，援以苇索，执以食虎。”于是县官以腊除夕饰桃人，垂苇索，画虎于门，效前事也。

五

又，以钱贯系杖脚，回以投粪扫上，云“令如愿”。

《录异记》云：“有商人区明者，过彭泽湖，有车马出，自称青洪君。要明过，厚礼之，问何所须。”有人教明：“但乞如愿。”及问，以此言答。青洪君甚惜如愿，不得已，许之，乃其婢也。既而送出。自尔，商人或有所求，如愿并为，即得。后至正旦，如愿起晚，乃打如愿。如愿走，入粪中。商人以杖打粪扫，唤如愿，竟不还也。此如原故事。今北人正月十五日夜立于粪扫边，令人执杖打粪堆上，云以答假痛，意者亦为如原故事耳。

六

正月七日为人日，以 7 种菜为羹。剪彩为人，或镂金箔为人，以贴屏风，亦戴之头鬓。又造华胜以相遗。登高赋诗。

董勋《问礼俗》曰：“正月一日为鸡，二日为狗，三日为羊，四日为猪，五日为牛，六日为马，七日为人。正旦画鸡于门，七日贴人于帐。今一日不杀鸡，二日不杀狗，三日不杀羊，四日不杀猪，五日不杀牛，六日不杀马，七日不行刑，亦此义也。”

古乃磔鸡令畏鬼，今则不杀，未知孰是。荆人于此日向辰门前呼牛、羊、鸡畜，令来。乃置粟豆于灰，散之宅内，云以招牛马。未知所出。剪彩人者，人入新年，形容改从新也。华胜，起于晋代，见贾充《李夫人典戒》，云：“像瑞图金胜之形，又取像西王母戴胜也。”旧以正旦至七日讳食鸡，故岁首唯食新菜。又余日不刻牛、马、羊、狗、猪之像，而二日福施人、鸡，此则未喻。

郭缘生《述征记》云：“寿张县安仁山，魏东平王凿山顶，为会人日望处。刻铭于壁，文安犹在。”《老子》云：“众人熙熙，如登春台。”《楚辞》云：“日极千里伤春心。”则春日登临，自古为适；但不知七日竟起何代。晋代桓温参军张望，亦有七日登高诗。近代以来，南北同耳。

北人此日食煎饼，于庭中作之，支熏火，未知所出。

七

立春之日，悉剪彩为燕，戴之，贴“宜春”二字。

宜春二字，傅咸《燕赋》有其言矣。赋曰：“四时代至，敬逆其始。彼应运于东方，乃设燕以迎至。翚轻翼之歧歧，若将飞而未起。何夫人之功巧，式仪形之有似。御青书以赞时，著宜春之嘉祉。”

正月十五日，作豆糜，加油膏其上，以祠门户。先以杨枝插门，随杨枝所指，仍以酒脯饮食及豆粥插箸而祭之。

《续齐谐记》曰：“吴县张成夜起，忽见一妇人立于宅东南角，谓成曰：‘此地是君家蚕室，我即此地之神。明年正月半，宜作白粥，泛膏其上以祭我，当令君蚕桑百倍。’言绝而失之。成如言作膏粥，自此后大得蚕。”

世人正月半作粥祷之，加肉覆其上，登屋食之。咒曰：“登高糜，挟鼠脑，欲来不来？待我三蚕老。”则是为蚕逐鼠矣。《石虎邺中记》：“正月十五日，有登高之会。”则登高又非今世而然者也。

其夕，迎紫姑，以卜将来蚕桑，并占众事。

刘敬叔《异苑》云：“紫姑本人家妾，为大妇所妒，正月十五日感激而死，故世人作其形迎之。咒云：‘子胥（云是其婿）不在，曹夫人（云是其姑）已行，小姑可出。’于厕边或猪栏边迎之，捉之觉重，是神来也。”平昌孟氏尝以此日迎之，遂穿层而去。自尔，著以败衣，盖为此也。

《洞览》云：“帝喾女将死，云：‘生平好乐，至正月可以见迎’。”又其事也。

俗云：溷厕之间必须静而后致紫姑。《杂五行书》：“厕神名后帝。”《异苑》云：“陶侃如厕，见人自云‘后帝’，着单衣、平上帻，谓侃曰：‘三年莫说，贵不可言’。”将后帝之灵，凭此姑而言乎！

正月夜多鬼鸟度，家家槌床打户，捩狗耳，灭灯烛以禳之。

《玄中记》云：“此鸟名姑获。一名天地女，一名隐飞鸟，一名夜行游女，好取人女子养之。有小儿之家，即以血点其衣以为志。故世人名为鬼鸟。”

八

春分曰，民并种戒火草于屋上。有鸟如乌，先鸡而鸣，架架格格。民候此鸟则入田，以为候。

社曰，四邻并结综会社，牲醪，为屋于树下，先祭神，然后飨其胙。郑氏云：“百家共一社。”今百家所社综，即共立之社也。

《东京梦华录》卷之六

正　月

正月一日年节，开封府放关扑三日。士庶自早，互相庆贺。街坊以食物、动使、果实、柴炭之类，歌叫关扑。如马行潘楼街州东宋门外州西梁门外踊路，州北封丘门外及州南一带，皆结彩棚，铺陈冠梳、珠翠、头面、衣着、花朵、领抹、靴鞋、玩好之类。间列舞场歌馆，车马交驰。向晚贵家妇女，纵赏关赌，入场观看，入市店饮宴，惯习成风，不相笑讶。至寒食冬至三日，亦如此。小民虽贫者，亦须新洁衣服，把酒相酬尔。

立　春

立春，前一日，开封府进春牛入禁中鞭春。开封、祥符两县，置春牛于府前。至日绝早，府僚打春，如方州仪。府前左右百姓卖小春牛，往往花装栏坐，上列百戏人物，春幡雪柳，各相献遗。春日宰执亲王百官皆赐金银幡胜，入贺讫，戴归私第。

元　宵

正月十五日元宵。大内前自岁前冬至后，开封府结缚山棚立木正对宣德楼。游人已集御街，两廊下奇术异能，歌舞百戏，鳞鳞相切，乐声嘈杂十余里。击丸蹴鞠，踏索上竿，赵野人倒吃冷淘，张九哥吞铁剑，李外宁药法傀儡，小健儿吐五色水，旋烧泥丸子，大特落灰药骨朵儿杂剧，温大头、小曹稽琴，党千箫管，孙四烧炼药方，王十二作剧术，邹迁、田地广杂扮，苏十、孟宣筑球，尹常卖五代史，刘百禽虫蚁，杨文秀鼓笛。更有猴呈百戏，鱼跳龙门，使唤蜂蝶，追呼蝼蚁，其余卖药卖卦，沙书地谜，奇巧百端，日新耳目。至正月七日，人使朝辞出门，灯山上彩，金碧相射，锦绣交辉。面北悉以彩结山沓，上皆画神仙故事。或市场卖药卖卦之人，横列三门，各有彩结，金书大牌，中曰都门道，左右曰左右禁卫之门，上有大牌曰宣和与民同乐。彩山左右以彩结文殊、普贤、跨狮子、白象，各于手指出水五道，其手摇动。用辘轳绞水上灯山尖高处，用木柜贮之，逐时放下，如瀑布状。又于左右门上，各以草把缚成戏龙之状，用青幕遮笼，草上密置灯烛数万盏，望之蜿蜒如双龙飞走。自灯山至宣德门楼横大街，百余丈，佣棘刺围绕，谓之棘盆，内设两长竿，高数十丈，以缯彩结束，纸糊百戏人物，悬于竿上，风动宛若飞仙。内设乐棚，差衙前乐人作乐杂戏，并左右军百戏在其中。驾坐一时呈拽，宣德楼上皆垂黄缘帘，中一位乃御座。用黄罗设一彩棚，御龙直执黄盖掌扇，列于帘外。两朵楼各挂灯球一枚，约方圆丈余，内燃椽烛，帘内亦作乐，宫嫔嬉笑之声，下闻于外。楼下用枋木垒成露台一所，彩结栏槛，两边皆禁卫排立，锦袍幞头簪赐花。执骨朵子，面此乐棚。教坊钧容直，露台弟子，更互杂剧。近门亦有内等子班直排立。万姓皆在露台下观看，乐人时引万姓山呼。

十六日，车驾不出，自进早膳讫，登门，乐作卷帘，御座临轩宣万姓，先到门下者，犹得瞻见天表。小帽红袍独卓子，左右近待，帘外伞扇执事之人，须臾下帘则乐作，纵万姓游赏。两朵楼相对，左楼相对郓王以次彩棚幕次，右楼相对蔡太师以次执政戚里幕次。时复自楼上有金凤飞下诸幕次，宣赐不辍，诸幕次中家妓，竞奏新声，与山棚露台上下，乐声鼎沸。西朵楼下，开封尹弹压，幕次罗列罪人满前，时复决遣，以警愚民。楼上时传口敕，特令放罪。于是华灯宝炬，月色花光，霏雾融融，动烛远近。至三鼓，楼上以小红纱灯球，缘索而至半空，都人皆知车驾还内矣。须臾闻楼外击鞭之声，则山楼上下灯烛数十万盏，一时灭矣。于是贵家车马，自内前鳞切，悉南去游相国寺。寺之大殿前设乐棚，诸军作乐，两廊有诗牌灯云："天碧银河欲下来，月华如水照楼台，并火树银花合，星桥铁锁开之诗。"其灯以木牌为之。雕镂成字，以纱绢幂之，于内密燃其灯，相次排定，亦可爱赏。资圣阁前，安顿佛牙，设以水灯，皆系宰执戚里贵近占设看位。最要闹九子母殿，及东西塔院惠林，智海、宝梵，竞陈灯烛，光彩争华，直至达旦。其余宫观寺院，皆放万姓烧香。如开宝、景德、大佛寺等处，皆有乐棚，作乐燃灯。唯禁观寺院，不设灯烛矣。次则葆真宫，有玉柱帘窗隔灯。诸坊巷马行诸香药铺席，茶坊、酒肆灯烛，各出新奇。就中莲花王家香铺灯火出群，而又命僧道场打花钹，弄椎鼓，游人无不驻足。诸门皆有官中乐棚，万街千巷，尽皆繁盛浩闹。每一坊巷口，无乐棚去处，多设小影戏棚子，以防本坊游人小儿相失，以引聚之。殿前班在禁中右掖门里，则相对右掖门设一乐棚，放本班家口登皇城观看。官中有宣赐茶酒妆粉钱之类。诸营班院，于法不得夜游，各以竹竿出灯球于半空，远近高低，若飞星然。阡陌纵横，城闉不禁。别有深坊小巷，绣额珠帘，巧制新妆，竞夸华丽。春情荡飏，酒兴融怡，雅会幽欢，寸阴可惜，景色浩闹，不觉更阑。宝骑骎骎，香轮辘辘，五陵年少，满路行歌，万户千门，笙簧未彻。市人卖玉梅、夜蛾、蜂儿、雪柳、菩提叶、科头园子、拍头焦䭔。唯焦䭔以竹架子出青伞上，装缀梅红缕金小灯笼子，架子前后，亦设灯笼，敲鼓应拍，团圆转走，谓之打旋罗。街巷处处有之，至十九日收灯。五夜城闉不禁，尝有旨展日。宣和年间，自十二月于酸枣门门上，如宣德门，元夜点照，门下亦置露台，南至宝录宫，两边关扑买卖。晨晖门外设看位一所，前棘围绕，周回约五七十步，都下卖鹌鹑骨朵儿、园子锤拍、白肠、水晶会、科头细粉、旋炒栗子银杏、盐豉汤、鸡段、金橘、橄榄、龙眼、荔枝诸般市合，团团密摆，准备御前索唤。以至尊有时在看位内，门司御药知省太尉悉在帘前，用三五人弟子只应，䊵盆照耀，有同白日。仕女观者，中贵邀住，劝酒一金杯令退。直至上元，谓之预赏。

《梦粱录》

正　月

正月朔日，谓之元旦，俗呼为新年。一岁节序，此为之首，士夫皆交相贺，细民男女亦皆鲜衣，往来拜节。街坊以食物、动使、冠梳、领抹、缎匹、花朵、玩具等物沿门歌叫关扑。不论贫富，游玩琳宫梵宇，竟日不绝。家家饮宴，笑语喧哗。

元　宵

正月十五日元夕节，乃上元天官赐福之辰。时汴京大内前缚山棚，对宣德楼，悉以彩结，山沓上皆画群仙故事，左右以五彩结文殊、普贤、跨狮子、白象、各手指内五道出水。其水用辘轳绞上灯棚高尖处，以木柜盛贮，逐时放下，如瀑布状。又以草缚成龙，用青幕遮草上，密置灯烛万盏，望之蜿蜒，如双龙飞走之状。上御宣德楼观灯，有牌曰："宣和与民同乐。"万姓观瞻，皆称万岁。今杭城元宵之际，州府设上元醮，诸狱修净狱道场，官放公私僦屋钱三日，以宽民力。舞队自去岁冬至日，便呈行放。遇夜，官府支散钱酒犒之。元夕之时，自十四为始，对支所犒钱酒。十五夜，帅臣出街弹压，遇舞队照例特犒。街坊买卖之人，并行支钱散给。此岁岁州府科额支行，庶几体朝廷与民同乐之意。姑以舞队言之，如清音、遏云、掉刀鲍老、胡女、刘衮、乔三教、乔迎酒、乔亲事、焦锤架儿、仕女、杵歌、诸国朝、竹马儿、村田乐、神鬼、十斋郎各社，不下数十。更有乔宅眷、汗龙船、踢灯鲍老、驰象社。官巷口、苏家巷二十四家傀儡，衣装鲜丽，细旦戴花朵肩、珠翠冠儿，腰肢纤袅，宛若妇人。府第中有家乐儿童，亦各动笙簧琴瑟，清音嘹亮，最可人听。拦街嬉耍，竟夕不眠。更兼家家灯火，处处管弦，如清河坊蒋检阅家。奇茶异汤，随索随应，点月色大泡灯，光辉满屋，过者莫不驻足而观。及新开门里牛羊司前，有内侍蒋苑使家，虽曰小小宅院，然装点亭台，悬挂玉栅，异巧华灯，珠帘低下，笙歌并作，游人玩赏，不忍舍去。……诸营班院于法不得与夜游，各以竹竿出灯球于半空，远睹若飞星。又有深坊小巷，绣额珠帘，巧制新装，竞夸华丽。公子王孙，五陵年少，更以纱笼喝道，将带佳人美女，遍地游赏。人都道玉漏频催，金鸡屡唱，兴犹未已。……至十六夜收灯，舞队方散。

二　月

二月朔，谓之“中和节”，民间尚以青囊盛百谷、瓜、果子种，互相遗送，为献生子。禁中宫女，以百草斗戏。百官进农书以示务本。上丁日，国学行释奠礼，祭文宣王，以祭酒、司业为献官。州县学宫，以帅、宰奉行。立春后五戊日为社，州县祭社稷，朝廷亦差官祭于太社、太稷坛。

《荆楚岁时记》

去冬节一百五日，即有疾风甚雨，谓之寒食。禁火三日，造饧大麦粥。

按：据历合在清明前二日，亦有去冬至一百六日者。《琴操》曰：“晋文公与介子绥俱亡，子绥割股以啖文公。文公复国，子绥独无所得。子绥作《龙蛇之歌》而隐。文公求之，不肯出，乃燔左右木。子绥抱木而死。文公哀之，令人五月五日不得举火。”又周举移书及魏武《明罚令》、陆翙《邺中记》并云寒食断火起于子推。《琴操》所云子绥即推也。又，云五月五日与今有异，皆因流俗所传。据《左传》及《史记》，并无介子推被焚之事。

按：《周书·司烜氏》：“仲春以木铎循火禁于国中。”注云：“为季春将出火也。”今寒食准节气是仲春之末。清明是三月之初，然则禁火盖周之旧制。陆翙《邺中记》曰：“寒食三日作醴酪。”又：“煮粳米及麦为酪，捣杏仁，煮作粥。”《玉烛宝典》曰：“今人悉为大麦粥。研杏仁为酪，引饧沃之。”孙楚《祭子推文》云：“黍饭一盘，醴酪二盂。”是其事也。

斗鸡，镂鸡子，斗鸡子。按：《玉烛宝典》曰：“此节，城市尤多斗鸡卵之戏。”《左传》有季郈斗鸡。其来远矣。古之豪家，食称画卵。今代犹染蓝茜杂色，仍如雕镂。递相饷遗，或置盘俎。《管子》曰：“雕卵然后瀹之，所以发积藏，散万物。”张衡《南都赋》曰：“春卵夏笋，秋韭冬菁。”便是补益滋味。其斗卵，则莫知所出。董仲舒书云：“心如宿卵，为体内藏，以据其刚。”仿佛斗理也。

打球、秋千、施钩之戏。按：刘向《别录》曰：“蹴鞠，黄帝所造，本兵势也。”或云起于战国。按：鞠与球同。古人蹋蹴以为戏也。《古今艺术图》云：“秋千，北方山戎之戏，以习轻趫者。”施钩之戏，以緪作篾缆相罥，绵亘数里，鸣鼓牵之。求诸外典，未有前事。公输子游楚为舟战，其退则钩之，进则强之，名曰钩强，遂以时越。以钩为戏，意起于此。《涅槃经》曰：“斗轮骨轮索，其秋迁之戏乎？秋千，亦施钩之类也。”

三月三日，士民并出江渚池沼间，为流杯曲水之饮。

按：《续齐谐记》：“晋武帝问尚书挚虞曰：‘三日曲水，其义何指？’答曰：‘汉帝时，平原徐肇以三月初生三女，而三日俱亡，一村以为怪，乃相携之水滨盥洗，遂因流水以滥觞，曲水起于此。’帝曰：‘若此谈，便非嘉事。’尚书郎束晰曰：‘挚虞小生，不足以知此。臣请说其始：昔周公卜成洛邑，因流水以泛酒。故逸诗云：羽觞随波流。又，秦昭王三月上巳置酒河曲，有金人自东而出，奉水心剑曰：令君制有西夏。及秦霸诸侯，乃因其处立为曲水祠。二汉相沿，皆成盛集。’帝曰：‘善！’赐金十五斤，左迁挚虞为阳城令。”按：《韩诗》云：“唯溱与洧，方洹洹兮。唯士与女，方秉蕳兮。”注谓：“今三月桃花水下，以招魂续魄，祓除岁秽。”《周礼》：“女巫岁时祓除衅浴。”郑注云：“今三月上巳水上之类。”司马彪《礼仪志》：“三月三日官民并禊饮于东流水上。”弥验此曰。《南岳记》云：“其山西曲水坛，水从石上行，士女临河坛。三月三日所逍遥处。”周处、吴徽注《吴地记》，则又引郭虞三女，并以元巳日死，故临水以消灾。所未详也。张景阳《洛禊》赋，则洛水之游。傅长虞《神泉》文，乃园池之宴。孔子云：“暮春浴乎沂。”则水禊除，由来远矣。

是曰，取鼠曲汁蜜和粉，谓之龙舌（柈），以厌时气。

《东京梦华录》

清明节

清明节，寻常京师以冬至后一百五日为大寒食，前一日谓之炊熟。用面造枣锢飞燕，柳条串之，插于门楣，谓之子推燕。子女及笄者，多以是日上头。寒食第三节，即清明日矣。凡新坟皆用此日拜扫。都城人出郊，禁中前半月，发宫人车马朝陵。宗室南班近亲，亦分遣诣诸陵坟享祀。从人皆紫衫，白绢三角子青行缠，皆系官给。节日，亦禁中出车马，诣奉先寺道者院，祀诸宫人坟。莫非金装绀幰，锦额珠帘，绣扇双遮，纱笼前导，士庶阗塞。诸门纸马铺，皆手当街，用纸衮叠成楼阁之状。四野如市，往往就芳树之下，或园囿之间，罗列杯盘，五相劝酬。都城之歌儿舞女，遍满园亭，抵暮而归，各携枣锢、炊饼、黄胖、掉刀、名花、异果、山亭、戏具、鸭卵、鸡雏，谓之门外土仪。轿子即以杨柳杂花装簇顶上，四垂遮映。自此三日，皆出城上坟，但一百五日最盛。节日，坊市卖稠饧、麦糕、乳酪、乳饼之类。缓入都门，斜阳御柳，醉归院落，明月梨花。诸军禁卫，各成队伍，夸马作乐四出，谓之摔脚，其旗帜鲜明，军容雄壮，人马精锐，又别为一景也。

《梦粱录》

三月（佑圣真君诞辰附）

三月三日上巳之辰，曲水流觞故事，起于晋时。唐朝赐宴曲江，倾都禊饮踏青，亦是此意，右军王羲之《兰亭序》云："暮春之初，修禊事。"杜甫《丽人行》云："三月三日天气新，长安水边多丽人。"形容此景，至今令人爱慕。

清明节

清明交三月，节前两日谓之"寒食"，京师人从冬至后数起至一百五日，便是此日，家家以柳条插于门上，名曰"明眼"，凡官民不论小大家，子女未冠笄者，以此日上头。寒食节三日，即清明节，每岁禁中命小内侍于阁门用榆木钻火，先进者赐金碗，绢三匹。宣赐臣僚巨烛，正所谓"钻燧改火"者，即此时也。

《荆楚岁时记》

四月也，有鸟名获谷，其名自呼。农人候此鸟，则犁杷上岸。

按:《尔雅》云:"鸤鸠，鴶鞠。"郭璞云:"今布谷也，江东呼获谷。"崔寔《正论》云:"夏扈趍耕锄。即窃脂玄鸟鸣。"获谷则其夏扈也。

五月俗称恶月，多禁。忌曝床荐席，及忌盖屋。按:《异苑》云:"新野庾寔尝以五月曝席，忽见一小儿死在席上，俄失之，其后寔子遂亡。”或始于此。或问董勋曰：“俗五月不上屋，云五月人或上屋见影，魂便去。”勋答曰：“盖秦始皇自为之。禁夏不得行，汉魏未改。”按：《月令》：“仲夏可以居高明，可以远眺望，可以升山陵，可以处台榭。”郑玄以为顺阳在上也。今云不得上屋，正与礼反。敬叔云见小儿死而禁曝席，何以异此乎？俗人月讳，何代无之？但当矫之归于正耳。

五月五日，四民并蹋百草，又有斗百草之戏。采艾以为人，悬门户上，以禳毒气。按：宗测字文度，尝以五月五日鸡未鸣时采艾，见似人处，揽而取之，用灸有验。《师旷占》曰：“岁多病则艾先生。”

是日，竞渡，采杂药。按：五月五日竞渡，俗为屈原投汨罗日，伤其死，故并命舟楫以拯之。舸舟取其轻利，谓之飞凫，一自以为水军，一自以为水马。州将及士人悉临水而观之。邯郸淳《曹娥碑》云：“五月五日，时迎伍君逆涛而上，为水所淹。”斯又东吴之俗，事在子胥，不关屈平也。《越地传》云：起于越王勾践，不可详矣。是日，竞采杂药。《夏小正》：“此月蓄药，以蠲除毒气。”

以五彩丝系臂，名曰辟兵，令人不病瘟。又有条达等织组杂物以相赠遗。取鸲鹆教之语。按：仲夏茧始出，妇人染练，咸有作务。日月星辰鸟兽之状。文绣镂，贡献所尊。一名长命缕，一名续命缕，一名辟兵缯，一名五色丝，一名朱索，名拟甚多。青、赤、白、黑以为四方，黄为中央，襞方缀于胸前，以示妇人蚕功也。此月鸲鹆子毛羽新成，俗好登巢取养之，以教其语也。

夏至节日，食粽。周处谓为角黍，人并以新竹为筒粽。练叶插五彩系臂，谓为长命缕。

是日，取菊为灰，以止小麦蠹。按：干宝《变化论》云：“朽稻为蛬，朽麦为蛱蝶。”此其验乎？

六月伏日，并作汤饼，名为辟恶。按：《魏氏春秋》：“何晏以伏日食汤饼，取巾拭汗，面色皎然，乃知非傅粉。”则伏日汤饼，自魏已来有之。

《东京梦华录》

端 午

端午节物，百索、艾花、银样鼓儿、花花巧画扇、香糖果子、粽子、白团、紫苏、菖蒲、木瓜，并皆茸切，以香药相和，用红梅匣子盛裹。自五月一日及端午前一日，卖桃、柳、葵花、蒲叶、佛道艾，次日家家铺陈于门首，与粽子，五色水团，茶酒供养。又钉艾人于门上，士庶递相宴赏。

《梦粱录》

五 月

五月重五节，又曰“浴兰令节”，内司意思局以红纱彩金盝子，以菖蒲或通草雕刻天师驭虎像于中，四周以五色染菖蒲悬围于左右。又雕刻生百虫铺于上，却以葵、榴、艾叶、花朵簇拥。内更以百索彩线、细巧镂金花朵，及银样鼓儿、糖蜜韵果、巧粽、五色珠儿结成经筒符袋，御书葵榴画扇，艾虎、纱匹段，分赐诸阁分、宰执、亲王。兼之诸宫观亦以经筒、符袋、灵符、卷轴、巧粽、夏橘等送馈贵宦之家。如市井看经道流，亦以分遗施主家。所谓经筒、符袋者，盖因《抱朴子》问辟五兵之道，以五月午日佩赤灵符挂心前，今以钗符佩带，即此意也。杭都风俗，自初一日至端午日，家家买桃、柳、葵、榴、蒲叶、伏道，又并市茭、粽、五色水团、时果、五色瘟纸，当门供养。自隔宿及五更，沿门唱卖声，满街不绝。以艾与百草缚成天师，悬于门额上，或悬虎头白泽。或仕宦等家以生朱于午时书“五月五日天中节，赤口白舌尽消灭”之句。此日采百草或修制药品，以为辟瘟疫等用，藏之果有灵验。杭城人不论大小之家，焚烧午香一月，不知出何文典。其日正是葵榴斗艳，栀艾争香，角添包金，菖蒲切玉，以酬佳景，不特富家巨室为然，虽贫乏之人，亦且对时行乐也。

《荆楚岁时记》

七　夕

七月七日，为牵牛织女聚会之夜。

戴德夏小正云，是月织女东向，盖言星也。《春秋斗运枢》云，牵牛神名略。石氏《星经》云，牵牛名天关，佐助期云，织女神名收阴。《史记·天官书》云，是天帝外孙。傅玄《拟天问》云，七月七日，牵牛织女会天河。此则其事也。河鼓黄姑，牵牛也，皆语之转。

是夕，人家妇女，结彩缕，穿七孔针，或以金银玉石为针，陈瓜果于庭中，以乞巧，有喜子网于瓜上，则以为符应。

《世王传》曰，窦后少小头秃，不为家人所齿，七月七日夜，人皆看织女，独不许后出，有光照室，为后之瑞。七月十五日，僧尼道俗，悉营盆供诸佛。

《盂兰盆经》云，有七叶功德，并幡花歌鼓果实送之，盖由此也。经云，目莲见其亡母，在饿鬼中，即钵盛饭，往饷其母，食未入口，化成火炭，遂不得食。目连大叫，驰还白佛，佛言汝母罪重，非汝一人，奈何？当须十方众僧威神之力，至七月十五日，当为七代父母厄难中者，具百味五果，以著盆中，供养十方大德。佛粉众僧，皆为施主，祝愿七代父母行禅定意，然后受食，是时目连母，得脱一切饿鬼之苦。目连白佛，未来世佛弟子，行孝顺者，亦应奉盂兰盆供养，佛言大善。故后因此广为华饰，乃至刻木割竹，饴蜡剪彩，模花叶之形，极工妙之巧。

《东京梦华录》

七　夕

七月七夕，潘楼街东宋门外瓦子，州西梁门外瓦子，北门外，南朱雀门外街，及马行街内皆卖磨喝乐，乃小塑土偶耳。悉以雕木彩袋栏座，或用红纱碧笼，或饰以金珠牙翠，有一对直数千者。禁中及贵家与士庶为时物追陪，又以黄蜡铸为凫、雁、鸳鸯、鸂鶒、龟、鱼之类，彩画金镂，谓之水上浮。又以小板上傅土旋种粟令生苗，置小茅屋花木，作田舍家小人物，皆村落之态，谓之谷板。又以瓜雕刻成花样，谓之花瓜。又以油面糖蜜造为笑靥儿，谓之果食。花样奇巧百端，如捺香方胜之类。若买一斤，数内有一对被介胄者如门神之像，盖自来风流，不知其从，谓之果实将军。又以绿豆、小豆、小麦于磁器内，以水浸之，生芽数寸，以红兰彩缕束之，谓之种生，皆于街心彩幙帐设出络货卖。七夕前三五日，车马盈市，罗绮满街，旋折未开荷花，都人善假做双头莲，取玩一时，提携而归，路人往往嗟爱。又小儿须买新荷叶执之，盖效颦磨喝乐。儿童辈特地新妆，竞夸鲜丽。至初六初七晚，贵家多结彩楼于庭，谓之乞巧楼，铺陈磨喝乐、花、瓜、酒、炙、笔、砚、针、线或儿童裁诗。女郎呈巧，焚香列拜谓之乞巧。妇女望月穿针，或以小蜘蛛安合子内，次日看之，若网园正，谓之得巧。里巷与妓馆，往往列之门首，争以侈靡相尚。

《梦粱录》

七　月

七月七日，谓之“七夕节”。其日晚晡时，倾城儿童女子，不论贫富，皆着新衣。富贵之家，于高楼危榭，安排筵会，以赏节序；又于广庭中设香案及酒果，遂令女郎望月瞻斗列拜，次乞巧于女牛。或取小蜘蛛，以金银小盒儿盛之，次早观其网丝圆正，名曰“得巧”。内庭与贵宅皆塑卖磨喝乐，又名摩候罗孩儿，悉以土木雕塑，更以造彩装栏座用碧纱罩笼之，下以桌面架之，用青绿销金桌围护，或以金玉珠翠饰尤佳。又于数日前，以红漉鸡、果食、时新果品，互相馈送。禁中意思蜜煎局亦以鹊桥仙故事，先以水蜜木瓜进入。市井儿童，手执新荷叶，效摩候罗之状。此东都流传，至今不改，不知出何文记也。

《荆梦岁时记》

八月十四日，民并以朱水点儿头额，名为天炙，以厌疾，又以锦彩为眼明囊，递相饷遗。

《述征记》云，八月一日，作五明囊，盛取百草头露洗眼，令眼明也。《续齐谐记》云，弘农邓绍，当以八月旦入华山采药，见一童子，执五彩囊，承柏叶上露，皆如珠，满囊。绍问用此何为？答曰，赤松先生取以明目，言终便失所在。今世人八月旦，作眼明袋，此遗象也。或以金薄为之，递相饷焉。

《东京梦华录》

中　秋

中秋节前，诸店皆卖新酒，重新结络门面采楼，花头画竿，醉仙锦饰，市人争饮。至午未间，家家无酒，拽下望子。是时螯蟹新出，石榴、榅勃、梨、枣、栗、葡萄、弄色枨橘，皆新上市。中秋夜，贵家结饰台榭，民间争占酒楼玩月。丝篁鼎沸，近内庭居民，夜深遥闻笙竽之声，宛若云外。闾里儿童，连宵嬉戏，夜市骈阗，至于通晓。

《梦粱录》

八　月

八月上旬丁日，太宗武府庠县学俱行秋丁释奠礼。秋社日，朝廷及州县差官祭社稷于坛，盖春祈而秋报也。秋社日，有士庶家妻女归外家回，皆以新葫芦儿、枣儿等为遗，俗谚云谓之“宜良外甥儿”之兆耳。

八月十五日中秋节，此日三秋恰半，故谓之“中秋”。此夜月色倍明于常时，又谓之“月夕”。此际金风荐爽，玉露生凉，丹桂香飘，银蟾光满，王孙公子，富家巨室，莫不登危楼，临轩玩月，或开广榭，玳筵罗列，琴瑟铿锵，酌酒高歌，以卜竟夕之欢。至如铺席之家，亦登小小月台，安排家宴，团圞子女，以酬佳节。虽陋巷贫窭之人，解衣市酒，勉强迎欢，不肯虚度。此夜天街卖买，直至五鼓，玩月游人，婆娑于市，至晓不绝。盖金吾不禁故也。

《荆梦岁时记》

九月九日，四民并籍野饮宴。

杜公瞻云，九月九日宴会，未知起于何代，然自汉至宋未改，今北人亦重此节，佩茱萸食饵，饮菊花酒，云令人长寿，近代皆设宴于台榭。又《续齐谐记》云，汝南桓景随费长房游学，长房谓之曰：“九月九日，汝南当有大灾厄，急令家人缝囊盛茱萸系臂上，登山饮菊花酒，此厄可消。”景如言，举家登山，夕还，见鸡犬牛羊一时暴死。长房闻之曰，此可代也。

《东京梦华录》

重　阳

九月重阳，都下赏菊有数种，其黄白色蕊若莲房曰万龄菊，粉红色曰桃花菊，白而檀心曰木香菊，黄色而圆者曰金铃菊，纯白而大者曰喜容菊，无处无之。酒家皆以菊花缚成洞户，都人多出郊外登高，如仓王庙、四里桥、愁台、梁王城、砚台、毛驼岗、独乐岗等处宴聚。前一二日，各以粉面蒸糕遗送，上插剪彩小旗，掺饤果实，如石榴子、栗子黄、银杏、松子肉之类。又以粉作狮子蛮王之状，置于糕上，谓之狮蛮。诸禅寺各有斋会，唯开宝寺、仁王寺有狮子会，诸僧皆坐狮子上，做法事讲说，游人最盛。下旬即卖冥衣、靴鞋、席帽、衣段，以十月朔日烧献故也。

《梦粱录》

九　月

日月梭飞，转盼重九，盖九为阳数，其日与月并应，故号曰“重阳”。是日，孟嘉登龙山落帽，渊明向东篱赏菊，正是故事。今世人以菊花、茱萸，浮于酒饮之，盖茱萸名“辟邪翁”，菊花为“延寿客”，故假此两物服之，以消阳九之厄。

《荆梦岁时记》

十月朔日，黍曜，俗谓秦岁首。

未详黍曜之义，今北人此日设麻羹豆饭，当为其始熟尝新耳。仲冬之月，采撷霜芜菁葵等杂菜干之，并为咸菹。

有得其和者，并作金钗色，今南人作咸菹，以糯米熬捣为末，并研胡麻汁和酿之，石窄令熟，菹既甘脆，汁亦酸美，其茎为金钗股，醒酒所宜也。

《东京梦华录》

十月一日

十月一日，宰臣已下受衣着锦袄三日。士庶皆出城享坟。禁中车马出道者院，及西京朝陵，宗室车马亦如寒食节。有司进暖炉炭，民间皆置酒做暖炉会也。

立　冬

是月立冬，前五日西御园进冬菜。京师地寒，冬月无蔬菜，上至宫禁，下及民间，一时收藏，以充一冬之用。于是车载马驰，充塞道路。时物羌豉、膶子、红丝、末脏、鹅梨、榅桲、蛤蜊、螃蟹。

冬　至

十一月冬至，京师最重此节，虽至贫者，一年之间，积累假借，至此日更易新衣，备办饮食，享祀先祖。官放关扑，庆贺往来，一如年节。

《荆楚岁时记》

十二月八日为腊日，谚言腊鼓鸣，春草生。村人并系细腰鼓，戴胡头，及做金刚力士以逐疫。

《礼记》云，傩人，所以逐厉鬼也。《吕氏春秋》季冬纪注云，今人腊前一日，系古驱疫，谓之逐除。《晋阳秋》：王平子在荆州，以军围逐除以斗故也。《玄中记》：颛顼氏三子俱亡，处人宫室，善惊小儿。汉氏以五营千骑，自端门传炬送疫，弃洛水中。故《东京赋》云："卒岁大傩，驱除群厉，方相秉钺，巫觋操茢，侲子万童，丹首玄制，桃弧棘矢，所发无臬。"金刚力士世谓佛家之神。河图玉版云，天立四极，有金刚力士，兵长三十丈，此则其义。

其日，并以豚酒祭灶神。

礼器，灶者老妇之祭，尊于瓶，盛于盆，言以瓶为樽盆盛馔也。许慎《五经异义》云，颛顼有子曰黎，为祝融火正，祝融为灶神，姓苏名吉利，妇姓王，名博颊。汉阴子方腊见灶神，以黄犬祭之，谓为黄羊，阴氏世蒙其福，俗人竞尚，以此故也。岁前又为藏彄之戏。

周处《风土记》曰，醇以告蜡，竭恭敬于明祀，乃有藏彄，腊日之后，臾妪各随其侪，为藏彄，分二曹。以校胜负。辛氏《三秦记》以为钩弋夫人所起。周处、成公绥，并作彄字。艺经、庾阐则作钩字，其事同也。俗云，此戏令人生离，有禁忌之家，则废而不修。

岁暮，家家具肴蔌，诣宿岁之位，以迎新年，相聚酣饮，留宿岁饭，至新年十二日，则弃之街衢，以为去故纳新也。

《东京梦华录》

十二月

十二月，街市尽卖撒佛花、韭黄、生菜、兰芽、薄荷、胡桃、泽州饧。初八日，街巷中有僧尼三五人作队念佛，以银铜沙罗或好盆器，坐一金铜或木佛像，浸以香水，杨枝洒浴，排门教化。诸大寺作浴佛会，并送七宝五味粥与门徒，谓之腊八粥。都人是日各家亦以果子杂料煮粥而食也。腊日寺院送面油与门徒，却入疏教化上元灯油钱。闾巷家家互相遗送。是月景龙门预赏元夕于宝箓宫，一方灯火繁盛。二十四日交年，都人至夜请僧道看经，备酒果送神，烧合家替代纸钱，贴灶马于灶上，以酒糟涂抹灶门，谓之醉司命。夜于床底点灯，谓之照虚耗。此月虽无节序而豪贵之家，遇雪即开筵。塑雪狮、装雪灯雪□[1]以会亲旧。近岁节市井皆印卖门神，钟馗、桃板、桃符及财门钝驴、回头鹿马，天行帖子。卖乾茄瓠、马牙菜、胶牙饧之类，以备除夜之用。自入此月，即有贫者三数人为一伙，装妇人神鬼，敲锣击鼓，巡门乞钱，俗呼为打夜胡，亦驱祟之道也。

除夕。至除日，禁中呈大傩仪，并用皇城亲事官诸班直戴假面，绣画色衣，执金枪龙旗，教坊使孟景初身品魁伟，贯全副金镀铜甲，装将军。用镇殿将军二人，亦介胄，装门神。教坊南河炭丑恶魁肥装判官，又装钟馗小妹、土地、灶神之类，共千余人，自禁中驱祟。出南薰门外转龙弯，谓之埋祟而罢。是夜禁中爆竹山呼，声闻于外。士庶之家，围炉团坐，达旦不寐，谓之守岁。

《梦粱录》

十二月

季冬之月，正居小寒、大寒时候。自冬至至后戌日，数之第三戌，便是腊日，谓之“君王腊。”腊月内可盐猪羊等肉，或作腊豝、法鱼之类，过夏皆无坏。惠民局及士庶修制脂药，俱无虫蛀之患。此月八日，寺院谓之“腊八”。大刹等寺，俱设五味粥，名曰“腊八粥”；亦设红糟，以麸乳诸果笋芋为之，供僧，或馈送檀施、贵宅等家。二十四日，不以穷富，皆备蔬食饧豆祀灶。其夜家家以灯照于卧床下，谓之“照虚耗”。二十五日，士庶家煮赤豆粥祀食神，名曰“人口粥”，有猫狗者，亦与焉。不知出于何典。……岁旦在迩，席铺百货，画门神桃符，迎春牌儿，纸马铺印钟馗、财马、回头马等，馈与主顾。更以苍术、小枣、辟瘟丹相遗。如宫观羽流，以交年疏、仙术汤等送檀施家。医士亦馈屠苏袋，以五色线结成四金鱼同心结子，或百事吉结子，并以诸品汤剂，送与主顾第宅，受之悬于额上，以辟邪气。街市朴买锡打春幡胜、百事吉

① 原刊在这里脱一字。

斛儿，以备元旦悬于门首，为新岁吉兆。其各坊巷叫卖苍术小枣不绝，又有市爆仗、成架烟火之类。自此入月，街市有贫丐者三五人为一队，装神鬼、判官、钟馗、小妹等形，敲锣击鼓，沿门乞钱，俗呼为“打夜胡”，亦驱傩之意也。

除夜。十二月尽，俗云“月穷岁尽之日”，谓之“除夜”。士庶家不论大小家，俱洒扫门闾，去尘秽，净庭户，换门神，挂钟馗，钉桃符，贴春牌，祭祀祖宗。遇夜则备迎神香花供物，以祈新岁之安。禁中除夜呈大驱傩仪，并系皇城司诸班直，戴面具着绣画杂色衣装，手执金枪、银戟、画木刀剑、五色龙凤、五色旗帜，以教乐所伶工装将军、符史、判官、钟馗、六丁、六甲、神兵，五方鬼使、灶君、土地、门户、神尉等神，自禁中动鼓吹，驱祟出东华门外，转龙池湾，谓之“埋祟”而散。……是夜，禁中爆竹嵩呼，闻于街巷。烟火屏风诸般事件爆竹，及送在爆竹声震如雷。士庶不以贫富家　如同白日。围炉团坐，酌酒唱歌，鼓谓之“守岁”。

选自 1990 年《漯河文史资料》第四辑

传统节日趣谈

邢富功

在中国璀璨的历史文化长河中，传统节日文化是其中一个重要组成部分，汇集了许多爱国爱民、尊老爱幼、勤俭持家、主持正义、驱除邪恶的优良美德和传统习俗。

这里收编的每个节日中都有一个形象的典故或传说，看着有趣，听着有味，并在漯河形成了具有当地特色的文化层。

春　节

春节也叫元旦。“元”是开始的意思，“旦”是指天刚亮。“元旦”是新年的第一天。因为它恰在一年二十四节气的“立春”前后，所以又叫“春节”。腊月三十晚上叫除夕，过去这一夜上一年就过去了，故俗称“过年”。

说起“过年”，有这样一个传说：古时有一种很凶的怪兽长着血盆大口，人们叫它“年”。每到腊月三十，它便出来挨村挨户残食人群。一个腊月三十的晚上，“年”到一个村庄，恰好有两个牧童在比赛甩牛鞭。“年”听到半空响起“啪啪”声，吓得望风逃窜。“年”窜到另一个村上，迎头看见一家门口挂着大红衣裳，吓得掉头就跑。“年”又窜到一个村子里面，朝家门缝里一望，那亮闪闪的灯光，刺得它头昏眼花，只得溜跑了。人们这才知道“年”怕响、怕红、怕火。为了生存，人们想出许多抵御“年”的方法，诸如燃放爆竹、贴春联、敲锣鼓等。“爆竹”始于晋代，晋朝有许多燃放爆竹的记载。当时的“爆竹”是在火里烧竹子，烧得竹子爆炸，“啪啪”作响。直到火药发明后，才演变为今天这样的爆竹。古人燃放爆竹是为了避邪驱鬼，今天则是为了振奋精神，增添节日气氛。“春联”也叫对联，是春节贴在门上的吉祥联语。起源于古代的“桃符”，即用红色画“符”，驱除邪恶。写“对联”是从五代后蜀开始的。据《宋史·蜀世家》载：“孟昶每岁除，命学士辛寅逊为词，题桃符置寝门左右……昶以其非工，自命笔题云：‘新年纳余庆，嘉节岁长春’。”从那时起，由官家传民家，年年相传，早已成为习惯。宋朝王安石《元日》：“爆竹声中一岁除，春风送暖入屠苏。千门万户曈曈日，总把新桃换旧符。”

漯河人民过年是很隆重的，农历腊月三十晚上，即除夕之夜，要办4件事：①家庭成员欢聚在一起，有在外地做事的人都要在三十晚上之前赶回家，与家人团圆，吃团圆饭。许多富裕家庭还在祖先的“英灵”前摆上供品，第一碗水饺也先端给祖先，表示尊敬怀念。然后全家人吃团圆饭。②家庭长辈要向晚辈发压岁钱，希望晚辈健康成长，早日成家立业。③家庭主妇点上蜡烛，长辈终夜不眠，叫守岁、熬福。天大亮时，晚辈穿上新衣，向长辈叩头拜年。④有些重礼仪、爱交友的家庭，在除夕之夜，请最知心朋友或同族长者到家做客，摆上酒菜，边饮边谈，叙旧迎新。

正月初一，是新年的第一天，主要活动是拜大年，特别是家有高寿（80岁以上）老人者，家庭和四邻街坊都要向老人祝福，叩首拜年。长辈老人对来拜寿的少儿，分给花生、核桃、柿饼、大红枣和糖果，表示“五谷丰登”，生活甜蜜。正月初二至初五，走亲访友，互相祝福、问候。

元宵节

正月十五日，是元宵节，始于唐代，相传典故甚多。传说一，汉刘邦的皇后吕氏是一个奸心狠毒的淫妇。刘邦死后，她计谋篡权，想把跟刘邦打天下的众臣杀尽，使吕氏家族霸皇位。计谋败露后，正月十五日夜，诸臣合力把吕氏家族诛灭，保汉文帝登位，重显天下太平。汉文帝为记念这个日子，每年正月十五日夜，都要出宫观灯游玩，与民同乐，相延日久，便成了今天的元宵节。传说二，汉武帝年间，有一年腊月下大雪，武帝心中烦闷，侍臣东方朔心眼灵活，看透了武帝心事。为讨武帝心喜，便到御花园给他折梅花，顺眼看到有一个宫女叫元宵，要投井自尽。东方朔问清该女家中有父母双亲和小妹，因宫规极严，入宫之后，无法孝敬双亲，不如一死了之。东方朔足智多谋，亲自到西山脚下找到元宵的父母，约定乘正月十五日夜游赏观灯的机会，在指定地点让元宵与父母和小妹相见。传说三，东汉明帝永平五年，蔡安从印度求佛经回国，明帝为发展佛教，把元宵节定为节假日，各大街各门户悬挂灯笼，表示对蔡安的慰问和欢迎。道教也沿袭此规，把正月十五日称为“上元节”，即“灯节”。

漯河人民过元宵节，有丰富多彩的活动内容，除举办文艺活动、放烟花之外，南大街、北大街、张公路、牛王庙街、东大街、顺河街等都要扎过街“灯山”。各商号住户大门前悬挂彩灯，当天中午吃饺子，正月十六晚上喝汤圆。俗语：“十五（日）扁扁，十六（日）圆圆，圆圆展展过一年。”

青龙节

农历二月二是龙抬头的日子，故为“青龙节”。青龙节有一个很动人的故事。相传唐高宗李治死后，皇后武则天篡权，改国号为周，自封大周武皇帝。天宫玉帝闻知大怒，令太白金星传谕四海龙王，三年内不向民间降雨。结果从立夏到寒露，长达150天滴雨未下，庄稼全部旱死，江河枯竭，连人、畜吃水都非常困难。人间的哭叫声惊动了天宫各路神仙，看到凡世间平民的苦难，都于心不忍，又不敢违抗玉帝的旨意。就在这时，突然乌云满天，顷刻间大雨连降。久旱得喜雨，人心欢畅，都忙对天跪拜，感谢天神赐恩，造福人间。原来，这是主管天河的玉龙背着玉帝给人间行雨。上次玉龙为救人民私下行雨，被打入凡间，变成一匹马，跟随唐僧跋山涉水、受尽苦难去西天取经立了大功，玉帝才免玉龙之罪，收回天河。这次又违旨降雨，玉帝更为恼怒，把玉龙压在一座大山下。山上立通碑，写道：“玉龙降雨犯天规，当受人间千秋罪，若想重登云霄阁，金豆开花方可归。”后来人们得知，便四处寻找金豆，又总是无着。到了第二年二月初一，正逢赶集，一位老婆婆背袋苞谷去卖，布袋口未扎好，撒了一地，人们心想，这不就是金豆子吗？捡回家放在锅里一炒，果然开花了。于是一传十，十传百，第二天家家户户都炒苞谷花，放在院子里，有的特意送到压玉龙的山边。玉龙见人们如此深情，便高喊：“太白老！太白老！金豆子开花了，快放我回去！”太白金星人老眼花，看不清楚，抬手收回拂生，压玉龙的大山随风飘起，玉龙腾身入云。从此以后，每年二月初二，人们就炸苞谷花，喜庆玉龙抬头。

漯河人民都非常喜欢过青龙节，俗语有“二月二敲瓦，蝎子、蚰蜒没爪”“二月二敲梁头，大囤满，小囤流”。二月初二早晨，爷爷、奶奶总是先起床，摸摸孙子、孙女的头，以取吉祥，寄托希望。

清明节

清明节是我国的传统节日之一，相传很远，确有来历。

春秋时代，有个晋国，由于奸臣当道，密谋杀害公子重耳。忠臣介子推得知消息后，协助重耳逃出晋国，到处流浪 19 年，历尽艰辛。有一天，重耳饿得头晕眼花，行走不便，身处深山，难以觅食。介子推偷偷将自己大腿上的肉割下一块，烧熟给重耳吃。重耳因饥饿，一气吃完后问：“哪里来的肉？还有没有？”介子推把裤腿一提说：“肉从此来！”重耳看后，感动得流着泪说：“你这样待我，我将用什么报答你哩？”介子推说：“我不图你对我有什么报答，只求你不要忘了黎民百姓的疾苦，愿你以后能做一个清明的君王。”

19 年后，晋国除了奸臣，请公子重耳回国当君王，当走到都城时，重耳看到车上铺的破席，随手将其扔掉，介子推心有烦意。重耳当上国君后，大封功臣，唯独忘了跟随他多年忠心保他的介子推。介子推在午朝门外高歌："一蛇出亡，数蛇从之；蛇入深渊，数蛇宁宇；一蛇无穴，号于中野。"歌后，回家背着年迈的母亲隐居绵山。晋文公猛然想起割肉奉主往事，心中很感不安，多路派人寻找，介子推拒不相见。晋文公于心不忍，便用三面放火烧山的办法，逼他出来，最后发现介子推和母亲紧抱一棵大柳树被烧死了。晋文公非常悲痛，同诸臣痛哭不止，随后将尸体葬于大柳树下。树洞里留有一片破布，是介子推的血书，写道："割肉奉君尽丹心，但愿主公常清明。柳下做鬼终不见，强似伴君做栋臣。倘若主公心有我，忆我之时常自省。臣在九泉心无愧，勤政清明复清明。"

晋文公看罢血书，心中更加感慨，将血书藏于袖内，传旨将绵山加封，定名为"介山"，全国严禁烟火，吃寒食。所以"清明节"又叫"寒食节"。

第二年春天，介子推墓旁的那棵被烧焦的柳树又发出了新芽，晋文公得知后非常感动，亲往看望，并将柳枝折下插在门头上，以示永远怀念。

清明节久传成俗，形成我国人民的传统节日。漯河人民早有门头插柳的习俗，还要提前上坟祭祖、扫墓。因为介子推烧死于清明节前两天，故有早"清明"之说。

端午节

农历五月初五，是民间传说的"端午节"，也叫"端阳节"。"端"者，初也，是开始的意思；"午"与五同音。因唐玄宗李隆基是五月初五生，大臣宋杰为讨好皇帝避"五"之讳将"端五"改为"端午"。端午节的传说始于战国后期，是纪念爱国诗人屈原的日子。

屈原（约前320—约前278年），名平，战国楚秭归（今湖北省秭归县）人，任楚国左徒和三闾大夫。战乱年代，他忧国忧民，主谋改良政治。他的大部分作品如《九歌》《九章》《离骚》《招魂》《渔父》等流传至今，是我国文学宝库中的珍贵财富。楚怀王不听屈原劝告，被张仪骗到秦国软禁起来，逼他割地献城。楚怀王又羞又愧，忧虑成疾，不久死于秦国。消息传到楚国都城，屈原悲愤欲绝，上书新继位的楚襄王吸取教训，选将练兵，为怀王报仇。不料楚襄王昏庸，听信奸佞，将屈原革职流放。秦国看到时机成熟，立即发兵，攻打楚国，楚军大败，失地千里。屈原愤恨不已，终日吟诗汨罗江边："蝉翼为重兮，千钧为轻。国民遭难兮，我枉有廉贞。"渔民听到他的诗，俯首心碎，垂泪悲戚，江水呜咽。秦破楚国都后，屈原绝望地说："国破身何用，无颜见父老。"便于公元前278年农历五月初五，抱石投汨罗江身亡。

百姓见屈原投江，惊呼屈大夫投江啦！大夫投江啦！像潮水一样涌向江边，营救屈原，终不见影。无奈，又怕鱼鳖虾蟹吃掉屈原的尸体，纷纷向江中扔粽子、鸡蛋、油条、糖糕等。一位老医生拿来一坛雄黄酒倒入江中，果然水中浮出一条醉晕的蛟龙，口须上还粘有衣片，众人一看便知，把蛟龙捕捉，剥了它的皮抽了它的筋。到了宋朝，朝廷封屈原为"忠烈公"。

过去船民在端午节早上也向河中扔粽子、糖糕等，纪念屈原的英灵。老人要给小孩脖子里挂五色彩线、带香布袋，到河里洗脸、洗头、刷洗用具，用雄黄酒抹鼻子、抹耳朵，传说可以防蚊虫叮咬。

中秋节

农历八月十五，是中华民族传统佳节之一。据《民俗学》得知，中秋赏月源于上古先民们对"月神"的崇拜。我国最早记载《书舜曲》(查原著)曰："肆类于上帝，禋于六宗，望于山川，遍于群臣。""类""禋""望"系指对不同神灵的祭祀方式。"六宗"包括天、祖、日、月、星、神。唐代诗人王健在《十五夜望月》(查全唐书)中云："中庭地白树栖鸦，冷露无声湿桂花；今夜月明人尽望，不知秋思在谁家。"中秋节还有一个美妙的"嫦娥奔月"传说。远古时代，天上有十个太阳同时出现，晒得大地直冒烟，江河干涸，庄稼无收，鱼虾绝迹，百姓难以生存。夏代有个穷国的君主后羿，是个射箭神手。他力大无比，同情百姓，一天射下九个太阳，剩最后一个太阳认罪了，后羿才息怒收弓，令太阳有热有冷，四季分明，为民造福。从此以后，后羿的名字传遍天下，受人敬仰。他的妻子叫嫦娥，是一个非常善良、非常美丽的女人，他们夫妻相爱，相互尊敬。后羿常去深山老林射猎，与乡亲同食。有一天，后羿寻猎，遇到西天王母，知道后羿忠厚善良，神力无比，赐给他一粒仙丹，想让他成仙升天。后羿不愿离开心爱的妻子和众乡亲，就将仙丹交给嫦娥精心放好。乡亲中有许多人想跟后羿学艺，跪拜后羿为师，其中有一个叫蓬蒙的徒儿，想寻机偷后羿的仙丹。八月十五这天，后羿带领徒儿上山射猎，傍晚，蓬蒙偷偷溜回，逼嫦娥交出仙丹，嫦娥在威逼之下，把仙丹藏入口中，立即身轻如云，冲出窗口，直上蓝天，奔向寂寞的月宫。

后羿回家不见妻子，心急如焚，冲出门外，只见月亮分外明亮，好像妻子嫦娥在看自己，又无法追上去，只好命侍女在院中摆上供桌，放满嫦娥最喜欢吃的水果、食品，遥祭远在月中的妻子。乡亲们听说后，也照后羿的样子祭奠善良的嫦娥，年年如此，相传成俗。

漯河人民过中秋节十分讲究。八月十五晚上，在院子里放供桌，摆上月饼、水果，叫愿月，有的叫拜月。拜月后将月饼切分给家人吃，每人一块，取家庭团圆和睦之意。

重阳节

农历九月初九，是传统的重阳节，即老人节。《易经》载："以阳数为九。"将"九"定为阳数，九月九日，两九相重，故名"重阳"。

九九重阳节，漯河流传有一个动人的故事。相传东汉明帝时，汝水（今沙河）南岸住一户勤劳的人家，以农耕为生，主人叫桓景。有一年汝水两岸发生瘟疫病，只有费长房道士能解此难。桓景病情好转，决心为民除病，但不知费长房道士居住何处。有一天，桓景在山中看到一只白鸽，连连向他点头，不解其意，便向鸽子走去，鸽子向前一飞又落下，向桓景点头。桓景猜疑起来，又向鸽子走去，鸽子又飞了。桓景突然明白，直追着鸽子走，不知走了多少天，翻了多少山，涉过多少水，一天正午时分，桓景刚爬过一座山之后，忽然发现一座古庙。庙门的正上方写有“费长房仙居”五个大字。他分外欣喜，可大门紧闭着，鸽子在古庙上空盘旋，桓景不敢惊动费长房道士，在庙门前等候了两天两夜。大门突然开了，见一位白须飘飘的老人，笑道：“你为民除病，心诚意坚，快进院吧！”桓景想，这可能就是费长房大仙，忙叩头、施礼，随大师进院。费长房赠给桓景一把青龙剑，精心教他练武。桓景早起晚睡，昼夜练功。一天早上，费长房大仙走近桓景跟前说：“今年九月九日，汝水瘟疫又要出现，你要返乡为民消灾灭病，你带回一包茱萸叶，一瓶菊花酒，到时候叫乡亲们登山避难。”说罢，随手一指，从树上飞来一只鸽子，让桓景骑上，向汝河边飞去。

桓景回到家乡，把费长房大仙的话向乡亲说明。九月九日，众乡亲为了避灾，登到山顶，桓景把茱萸叶分给大家，放在口里，每人又喝一口菊花酒，坐在山口避邪。桓景持青龙剑回家迎战瘟魔。大约巳时，只见汝水波浪滔滔，怪风四起，瘟魔冲出水面，闯进村庄，却不见人，抬头远望，人都在山上，便直追到山脚下，闻到菊花酒气刺鼻，茱萸异香醉腑，不敢登山，返回村庄只见桓景一人坐屋里，静目养神。瘟魔急向桓景扑来，桓景挥剑，寒光刺眼，瘟魔返身就跑，桓景追赶不及，就把青龙剑向前扔去，只听“嗖”的一声，穿透了瘟魔的心脏。从此以后，汝河两岸人民再不受瘟魔的侵害了。

后来人们为了纪念桓景为民除害的崇高美德，就把农历九月初九定为登高避灾的重阳节。唐代诗人王维在《九月九日忆山东兄弟》诗中曰：“独在异乡为异客，每逢佳节倍思亲。遥知兄弟登高处，遍插茱萸少一人。”

鬼神节

农历十月初一，俗称“鬼神节”。城乡的家家户户都要在十月初一之前两三天，带着香纸、供品和鞭炮到坟墓祭祖，以表孝心。

相传东汉和帝永元十六年（104 年），朝中侍臣蔡伦发明了造纸术，结束了以竹记事的历史。可他造的纸专供朝中官员使用，百姓根本买不到。蔡伦的嫂子慧娘是个聪明的女人，看到蔡伦造纸她红了眼，便让丈夫蔡莫去找弟弟蔡伦学习造纸技术。蔡莫临走时，慧娘还再三交代要勤学，快回家，早造纸，早赚钱，早致富。蔡莫找到弟弟蔡伦，学习了 3 个月，就急忙回家造纸。因为他的技术没有学通，造的纸太粗糙，卖不出去，堆满了两屋子，两口子非常发愁。经过几天苦思，慧娘终于想出了一个妙计，在丈夫耳旁嘀咕几下，让蔡莫照办。这天午夜时分，蔡莫放声大哭，顷刻间惊动了四邻，众乡亲闻讯赶来问："是怎么回事？"蔡莫望着四邻乡亲悲痛地说："因为造纸，俺两口子吵了几句，她就寻死上吊了。明天她娘家来人会跟我闹，请乡亲们行个好，到时候就说是得急病死的！"

第二天，蔡莫在慧娘的棺材前哭得悲泪不止。慧娘的弟弟来到蔡家，感到姐姐死得不寻常，便打听四邻乡亲，都说是急病死的，又看到蔡莫哭得十分痛心，也就不再怀疑了。蔡莫当着大家的面说："都怪我技术学得不精，造的纸卖不出去，慧娘气得不吃饭、不喝水，得急病气死了，我要把纸烧成灰，以解我的心头之痛。"他抱出一捆捆粗纸，一边烧，一边哭，烧了大堆纸之后，听见棺材里发出了响声。蔡莫装作没听见，继续边烧边哭，又停了一会儿，慧娘从棺材里发出了悲声，吓得众乡亲一起向外跑。慧娘喊道："把门快打开，我回来了！"大家壮了壮胆，打开棺盖，慧娘果然坐起来了，说："阳间钱能通四海，阴间钱能做买卖。有钱能使鬼推磨，阎王放我又回来了！"停了一会儿，慧娘定了定神又说："我到了阴间，阎王爷罚我推磨，受尽了苦头，多亏我丈夫给我送了很多钱，小鬼为了钱，争着替我推磨。后来判官来了，我也给他不少钱，判官说通阎王，打开地府，让我又回来了。"蔡莫听慧娘说后，又抱了几大捆纸烧着说："判官，我再给你送些钱，请给我爹娘多买路。"大家听得入神，感到这是后人为早死的父母尽孝的好办法。于是都到蔡莫家买纸给家中早死的亲人烧，越传越广，便形成了烧纸的民俗。

慧娘死而还阳那一天是十月初一，所以就把十月初一定为"鬼神节”。漯河人也很重视“鬼神节”，绝大多数人家在十月初一的当天或以后的几天，都要用不同方式到坟墓前祭祀亡人。有的用五色纸制作衣服，放在坟墓前烧了，叫送“寒衣”；有的带着熟肉（刀头）、圆蒸馍、水果等上坟烧纸祭祖；有的在坟前倒三杯、六杯或九杯酒，祝他们的英灵安乐；也有的在坟墓旁燃放鞭炮，叫醒沉睡的死者，起来享供、拾钱。

腊八节

农历十二月称腊月，腊月初八简称“腊八”。形成节日，各地都有不同的传说内容，仅漯河就有三说。

一、公元25年，刘秀在洛阳建立东汉王朝当皇帝后，一日三餐不离山珍海味。时间久了，胃吃腻了，再吃什么都没味，忽然想起当初在临潼落难时，路遇乞丐老翁同吃的“杂合粥”，味道鲜美。刘秀传御厨精心做“杂合粥”，他食后认为味道不鲜不美，降旨斩了这位御厨，又命侍臣在全国挑选名厨觐见，可做的“杂合粥”仍不合他口，又降旨斩了。他连降旨斩几个御厨之后，消息传开，被当年那位老翁得知，专程来洛阳找刘秀。刘秀一看却是一位衣衫破烂的老头，问：“你是何人？”那老头把手中提的破瓦罐拍了拍说：“陛下，可认识它吗？”刘秀清目一睹：“啊！这不是当年在临潼救驾的老者吗？”连忙赐座，并说：“朕曾多次派人寻找恩人无着，今日相见，要报谢恩人的救命之恩。”老者对刘秀的封赐一一谢绝说：“我来见陛下，并非图报，只求陛下开恩，今后不要再让御厨给陛下做‘杂合粥’了。”刘秀惊异地问：“这却为何？”老者说：“因当年陛下吃的‘杂合粥’是东家半碗、西家半碗凑合起来的，陛下当时饥饿，就觉味香味美，今日再高明的御厨也做不出陛下当年吃的味道了。”老者言罢，退殿而去。这天正好是腊月初八，刘秀为吸取这一教训和报答老人的救命之恩，降旨今后每年腊月初八，宫内所有侍臣都要吃一顿“杂合粥”。

二、相传释迦牟尼修道成佛，佛教僧众为向这位修行成佛的仙家致贺，把尘世上能吃的大米、小米、江米、高粱、红小豆、大红枣、花生仁、核桃仁和红糖做成“杂八粥”，作为释迦牟尼的最后一顿斋饭，一起同食。这天正是腊月初八。

三、相传宋代岳飞率军在郾漯大战金兀术，从郾城境追杀到朱仙镇连获大捷。这时朝中奸臣秦桧与皇帝合谋，与金兵免战求和，连下 12 道金牌，令岳飞退军。众百姓闻讯后，带着大米、白面、大豆、花生、大枣等到军营慰劳，岳飞下令各军营不许接收百姓物品，于是百姓拦路恳求不能退兵，久跪不起。岳飞爱民如父母，只好将送来的慰问品收下，混合下锅做成“杂八粥”，军民同餐。这一天恰好也是腊月初八[①]。

漯河人过“腊八节”早已成俗。腊月初八这天中午，家家户户吃杂八粥（“腊八粥”）。现代有的说是“忆苦思甜”饭，以此进行勤俭持家教育。因为大家吃的是五谷杂粮，所以也有预祝来年“五谷丰登”之意。

灶君节

腊月二十三下午或晚上祭灶神，漯河人信奉张灶君者甚多。

相传早在西周时，中原地区住有一户人家，兄弟二人，兄叫张君，弟叫张和，二人各有一手绝技。张君砌炉灶特别内行，砌的炉灶火焰旺，又省柴，方圆很多人家都请他给砌炉灶。久而久之，人们给他送个外号叫张灶君。张和是个画画能手，盘古山上有个大庙院，老道常请他到庙里画壁画、塑神像。他画的画形象逼真，生动活泼，得到道人和朝拜者的盛赞。老道也深受感动，把珍藏的万年历给张和看，并给他抄一份留存，张和视为珍宝。

张君是老大，是一家之主，张和把万年历交给哥哥看后，当作传家宝。张君为人忠厚，心地善良，为使乡亲适时耕种，精心制出很多份万年历，不管到谁家干活，都要送他们一份。张君也很会说话，善于处理各种事务，经常帮助人家办事，谁家有家庭纠纷，也请他去帮忙解决。

张君活到 84 岁，那年的腊月二十二去世了。张君死后不久，妻子也死了。哥嫂死后，一切家务全由张和当家。张和一辈子没有管过家

① 岳飞郾城大捷时在夏季，与腊月大不相合，以说荒谬。

务，理家无方，儿子打架，媳妇吵嘴，弄得一家不和。大媳妇偷偷炸油馍，二媳妇悄悄炒鸡蛋，都成了好吃懒做的吃嘴精，张和却无法管教。他想起哥嫂，于是，在哥哥逝世两周年那天，他用一张纸画上哥嫂的像，两边画上两条龙，上面画12个孩子和家禽家畜，夜晚悄悄贴在厨房墙上。到了四更天时，将儿子、媳妇、侄子、侄媳妇都叫起来，说："我刚才做了一个梦，你大爷回家来了，他现在成了神仙，知道咱家闹得不成样子了，很生气。玉帝封他为灶王爷，又派十个仙童协助他管理历法。你们上厨房看看吧！"全家人到厨房一看，吓一跳，见张君红光满面，两边的两条龙金光闪闪，活灵活现。张和说："您大爷在厨房里专管咱们的家务，若男的不按节令耕地，女的好吃懒做，搅家不贤，不孝公婆，他便把每天的事记下来，到腊月二十三晚上上天禀报玉皇大帝，三十晚上下界回来，玉帝就罚他害病、生疮，给以报应。"他这么说，吓得一家人忙跪地磕头。张和又搬来供桌，摆上烧饼、灶糖说："哥哥爱吃烧饼（俗称锅烩），嫂嫂爱吃灶糖。"又说："亲不亲一家人，儿子、侄子、媳妇们会学好的，你要上天言好事，下界保平安。"说罢又将此写成对联粘在画像两边，从此家里人谁也不敢再闹了。这桩事很快传开了，乡亲们听说张君成了神仙，能保佑一家平安，于是都请张和画张君像。请者越来越多，张和画不及，就精心刻了个画版，谁家要了就给谁家印一张。这样一来，张灶君就成了一家之主的灶王爷。

漯河人每年腊月二十三下午祭灶神，把新请的灶王爷像贴在厨房后墙上，烧纸（黄裱）焚香。两家相好者认的干亲，由父亲或母亲领着儿女到亲家看望干爹、干娘，参与祭灶。

选自2004年《漯河文史资料》第十二辑

漯河正月十九闹“元宵”

胡民安[①]

我国传统习惯，农历正月十五是最热闹的元宵节。漯河为什么最热闹的是正月十九呢？史载：明朝永乐十年（1413年），漯河已经建镇，属郾城县管辖。因为水陆交通方便，商贾云集，附近各县及南方各省人士都来漯河购小麦。清末光绪十九年（1893年），京汉铁路通车，英、日、美各国也来漯河购粮，用火车运往武汉、上海等地。漯河成为农副产品集散地，其他商业也随之兴旺。漯河镇的经济繁荣超过了郾城县城。

因为漯河是个镇，所以正月十五“元宵节”民间艺术表演和花灯展都在郾城县城举行，不能满足漯河市民的观赏需求。为了拉拢生意，招揽买卖，吸引群众，漯河商业人士就把元宵节改为“十九会”，即十七、十八、十九这3天举办民间艺术活动，每届会期都邀请附近各县民间艺术团体来漯河演出。从那时起，“十九会”就成为漯河民间艺术活动的盛大节日，一直流传至今。

漯河“十九会”的民间艺术组织很多，有舞蹈社、狮子社、竹马社、唢呐班、闹伞社、肘阁社、小车旱船社、高跷社等。艺术形式丰富多彩，有单狮子、双狮子、龙灯、旱船、高跷、老背少、刘海戏金蟾、河蚌、竹马、挑花篮、独杆轿、腰里头、驮阁、武术、扑蝶、摔跤、戏刘翠、抬老四、推小车、八音楼、抬阁等各具风格。

① 胡民安，河南郾城县人，1934年9月出生。1956年漯河高中毕业考入河南师范学院中文学习，毕业后先后在唐河高中、郾城高中、漯河铁路中学任教。1984年受聘漯河职工大学。

到漯河献艺的故事班[1]来自周边临颍、郾城、上蔡、西平、遂平、舞阳、周口、商水等地。乡亲们不怕路远，不怕严寒，到漯河来看故事的有100里、200里之外的人们，他们成群结队，有的提前到来。白天，大街上人头攒动，摩肩接踵。老街、马路街、煤市街、竹木街、牛行街，寨内的牛王庙街、戏楼后街、顺河街、北大街和铁路东的万顺街、天桥街等挤满了人。各故事班献艺比赛，一个接一个，形式丰富多彩。民间艺术的特色，在这里都充分表现出来了。周口的肘阁、驮阁，漯河黄岗的鸡毛人斗蚌、独杆等民间舞蹈，风格独特，备受群众欢迎。

正月十七至十九，每6时至16时，各街锣鼓喧天，鞭炮齐鸣。特别是高音大笛（杆长2.5米，筒长0.5米）在锣鼓声中吹起来更显得嘹亮悦耳，震人心弦，和锣鼓声相配合，节奏明朗，气势宏伟，给人“乐在其中”之感。

夜晚，各主要街道扎有大型的过街灯山。那是用秸秆绑成斜格形，斜格下交叉处放着三四百盏香油灯，辉煌灿烂，真正把漯河变成“火树银花不夜城”了。

选自1990年《漯河文史资料》第十一辑

① 郾漯方言，称春节、元宵节期间各类民间艺术活动为玩故事，参加表演的组织也称故事班子。

漯河地方的中元节——盂兰会

张　哲[①]

旧时，每年农历七月十五，民间习俗称为“鬼节”，又叫“中元节”。佛教信徒们要举行盂兰会放河灯，1936年七月十五我参加过一次。

那天下午，我随一位虔诚的佛教信徒（每日吃斋念佛）——我的表伯母到郾城西关外河南岸去帮助做灯。灯是用一块小木片上钉一根竹签，木片的四周糊几片纸做莲瓣，好似一朵荷花。我们的任务是把蜡油浸过的纸捻插在小竹签上，放在筐里。大人们说这些灯都是善人们捐献的，有的是为了积阴德，有的是为了还心愿。还有人说：夜里把这些灯放在河里，水里淹死鬼得到一盏灯就可以脱离苦海超生了。我们几个小孩子一边半信半疑地听着，一边忙活着把装好的筐抬到小船上，装满十几条船。夜里9点多钟，都上船出发了。最前边是条大船，船上锣鼓鞭炮齐鸣，烧着纸大声地念经，小船随后一排顺流而下。当船驶到河中间时开始散灯：拿一盏灯点亮后小心地放在水面上，每条船上都有几个念经的人，船行很慢，我们点灯、放灯，灯随河水漂去。不一会儿便满河灯光，一朵朵五彩缤纷的莲花布满河面，灯光水影荡漾在碧波上，犹如银河群星，闪闪烁烁，蔚为壮观。就这样直到午夜2点钟，船行至郾城西门外铁水牛处把灯放完才结束。

据考，盂兰会起源于“盂兰盆”的故事，梵语“盂兰”本为“乌兰”，意为“救倒悬”。《盂兰盆经》说：目莲以其母死后入地狱，备受苦难，食物入口，即化为烈火，如处倒悬，求佛救渡。佛令其在众僧秋季安居之日（七月十五）以盆盛百味饮食，供养十万众僧，即可解脱，

① 张哲，郾城县人，1924年出生，毕业于河南大学。曾任许昌第一中学、漯河第二中学教师。

七月十五放河灯的风俗即由此而来。中国南北朝梁代开始仿行，后世除设灯供僧外，还加“拜忏”“放焰口”等活动，相沿成习。

选自 1990 年《漯河文史资料》第十二辑

从颍布、颍绸谈到竹木柳荆铁

阎理之[①]

一、颍布

明清两代、民国时期，临颍县纺纱织布业发达。城内布行林立，在今东大街布行、布摊、线行、棉花行很多，故名大布市街。当时所织布匹除在本地销售外，大部分由外地布客收买，运往陕西、山西、甘肃、安徽等省销售，称为“颍布”。当时，布客云集临颍，曾建有规模宏大、富丽堂皇的山陕会馆，因在城西部，亦称西会馆。

当时，临颍农村妇女普遍纺花织布。城北刘庄，清乾隆年间，县官夜间下乡查白莲教，多次见该村家家妇女用纺车纺棉纱，深为嘉许，即令改村名为纺车刘。其实临颍农村妇女普遍纺纱，织布者以城东黄土岗上的村庄最多。不仅妇女纺花织布，男子在农闲也织布，并组织有织布机坊。城东五里头、七里头、十里头、双庙、上坡高、中岳庙等村都有织布机坊，村上有织布地窨（地下室，冬季温暖）。城东北王岗、窝城一带各村织布机坊也很多。毗邻鄢陵县境的农村村民织的布也带到临颍城内出售。西南乡王曲、大郭一带织布者也不少。甚至舞阳县北舞渡一带农村织的布也来临颍作为“颍布”出售。外销“颍布”不全是白布，也有蓝底白花的，还有红蓝两色布，面窄，只9.5寸宽，名为“九五布”。染坊染成，由布客远销甘肃、青海。据说，那里办喜事用红蓝布束腰，给牛马身上佩带。因此，当时临颍染业也很发达。

① 阎理之，河南省临颍县人，1911年出生。1936年毕业于开封师范学校，历任教师。1989年离休。

到民国20年前后，由于“洋布”充斥市场，军阀混战，匪如牛毛，农村几无宁日，织布机坊散伙，“颍布”衰落。

1937年七七事变，日寇侵略中华，天津、青岛、上海、无锡等纺织工业城市相继沦陷，“洋布”运不到内地。临颍纺花织布业又恢复起来。本地农民、公教人员、学生也穿起土布来。西北陕甘等地布客又来临颍收购“颍布”，临颍布业又繁荣一时。新中国成立后，各大城市纺织工业相继恢复发展，纺织品日新月异，“颍布”从此一蹶不振。

二、颍绸

过去，“颍绸”也很出名。产地是临颍西乡马庄庙一带贾庄、介贾、王凤楼、河西长枪王等村。“颍绸”分两种：一种是“绵绸”，白色如粗布，很结实，夏天穿着比粗布凉爽，冬天做衬衣暖和。原料是本地家蚕茧，取罢丝余下的茧皮，名为汤茧，经过煮沸晒干，由妇女搭在小竹竿上，夹在腋下，用手捻成线，卖给马庄庙各村织绸子户，织成白绸，叫“绵绸”。本地富人喜欢穿用，也可做亡人寿衣的衬衣。优点是结实耐穿，冬暖夏凉。历任县官都要买“绵绸”，赠送上司及亲友。

另一种是粗绸，也叫“茧绸”。原料是南召、鲁山一带的柞蚕茧的下渣，叫“穰子”。经妇女如上法捻成线，卖给长枪王、马庄庙一带织绸户，织成褐色疙瘩绸，夏天穿凉爽，但黄褐色不好看，有些农民爱穿。它被染成红绿绸，行销至青海、西藏等。据说，藏族用来作为“哈达”迎接贵客。新中国成立后仍有人收购，此种“颍绸”远销青海、西藏。1955年以后，因销路不畅，农村也不织了，“颍绸”从此消失。

还有一种叫“张绵”，是蚕茧的下渣，农民把它在颍河里漂洗成丝，可套冬衣保暖，但比棉花价贵。孟子说：“六十非帛不暖。”即此。

三、竹木柳荆铁

新中国成立前，临颍流行一种俗语：“东乡好置地，西乡好唱戏。”

确是事实。西乡朱集火神坡正月初十会，唱三台大戏。长枪王灵庙正月十三会，也唱大戏三台。申安张、吕集张、牛王庙农历二月初九会，唱戏两台。杜曲镇古庙会22次之多，几乎都要演戏。主要是杜曲镇老颍河沿岸村庄竹木柳荆铁手工业发达，农民手里钱活便，兴起庙会，演戏酬神，搞娱乐，也有推销手工业产品的用意。

原来渚河（老颍河）两岸，村庄多竹园，农民就地取材搞竹编（新中国成立后供销社从外地运来竹竿），形成许多竹编专业村。如杜曲以南的菜园刘、王堂、贾庄、徐庄、尚朱王、赵庄、后韩、文庄、篮王；杜曲以北的三朱、桂庄等村，都搞竹编副业。产品主要是竹床、竹躺椅、竹帘、竹篮、竹筢，专编竹篮的有杜曲以北的安庄、于庄、申安庄、小于庄、刘小包、箩头陈；秦庄编竹筛子，碾李编竹筛子、竹篮、竹帽子。这些有竹编副业的村庄，冬春无闲人，都在忙于搞竹编。

木工副业也很发达。制木器家具的有岗张、贾庄、金赵。金赵村除制家具外，以制耧闻名。河董、打车王以制风箱出名。湾陶80%的农户做小擀杖、棒槌。文庄制罗圈。君李、木锨王所制木锨，质优耐用，畅销县内外。杜曲以北，渚河东岸龙堂村产簸箕柳，户户编筐箩、簸箕、八角筐，做工精细，产品色泽光亮，坚固耐用。

杜曲以北，渚河西岸，种植荆条。搞荆编副业的有郭庄、二家刘、关庄、戴庄、瓦屋刘等村。产品有荆篮、粪筐、草篓、囤底、车围子，坚固耐用，农户爱用。

杜曲以南，渚河西岸，陶炉村，村民自明初从山西洪洞迁来，即设炉打铁，代代相传，现在户户打铁。产品有锄、镰、刀、斧、铲等，质优耐用，远近闻名，畅销各地。

选自1994年《漯河文史资料》第五辑

舞阳现代民间绘画源远流长

廖新中

河南省舞阳现代民间绘画,1987年9月参加首届“中国艺术节”——现代民间绘画展览，1988年2月9日被文化部命名为“中国现代民间绘画之乡”，1988年9月在首届河南省艺术节进行专展。从而崭露头角，引起了中央、省、市领导和专家的重视、支持和指导，组织成立了全国首家“农民画院”。蜚声画坛，出现“舞阳现代民间绘画现象”。

现代民间绘画，产生于群众文化活动之中，它是在民间美术（包括民间绘画、剪纸、刺绣、雕刻、泥塑、壁画等）的古老土壤之上形成的。

首先，舞阳现代民间绘画，滋生于有着古老文化的文明环境中。舞阳地处中原，历史悠久，文化灿烂。据史志和考古资料记载，尤其是近几年来，在舞阳县贾湖新石器时代遗址发掘出土的甲骨契刻符号和骨笛，不仅反映了早在8000年前，我们的祖先就在此繁衍生息，还展示出我们这块土地上已有了古老的文化艺术，是中国古代文明的发祥地之一，世世代代生活在这里的人们无不接受着这古老文明的深远影响。因此，自春秋始建舞阳，历代封建王朝封侯赐爵，常委以功臣要员。如西汉樊哙、东汉吴汉、曹魏司马懿，都相继在这里封为舞阳侯、定陵侯，西蜀开国皇帝王建也出生于舞阳。由此看，历史上的舞阳在政治、经济、文化上都是极为活跃的。据元至正三年（1343年）《护国圣烈昭惠灵显仁谷王修庙记》碑文记述，北舞渡镇就有“跨滍水（沙河）南北二镇，千有余家，皆有文庙书院，士夫崇文……风移俗易。淳矣、美矣！”说明当时风情民俗，文化开明，无愧世有“九门九关小北京”之称。

其次，舞阳现代民间绘画，受到相当深厚且丰富多彩的民间美术熏陶。舞阳有着古老文化的影响，而传统的绘画艺术也相当丰富多彩。上溯古风、民俗、原始泥塑、彩陶、殷商铜鬲造型、汉代画像石砖，唐宋陶瓷器皿及各代建筑、石刻、锦画、壁绘、刺绣、剪纸、灯花、编织、布娃娃、香布袋、门神画……美不胜收。虽屡经改移并分，而不失传统精华，见解更新，镂金琢玉，妙手丹春，民间绘画，风采尽出。仅以汉画像为例，就足以为人赞叹。自西汉开始，集中在河南南阳一带的墓内石刻画像，不失为我国的古代艺术珍品。舞阳自古与南阳毗邻，一度曾为南阳府属县，其出土之画像石与南阳画像石如出一辙，部分图案则有过之而无不及，仅从辛安、文峰、马村等地出土的石图案就极为丰富，如“村官蹶张图”“驱象斗兽图”“仙鹤灵芝图”“白虎铺着衔环图”“十字花朵图”“朱雀对语图”“狩猎捕禽图”“角抵、杂技图”“羽人车马出行图”等。其中各种禽兽，栩栩如生，花卉山水，形象动人。刀法娴熟，划线流畅，造型精炼，轻重粗细，动作自然，加之浪漫夸张生活的反映，互相融为一体，拙朴而不失纯真。这些对舞阳的民间绘画都产生了直接的影响。

最后，舞阳现代民间绘画，受到近代书画名家的影响。舞阳县绘画艺术历史悠久，尤其是在近代涌现出了一些书画家。如清代舞阳著名的绘画家章化乡简城村的孔和尚（1673—1779 年），善写精画，单画“百鸟朝凤”“风雪雨露”“葡萄中堂”等。民国时期，吴城镇画家朱荣轩（1899—1934 年），自幼酷爱绘画艺术，先后就读于开封东岳艺师、上海美专，并与人联合创办河南艺师。他擅长国画，尤其是山水花鸟，对油画、素描、水粉画也颇有造诣。1934 年，上海商务印书馆为他出版了《朱荣轩画册》，所收其名画“鹰藤”“浦竹”“双鸭”“芦苇天趣”“红梅”等 20 余幅国画。其画工笔重彩，形象逼真，意味隽永，别具一格，受到我国著名画家刘海粟、潘公展的赞许，对当时美术界都有较大影响。南京国画院的魏紫熙等都曾受业于朱荣轩先生，今已成为画界知名人士。朱荣轩的绘画对其后代和家乡也都有着深厚的影响。近百年来，吴城镇的绘画艺术盛传不衰，拥有相当一批绘画作者，而且方圆附近都颇有名。1988 年，河南省农民画展览时，漯河三县一区参展作品 21 幅，其中吴城书画作品就占 11 件。还有清代及民国时期的书画名家孔广脉、付汝霖、臧銮波、钟去兵等都对后来舞阳县的绘画产生了一定的影响。到了现代，绘画艺术更有发展，九街乡的胡村，在抗日战争时期是我党活动的主要基地之一。这里，刘少奇同志曾“小庄一宿”。1938 年，河南大学抗日救国会战教团领导人范文澜、嵇文甫等曾在这里成立“青年救国会”“儿童团”等，撒下了革命火种。著名画家王铸九、李新雨在这里定居作画，对村民们产生很大的影响。这里许多人热爱并从事书画技艺，其画还出售并传播到西平、遂平、明港、桐柏、泌阳、唐河、南阳、方城、舞钢、平顶山、漯河、许昌、信阳等 20 多个县、市，被社会公认为绘画村。

由于世世代代传统文化艺术和民间美术的影响和熏陶，舞阳县形成了相当深厚的民间艺术传统，而舞阳现代民间绘画正是从民间艺术里直接汲取了不少营养。它既源于传统的民间美术审美意识，又吸取和借鉴了现代艺术的创作手法。所以它既是民间的，又是现代的。舞阳现代民间绘画也正是在这种探索和实践中，形成了其独有的风格和特点。

选自 2003 年《漯河文史资料》第十一辑

舞阳合伯宝剑溯源

廖新中

舞阳，八千年文化光辉灿烂。盛名于春秋战国时期的“七大名剑”之一——合伯宝剑，便产生于斯，并重现于今世，成为舞阳这块神奇土地上一项耀眼夺目的民间文化遗产。

舞阳县合伯宝剑乃中华“七大名剑”之一，历史悠久。

《史记·苏秦传》记载：“天下之强弓劲弩，皆从韩出，故天下之剑韩为众：一曰棠溪，二曰墨阳，三曰合伯……”

舞阳，地处中原，春秋时为柏国，乃柏皇氏后代的封地，战国时改名合伯，先后隶属韩、魏两国。览史考古，这里位居豫中，林茂粮丰，加之早有冶铁之利，自古诸侯逐鹿，历代兵家必争。据《新唐书·地理志》记载和冶铁遗址的发现及众多的战国铁剑、青铜剑、铸剑范等出土文物明证，自战国开始，这里不仅设置有制剑等兵器作坊，更以出产合伯剑而闻名于世。除《史记》《战国策》《左传》等史籍皆有散见之外，《中华名胜辞典》也有此说：“由于兵器坚韧锋利，韩国一度成为强弓劲弩七大国之一。”可见，合伯古剑不负盛名。

历史上许多帝王、将相、文侯都与合伯剑有着动人的故事。前汉开国功臣樊哙封舞阳国武侯，贡合伯剑取悦皇上；西汉刘秀为诸将制剑合伯，兵发定陵，击王莽；三国魏晋司马懿、司马鸑先后被封舞阳忠武侯、舞阳宣文侯，领地舞阳，佩合伯宝剑，显王侯威仪；舞阳人前蜀王王建仗合伯宝剑，南征北战，入主四川称帝的故事也颇为动人。

王建家居舞阳城东王城岗，南临合伯舞水，西邻周汉故城。他幼丧双亲，孤度日月，宁可以屠牛贩私盐为生，也不乞求于人。后应募入唐忠武军，特铸得一把合伯宝剑，随身佩带，力平战乱。唐广明元年（880 年）黄巢破潼关，入长安，王建等人随驾唐僖宗李俨西奔于蜀，回长安后统率神策军，宿卫宫禁。

唐光启元年（885 年），发生盐池之争，危及京师，僖宗避乱凤翔（今陕西凤翔县）、兴元（今陕西南郑）等地。在去兴元途中，僖宗命王建为清道使，不料，行至当涂驿站时，叛将凤翔节度使李昌符放火焚烧栈道。栈道眼看就要烧断，王建手牵着僖宗的坐骑，一手抽出随身佩带的合伯宝剑，向空中挥舞，刹那间，只见火映剑光，闪出一道光鞭，引马一跃，从浓烟大火中冲过了栈道。回头看时，铺设栈道的木条焚落山谷之中，僖宗有惊无险。到了兴元，问及此事，连呼："此乃避邪祛灾之神剑也！"即封王建为壁川（今四川通汇县）刺史。此后王建随机扩军，屡建奇功。唐大顺二年，王建引兵攻占成都。天复三年（903 年）唐昭宗封王建为蜀王。901 年，唐亡；9 月，王建称帝，国号"大蜀"，史称"前蜀"。由于王建酷爱百姓，广纳贤士，施行仁政，发展生产，兴邦立业，治国有方，谱写了历史上一介平民成为一代帝王的传奇，合伯宝剑也从此威名更盛……

1984 年，在舞阳县城北章化乡（春秋时楚平王封地，后属韩国）出土了战国合伯剑范（铸剑模具），此事深深震撼了刀具世家的段茂生。为了使炎黄文化遗产发扬光大，段茂生决心开创他的铸剑史。

1989 年，段茂生翻阅了大量的历史资料，走访了许多经验丰富的匠工铸师，同时，又到县博物馆钻研了当地出土的春秋时期的剑、戟及铸剑范型，坚定了要使合伯剑重现辉煌的信心。从此，他和他的弟子们，支起了铸炉，拿出了铸剑工具，不顾天气炎热、汗流浃背，顶着熊熊燃烧的炉火，一遍又一遍地锻打、造型、淬火、细磨……第一把剑终于出炉了。段茂生和弟子们一齐欢呼："出炉了，成功了！"然而，高兴之余，段茂生又陷入了深思之中。按史书记载，合伯宝剑折伸不变不断，可出炉剑弯折脆断，这是为什么？要铸出好剑可真不容易呀！于是，他又深入 30 里外的铁山脚下，访遍古代冶铁遗址，偶然听到一个关于合伯剑的传说：一个老铁匠，铸得一手好剑。然而，铸第一把剑时却不容易，既不锋利，又不坚韧。有一次，刚把锻打的剑从炉火中抽出来，一不小心掉在炉旁的水盆里，顿时，蓝光锃亮，稍加磨制，锋利无比，柔韧可弓，不禁高兴得连呼："好剑！好剑！"原来，这年正值天气干旱，河枯井竭，他便从附近龙头山上取来了山泉之水，这盆水便是此水。听完这一美丽动人的传说，段茂生喜出望外，顿开茅塞，他们硬是肩挑车拉把 30 多里外的龙头山泉运到了炉前，又一次淬火铸剑出炉了，经过十几道工序后，他将剑弯到 90° 猛一松手，弹力迸然，寒光划弧。刹那间，他终于理解了古人云"其剑入室避邪"的全部内涵，心中不禁涌动一种似乎和王建一样的壮志豪情，他按捺不住心头的狂喜："成功了！成功了！"这时，他忘记了被压肿的肩头还在疼痛，他望着经过多少个不眠之夜用辛勤汗水换来的劳动成果，不禁流下了热泪：沉睡了几千年的历史名剑终于又重现人间！

宝剑锋从磨砺出，梅花香自苦寒来。1991 年，漯河市领导亲笔题词的"合伯宝剑厂"诞生了。

段茂生依据远古剑范的传统风格，结合现代铸造技术，改进制作工艺，使现在的合伯宝剑具有古朴、精雅、锋利、坚韧之特点，利可削铁不见钝痕，韧可弯曲 90° 不变形。剑鞘采用当地特产酥梨木雕花，黄铜装饰，镶有珠玉，典雅端庄，威严华贵。该剑于 1992 年获郑州少林武术节轻工产品博览会银奖，1993 年获河南省第三届星火计划高新技术优秀奖，2002 年获河南省第三届民间工艺美术博览会"金鼎奖"二等奖，2002 年 11 月获河南省民间工艺美术精品博览会金奖。段茂生本人在河南省第二届民间工艺博览会上也获得了"民间工艺美术家"的称号，2002 年 12 月被评为河南优秀改革新闻人物，其事迹被收入了《中国专家人才》名典中。全国有 40 多个团体同他们签订了产销合同，产品还远销东南亚、欧美等地。许多海外华侨归国探亲也纷纷前来，以拥有合伯宝剑为荣。著名作家刘绍棠亲笔题写了赞词："合伯宝剑，光芒四射，健身潇洒，八方美誉。"河南省原副省长、省政协副主席，现任省宋庆龄基金会会长刘玉洁题词:“中华瑰宝,舞阳合伯。”

风风雨雨几经岁月的合伯宝剑,揭开了古老的神秘面纱,从古中原烽火战场上消失,而今又展现于当世,成为人们练功健身之瑰宝,室内装饰之精品,馈赠亲朋之佳品。“月光下寒窗,剑鞘上名楼。”合伯宝剑不失为中华文化遗产之奇葩。

选自2005年《漯河文史资料》第十三辑

邓襄皇甫店的瓦盆瓦罐

孔庆友[①]

邓襄镇皇甫店是个方圆百余里很有名的村庄。它有名，不是因为村庄大，皇甫店街三里长，从东往西分马湾、张湾、刘湾、程湾和柴湾；也不是因为东汉末年骠骑将军皇甫嵩镇压黄巾起义坐骑阵亡于此、也葬于此，该马金鞍银镫，看马坟的士兵被赐马姓，村中有皇甫将军庙；而是因为它几百年来一直生产的瓦盆瓦罐，皇甫店瓦盆瓦罐的生产起于何时，没有文字记载，无证可考。村民流传的说法是，该村一贫苦农民到外地逃荒，落难于一处生产瓦盆瓦罐的地方，在当地打工，学会技艺后回到家乡，开始自己创业。数百年来，就是这个产业，一直影响着周边几百里村镇居民的生活。

皇甫店的瓦盆瓦罐制作很有特色。家家要做饭，户户要盛水，人人要饮水，个个要撒尿。在过去生产力落后的情况下，粗糙便宜的瓦盆瓦罐是人们的必需品。因为它有广泛的市场，需求量大，生产量当然也很大。整个皇甫店从东到西，家家生产，户户贩卖，最盛时期当数新中国成立后。这个时期，社会安定，生产力低下，人们尚未解决温饱，生产瓦盆瓦罐能卖钱、能换粮，可以解决温饱，所以该村大多数人都干起了瓦盆瓦罐行业。大家相互学习、相互合作，十家八家联建一窑，轮流烧制。几百盘架子，昼夜生产。一盘架子一年生产千余套，全村年产量达几十万套。可笑的是，柴湾人不做瓦盆瓦罐。因烧窑需要柴草，柴湾人都姓柴，不愿意做对自己不吉利的事情。

皇甫店的瓦盆瓦罐品种多、花样全。按生产生活需要，生产有大盆、斗盆、五升盆（又叫二号盆）、三号盆、娃娃盆。大盆口径可达60

① 孔庆友，邓襄镇孔营村人，原邓襄乡志编纂组成员。

至 80 厘米，能容两桶多水，可供磨豆腐和生豆芽使用。斗盆，顾名思义能容一斗粮食。家庭用的产销量大的是二号盆、三号盆，做饭和面、洗菜盛汤、洗手洗脸都能用得上。娃娃盆，口径小，15 至 25 厘米，用于盛菜盛饭、丧葬祭酒、夜晚小便等。瓦罐按容量大小分为鳞、罐、瓮。鳞个头大，盛面盛水，腌制咸菜，方便得很。罐又分为大罐、小罐、茶罐、围壶。围壶是小罐的一种，盛上水，烧火做饭后，放在炉子上，一年四季不缺用温水。还生产碗、香炉，还烧制“文房四宝”中的砚台等。

生产瓦盆瓦罐毛坯的工具是一个木制圆盘，上边是平面，可大也可小。圆盘的直径一般 60 至 80 厘米，木质坚硬沉重，以枣、梨、桑、槐木为佳。连接圆盘的是一根圆形木轴，木轴下端有一硬度较高的金属蒺藜，状类枣核。它对准固定的金属槽臼，槽臼中注油，能让木轴转动轻快，稳稳当当。生产时用脚启动，而后用木棍搅动，加速旋转。待速度达到一定要求时，一个盆罐毛坯便成形了。一般盆罐可一次成型，大盆大罐需 2—3 次。毛坯做成后，用马尾丝或细钢丝将毛坯与圆盘切开，然后端下作台晾晒。待毛坯生产到一定数量时，再装窑烧制。烧窑以麦秸为佳，因麦秸火焰大、火温低、温度均匀，窑内不易出瘪拉产品。烧一窑需几个小时，而后挑水渗窑，使其成为瓦蓝色。有一谜语，是专门说烧窑的：村中有只獾，撅尾要上天，麦秸吃一垛，井中水喝干。

皇甫店的瓦盆瓦罐生产量虽大，但基本上是自产自销，也有周边村民推销和外地客商贩卖的。但因盆罐体大壁薄、易破易碎，运输起来十分不便。特定的历史时期，运输工具奇缺，单凭担担挑挑，只能在几十里的范围内销售。清末民国时的独轮车虽能多装几套，但需要很高的驾车技能，也远走不了多少。村中有这样一个歇后语：新付卖盆子——一伙批发了。说的是村民新付推独轮车卖盆罐，在上蔡境内被一富家轿车撞翻，盆罐全碎了。新付倒地痛哭，不依不饶，富家就赔他两袋子绿豆。这一故事很能说明皇甫店盆罐的销售情况。20 世纪 60 年代，人力架子车的普及使用，让皇甫店的盆罐也长了脚，远销几百里。

党的十一届三中全会后，改革开放推动了中国经济的腾飞，人民生产生活所需用的器皿几乎全由结实耐用、制作精美的金属、塑料制品代替，皇甫店的瓦盆瓦罐失去了市场。20世纪80年代还有少量生产，到了90年代只有个别人烧制花盆、葬用盆、奠酒盆了。进入新世纪后，皇甫店瓦器已完全消失了。现在个别农家还存有一两件基本不用的盆罐，将成为皇甫店瓦盆瓦罐这一历史过程的文物见证。

选自2009年《漯河文史资料》第十七辑

曲苑回望

“盖河南”张秀卿

王秉钧[1]

张秀卿（1919—1960），女，艺名“大宝贝”，舞阳县城关镇老塘后街人，出生于西平县五沟营村的一个贫苦农民家里。母亲辛爱修，父亲原籍鲁山县人，自幼家境贫困，以推土车拉脚糊口。秀卿三岁那年，父亲给鲁山一家货主运货，路过舞阳县城，被官府盘查，因推的货物是土匪抢来的赃物，为此，以给土匪当“驮货”为罪名被押入牢房。她母亲知道后，携秀卿沿路乞讨，来到舞阳县城，留居西大街兰海保家，依靠讨饭为生，或给人洗衣拆被过活，秀卿也被兰家认为干闺女。

秀卿 7 岁时，西平县仪封越调戏班来舞阳演出，戏班中行当齐全的名艺人尚生去兰家闲玩，发现秀卿相貌俊秀，天资聪敏，便收养她随班学艺，9 岁便能登台演出。11 岁在《小二姐做梦》中饰演小二姐，天真乖巧，逗人喜爱，到处受人夸赞，时人送号“小宝贝”。

秀卿学艺认真，长进很快，15 岁回到舞阳越调戏班，母亲已能掌班，不仅活跃于舞阳全境，还唱红漯河、襄县、周口、驻马店、郑州、开封和汉口等地，声誉大振，“小宝贝”一变为“大宝贝”，被中原人民誉为“盖河南”。

秀卿行当齐全，技艺娴熟，不仅精于小旦、小生，还长于须生、青衣、老旦等角色。如小旦行《蝴蝶杯》中的胡凤莲、《赶花船》中的张孝莲；小生行《李天保吊孝》中的李天保、《李双喜借粮》中的李双喜、《张廷秀私访》中的张廷秀；青衣门《抱琵琶》中的秦香莲；须生行《收姜维》中饰诸葛亮、《三哭殿》中饰李世民、《辕门斩子》中饰杨延昭、《烈火扬州》中饰李庭芝；老旦门《斩杨景》中饰佘太君；丑角行《杨八

① 王秉钧，舞阳县人，曾任舞阳县文化馆馆员。

姐闹酒店》中饰焦光普；净行《秦香莲》中饰包拯等，一个个演得活灵活现，各具风采。在现代戏中，《志愿军的未婚妻》中的赵淑华妈、《人往高处走》中玉梅妈、《两兄弟》中的大嫂等，性格独特，表演细腻，受到观众好评，其功底之深厚，行当之广泛，实为一般演员所不及。

秀卿长期和河南省越调剧团团长申凤梅等著名演员同台演出，互相学习，切磋技艺，为提高越调剧种的社会地位，繁荣戏曲事业作出了一定贡献。她们精心提炼的《收姜维》《李天保吊孝》《诸葛亮吊孝》等剧誉满省内外，她死后均已拍成电影，张秀卿对此倾注了很大心血，也再现了她生前塑造的基本形象。

张秀卿对艺术精益求精，执着追求；对工作积极负责，任劳任怨；对党无限忠诚，对人民无限热爱，生活朴素，平易近人，经常带病工作，为发展人民的戏曲事业作出了卓越贡献。1956年光荣地加入了中国共产党，荣任商丘地区越调剧团副团长。张秀卿是中国戏剧家协会会员，河南省分会理事，并被选为文艺界先进工作者，商丘市、开封市人民代表大会代表。不幸，正当她不惑之年，应为戏曲舞台大放异彩之时，却因病溘然长逝。

选自1990年12月《漯河文史资料》第四辑

著名表演艺术家——申凤梅[1]

闫理之

以“活诸葛”而享誉艺坛的申凤梅，是河南省越调剧团著名表演艺术家。她主演的《李天保吊孝》等剧目，深受观众欢迎。特别是她在《诸葛亮吊孝》《收姜维》等剧目中创造的诸葛亮艺术形象，别具风采，誉满艺坛，得到观众和专家的很高评价。

申凤梅是漯河市临颍县窝城乡司庄行政村涂庄人，出生于1927年农历腊月二十二。自幼勤学苦练，一生备尝艰辛，终于在越调表演艺术上获得了卓越的成就。

申凤梅家庭贫苦，她呱呱坠地以后，爹娘养活不起，就把她放到荆篮里扛到野外雪地上扔了。本村一位好心的赵大娘又把她捡回来了。她爹给她起名叫扛[2]（从艺以后改为申凤梅）。三年以后，娘又给她生一个妹妹叫多（从艺以后改名为申秀梅），日子就更苦了。申凤梅稍微大一点就剜野菜、捋树叶，全家充饥。1938年申凤梅11岁，她娘借人家一石麦、十串钱，还不起，人家要叫她去当童养媳，申凤梅宁死不去。因为她大姐香就是因为当童养媳受虐待逃跑了，一去没信，死活不知。她娘无可奈何，好心人站出来说：“我去那家讲个情，真不行，这事由我顶着。”正在这时，凤梅的姨来了，叫她姐妹俩到附近张潘镇张书剑的越调小窝班去学戏。不料，这竟决定了申凤梅一生的道路。

申凤梅进了小窝班，没少受罪。戏唱不好，挨打受骂是常事，还整

① 申凤梅，著名越调表演艺术家。王中民先生曾根据申凤梅送给他的14盘讲述自己经历的录音带整理出《申凤梅自述》，载于《百年印记——河南文史资料大系》（文化卷·卷一）。

②《申凤梅自述》中记“因为我是被放在竹篮里扛回来的，所以父母就给我取个小名——扛妮儿”。

天地喝小米汤，不让吃饱。出去演戏，正会那天会首给戏班“邀台”，送些大肉、豆腐、粉条。班主才让小演员改善一次生活。三年学戏，一年效劳。该出“窝”了，班主张书剑看申凤梅嗓子好，做派利索干净，很受观众欢迎，就霸住她不让走，说当初进戏班时她娘拿他的钱，算是卖给他了。她娘和张书剑辩理不成，就打官司。张书剑怕事闹大了，丢了面子，就放了申凤梅。不久，凤梅听说师兄李大勋在临颍县南江罗江湖班唱戏就和妹妹一起入了江湖班。师兄经常教她俩练功学戏，要求很严。凤梅也要强，进步很快，学了很多戏。1942 年年馑，戏班散了，申凤梅全家到南方逃荒路上没有钱买饭把大红裙子押给饭铺，沿途唱地摊挣几个钱。爹拿着钱去取回裙子，迷了路，找不到家人，一路要饭，回到家里，病死了。申凤梅从信阳逃荒回来知道后，大哭一场。后来到临颍县李庄七里头越调戏班。1943 年又到临颍繁城范锡敏的越调戏班。1945 年到襄县双庙跟襄县越调戏班唱对台戏。那边演员硬棒，箱好。申凤梅出场唱《砸当店》，头一句“风吹马尾条条线……”还没落音，就迎来满场叫好，申凤梅越唱越有劲，那边对台的观众呼啦一下子拥了过来。从此申凤梅出了名，人们都叫她“铁嗓子大梅”。

后来申凤梅又到邓城、郾城大新店越调戏班演出，并当教师。1947 年随解放军刘伯承部队第四纵队在方城、舞阳、漯河等地演戏，受到观众的热烈欢迎。1948 年第四纵队参加淮海战役，申凤梅所领的剧团归漯河市。1953 年申凤梅光荣地加入了中国共产党。1959 年在项城县组建越调剧团，任团长。1982 年调河南省越调剧团任业务团长。

申凤梅同志从事戏剧工作 50 年来，坚持以艺术为人民群众服务，坚持社会主义文艺方向，多次跋山涉水深入厂矿、农村，演出健康有益，群众喜闻乐见的剧目。她在演唱艺术上精益求精，又以演生角见长。她出演的《收姜维》《诸葛亮吊孝》已搬上银幕，誉满全国。1976 年以后，她不顾年老多病，演出更加频繁，艺术造诣日益完美。她曾受到毛主席四次接见。20 世纪 60 年代周恩来总理看了她演出的《收姜维》后，称赞她是“河南的诸葛亮”“会做思想工作”，还授给她一把鹅翎扇。多年来她以培养合格青年演员为己任。采取“一教、二带、三推

（推向前台）”的方法，精心教练，培养了一大批优秀越调演员。

1988年，申凤梅从艺50周年，有关部门为她举行了庆祝活动。她的老师、学生和朋友纷纷向她表示祝贺。50多年来，在台下她品尝过多少人生苦辣酸甜之果，在台上她演唱过多少人间悲喜忧乐之曲。她赢得了无尽的赞美与荣誉。

选自2005年7月《漯河文史资料》第十三辑

从“五班”“四街”戏到漯河市豫剧团

张仲清①

漯河地处中原黄淮流域，自古以来就是中华民族的文化摇篮。漯河又处在沙河、澧河的交汇处，航运兴旺，交通发达，商贾云集，文化艺术也随之日益繁荣。

在清末、民初时期，活动在郾城一带沙河两岸的“五班”“四街”两个戏曲班社极负盛名，源远流长。据老艺人谈：这两个班社都有着一百多年的历史。由于旧社会戏曲事业和戏曲艺人的社会地位低下，文人墨客多不记其事，地方史志中有关戏曲和艺人的只言片说，则又都是有贬无褒。有限的知情人，又多已故世，所以戏曲史料奇缺。现在，我将收集到的口碑资料及其他文字材料加以整理，公诸同好，意在抛砖引玉，集腋成裘，并望戏曲行家给以指正。

漯河市豫剧团的前身是民间文艺表演团体，由“五班”“四街”“景乐班”三个班社合并组成。这三个班社都有着悠久的历史。在清朝同治、光绪年间，郾城县衙门中的八班、十房领管着五个戏班。据邹少和在《豫剧考略》一文中谈：“梆子戏班，多为地方官署吏胥管领，故称官主，从前并无侦探名目，举凡侦查案件、缉捕盗贼，皆责成于捕役，是地方官署，必有梆戏一二班。平时赴各乡村演戏，捕役混迹其间，借以侦缉，颇资利用。省会百臬司戏班，府县官署也各有戏班，管领即系各署吏胥，故能长久存在……”当时，郾城县衙门的八班十房，捕役、皂家、民壮、马快管领四个戏班，十房领管一个戏班。到了光绪、宣统年间，由于清王朝的崩溃瓦解，政权更迭，戏班也渐渐瘫痪。后有一绅士杨某提议将郾城五个戏班合并为“五福班”（简称“五班”）。这就是

① 张仲清，周口市人，1928年出生。曾在漯河市豫剧团工作。

“五班”的来历。

民国初年，军阀混战，国步艰难，戏曲事业日趋凋敝。平汉铁路通车后，漯河车站商务日盛，市场逐渐繁华，城里的“五班”艺人为了谋生，流向车站，投靠商务会，改名“共和班”（因“五班”戏影响根深蒂固，群众一直称为“五班”）。另一部分艺人投靠漯河寨内四街班（有牛行街、南大街、顺河街、牛王庙街四条街的商业界赞助，故称“四街班”）。郾城“民壮班”有名望的演员如李庚臣、李付庚、邓夺、小海、李顺等参加了四街戏，“四街班”阵容为之一新，后又由漯河商务会管领，改名“兴盛班”，因“四街班”乃漯河寨内之老班社，故群众仍称为“四街班”。

“五班”“四街”两个班社多年来经常活动在郾城、舞阳、临颍、西华、西平、上蔡等地，声名远扬，是沙河流域著名的班社之一。远在清末民初期间，这两支艳丽的花朵，一支流行在沙河之南（“四街班”），一支流行于沙河之北（“五班”），相互争艳斗奇，以它醉人的泥土芳香，赢得了广大观众的赞赏。一批著名艺人，如“五班”的马红脸、万春明，名旦耕牛、丁成，名丑老鸹儿子（艺名），名红脸王文才，名花脸陈铁头、魏金喜，名文武小生庆喜、庆五等。“四街班”的名旦王四赢、霍明（艺名大白鹅），名红脸徐道，名旦陈秀贞（艺名小姣），名花脸李庚臣，大付净李富庚，花脸李顺，红脸曹江等。可以说名伶荟萃、人才辈出。但在半封建半殖民地的旧中国，像这样有影响的班社和艺人，社会地位仍然极为低下，生活十分凄苦，他们既没有固定剧场，也无固定住处，长期在农村赶庙会，唱高台，流浪度日。终年奔波，也不得温饱，还要受官府、豪绅、把头、流氓的盘剥和凌辱，遇到灾荒年景，艺人的生活更是困苦难言。民国时期，由于军阀混战、灾荒连年，继经抗日，举步维艰，戏曲事业更趋凋零。到解放前夕，漯河的戏曲班社已经到了山穷水尽、奄奄一息的境地了。

新中国成立后，在中国共产党和人民政府的领导下，漯河的艺人得到了彻底翻身。市委派出了文化馆长杨方亲自抓“五班”“四街”“景乐班”的政治、文化、业务等工作。在工作组的帮助下，清除了戏曲界的封建把头，废除了旧戏班的掌班制。民主选举了新的领导，使过去的旧戏班变成了民主的新剧团。

随着形势的发展，原“五班”“四街”“景乐班”逐渐暴露出阵容弱、行当不齐、服装道具陈旧等问题。加上三班分散不易管理，经漯河市委、市政府批准，于1951年6月1日由三个演出班社合并组成漯河剧团。1953年正式更名漯河市豫剧团。1955年5月，根据中央文化部关于《全国民间职业剧团登记管理办法的通知》精神。市委、市政府派出了工作组，进驻剧团开展了解放后第一次系统的剧团整顿学习。经省文化局批准，正式注册成立漯河市豫剧团，这时漯河市豫剧团已经成为初具规模，各种舞台设施基本齐全的演出团体。并建立了戏曲档案资料室，演职员发展到70余人。演员阵容较为整齐，行当较齐全。主要演员有：安金凤（旦）、刘梅英（武生）、张佩玲（文生）、沈文献（须生）、吴金凤（旦）、李顺（花脸）、田德林（丑）、王庆元（丑）和一批初露头角的青年演员如张梅贞、张秀兰、郭建民、彭素贞等。

为改善演职员住宿条件，市委、市政府分别在1959年和1979年拨专款给演职员盖了两幢宿舍楼共计1300多平方米。昔日流浪汉，如今住高楼，演员再也不是被人瞧不起的下九流，翻身做了主人，成了光荣的人民演员。

从剧团成立以来，在围绕党的历次政治运动、积极宣传党的方针政策方面，他们先后排演了《白毛女》《血泪仇》《赤叶河》《王秀鸾》《金素梅》《竹藤之花》《相女媚》等现代戏剧。他们还积极深入基层。到公社、大队、工矿企业为工农兵服务，活跃了农村、工矿的文艺生活。

随着政治经济的变化与发展，作为剧团原来的演出场地——农村庙会、高台、还愿戏、祝贺戏已随之减少，剧团由多年来农村广场舞台转向城市剧场。剧团先后去了武汉等大中城市演出，与兄弟剧团进行了交流学习，同时引进了一些南方兄弟剧种的剧目。如扬剧《三审刁刘氏》、淮剧《佛门点元》、越剧《血手印》等。以后这批节目成了该团在河南的独有节目。同时，在演出、音乐、化妆、布景等方面也有了提高和改进。

1956年12月，河南省举行首届戏曲会演，剧团派出了9名演员参加许昌地区代表团，演出了《罗帕记》《打路》，安金凤荣获演员二等奖。学员郭建民、张梅贞演出了《见皇姑》，演出后，轰动艺坛。

剧团还编写了反映梨园生活新旧对比的大型现代戏《金素梅》。这个戏在1958年9月许昌地区现代戏会演和同年11月豫南三专会演中都获得剧本、演出一等奖。次年元月，漯河市剧团代表许昌地区参加了河南省现代戏会演，又获得了演出奖、剧本奖。河南人民出版社出版发行了该剧的单行本。剧团还编写了以反映工人生活为内容的《竹藤之花》《跃进之家》。当年5月，参加了许昌地区戏曲会演，获得创作、演出一等奖、音乐伴奏奖。8月，《竹藤之花》代表许昌地区参加河南省向国庆十周年献礼会演演出，又获剧本、创作一等奖，音乐伴奏奖，舞美奖，被评为大会的优秀剧目。《竹藤之花》剧本由河南人民出版社印刷出版。

剧团创作演出以农村青年反对买卖婚姻为题材的现代戏《相女婿》，于1963年参加了许昌地区会演，分别获得剧本奖和演出奖。

从“五班”“四街”开始，漯河的戏曲团体经过曲折漫长的道路，昔日即将凋零枯谢的花朵，在党的关怀下，得到了新生。漯河市豫剧团踏入灿烂明媚的季节，在百花争艳的戏曲花园里，散发出自己的芳馨。

选自1987年11月《漯河文史资料》第一辑

舞阳——越调之乡

王秉钧

舞阳县为古豫州腹地，历史悠久，文化发达，其中民间戏曲出现较早，戏风也常为人所称道。舞阳的戏曲活动，以明、清时期最为昌盛。如汴京通往湖广要衢的北舞渡镇，水陆交通便利，经济繁荣时期，古刹大会每年多达 13 个。至今，每月初二、十二、二十二、二十五为新兴物资交流会，每年多达 48 个。而过去，每逢古刹大会必演戏，曾有一年农历二月二十五古刹大会上唱戏十二台，招徕山、陕、鄂、豫、皖等富商旅客，不计其数。

清道光《舞阳县志》曾有“先春一月，迎春于东郊，演戏三剧，用香案酒菜祭祀鬼神，或以工程竣工，天旱祈雨、惩罚盗徒、兴办丧葬、祝贺婚喜等名目，演戏自娱”的记录，充分表现了当时演戏活动的盛况。

据 90 岁的民间艺人北舞渡镇鹿庄村农民鹿耀亭记述：清光绪年间，舞阳县各大村镇即出现了地摊演唱越调的热潮。他祖父、父亲都在本村越调班演戏，该村至今演唱越调 100 余年，久演不衰。

民国年间，以安寨、上澧、卸店、吴城、谷老、韩寨、大刘、包庄、于庄、九街、鹿庄等村镇为中心，成立了众多越调班社或科班。广大民众爱越调、唱越调蔚然成风，沙澧河沿岸曾有“包庄闺女不用相，个个出来越调腔”之说。

随着民间越调活动的发展，民间艺人中自学成才者相继出现，纷纷成为河南越调演出团体的台柱子。

孟寨乡曹孟村的张勋（1889—1969），幼年家贫，嗓音洪亮，吐字清晰，担挑卖油，常以路戏自娱。17 岁入叶县西大营越调班学艺，攻老旦、须生，先后在襄县七班越调、许昌地区越调剧团，以《孙学要饭》中饰孙学、《杨家将》中饰杨景为观众所称道。

北舞渡乡鹿庄村自幼地摊唱越调的常文章，攻红生，30岁入驻马店越调班，曾与河南著名越调表演艺术家毛爱莲等搭班演出。他以在《收姜维》中饰姜维、《哭四门》中饰赵匡胤为观众所赞誉。

孟寨乡孙庄村唱锣鼓社出身的越调演员孙德（1907—1972），先后入确山、上澧河店、襄县越调二团并任团长。他演唱的《无佞府》中的杨景被河南人民广播电台录放;《招灵牌》中饰高珍，以200句大板唱段在1963年许昌地区老艺人展览演出时，为同行所倾倒；在《赵匡胤哭头》中饰赵匡胤，1964年在许昌地区示范演出广受观众赞誉。他因唱戏卖力在乡民中留下了“孙德的戏——卖劲”的歇后语。

姜店乡大刘村演大头偶出身的刘松，从师“大宝贝”张秀卿学艺，攻小生，兼演红生，以刘家戏演刘墉而唱红一时，先后在西平仪封越调班、西平县越调剧团任掌班、团长。

城关镇老塘后街的张秀卿号称“盖河南”，已有专文记述，这里从略。

拐子王乡杨桂庄，有个生长在贫苦农民杨家的著名表演艺术家毛爱莲，9岁入漯河“文凤班”学艺，12岁登台，先后在驻马店越调班、许昌地区越调剧团当掌班、团长。她演出的现代戏《卖箩筐》被拍成影视片,《斗书场》参加了中南戏剧会演，并代表中南地区赴京汇报演出，受到毛泽东、周恩来、朱德、董必武、邓小平等国家领导人的亲切接见。《白奶奶醉酒》一剧被拍成影视片。她独特的声腔风格，在群众中享有“看看毛爱莲（的戏），等于过个年”的美誉。

越调表演艺术家申凤梅、申秀梅姐妹二人，20世纪40年代在郾城县新店越调班时，在舞阳提起大梅、二梅，妇孺皆知，她们的成长，给舞阳人民留下了深刻的印象。开封沦陷后，参加北舞渡景庆班的河南梆子名艺人王根宝、田岫玲、郑兰坡、田庆山等，以其服装道具齐全、演员阵容整齐备受当地观众欢迎。而与以申凤梅领衔的新店越调班对戏则屡对屡败，最终制造了一场在对戏时向对方戏台上扔手榴弹、企图暗害申凤梅的恶作剧。从此，双方不再对戏，却给人们留下了难忘的笑料，也说明舞阳人民热越调、爱越调的传统风尚。

越调，虽以它大腔大调、吐字清晰、易学易唱而备受观众欢迎与喜爱。可是，近年来却未能赶上戏曲改革的步伐，较之当年已大减生色，几有衰落之虞。

选自 1990 年《漯河文史资料》第四辑

舞阳民间花社简介

王秉钧

舞阳民间花社，多以自然村为单位组建，新中国成立前，分布于各大村（镇）。其组织名称，有按其活动特点起名的“同乐社”“同庆社”“迎春社”；也有按舞种起名的“狮子社”“竹马社”“龙灯社”“鱼灯社”“肘阁社”等。它除在重大节日或古刹大会期间演出外，还深入店户进行“盘门”“参神”等表演，为人们祝福纳寿，恭庆吉祥，赢得户主欢心，户主还为花社馈赠礼品或钱物，作为活动者的劳务报酬。

民间花社的伴奏乐器，有为狮子社、龙灯社伴奏的大型打击乐（鼓、铙、钹、锣、喇叭等），有为肘阁社、云彩灯社伴奏的小型打击乐和管弦乐（小鼓、小锣、云锣、箫、笛、京胡、拨鱼等）。建制大的乐队，备有双鼓、八扇铙、八扇钹、双大锣、双小锣等统称“八大扇”，一人有节奏地指挥，配合严密，整齐有致。

龙灯舞

“龙”是我们中华民族顶天立地、勇敢智慧、兴旺昌盛的象征，龙灯舞是表现劳动人民勤劳聪颖、豪放奔腾的欢乐舞。

龙灯舞，是在惊心动魄的锣鼓声和“噼里啪啦”的鞭炮声中，显现出龙的威风凛凛，飒爽英姿。

龙的造型精细，工艺细腻灵巧，体态彪悍中显俊美。舞蹈程式繁多，变化多端，有“摆尾”“滚身”“探海”“腾云”等。

狮子舞

狮子舞，始于西汉。到了唐朝，得到进一步发展和完善。唐太宗李世民亲自创造了由两人扮武士、同时戏耍五头狮子的“五方狮子舞”。舞狮时，旁边有140人歌《太平乐》，足见当时场景之壮观。

狮子是纸浆模制的狮头，布制狮身，由绿色或黄色染的麻作狮尾，由两个人操作。一人在前撑狮头，一人在后伏身搂前者的腰部，二人配合默契，栩栩如生。

除了生动活泼、温驯慈祥的狮子形象外，还有一个逗人喜爱的笑面人大汉。传说，他是玉皇大帝派到凡间的笑面佛，他不仅降服了“狮精”，还牵着它逐户登门驱除瘟疫，保护万民平安。狮子自然成了“吉祥”物，它的形象被广泛应用到衣物、装饰品上。

狮子舞巧妙地把“戏剧”“杂技”“游戏”等多门艺术形式融为一体。用方桌、耙作道具，把复杂惊险的故事情节生动和谐地表现出来。

百姓们除了观赏大汉降狮、驯狮做出“拨逗”“挠痒”“滚身”“翻桌子”“盘耙”“沿煞绳”等故事外，还邀请“狮子”到自己家里“盘门”，以达到驱邪、除魔、赐福、纳寿等吉庆愿望。

竹马舞

竹马舞，俗称“跑竹马”。它是汉族古老的民间歌舞。宋代的民间“社火”中就有“跑竹马”这一形式。

竹马是用纸浆模制的马身，腰间留一圆孔，舞者居中像是骑在马上，一手系马头，一手执马鞭，它是群舞性质，少则三五匹，多则10余匹。表演者先是绕场徐行，继而“奔跑”“跳跃”“跳涧”等，边舞边唱，多以奔赴疆场的戏曲段子为主。

鱼灯舞

据说，舞阳县的鱼灯舞源于城关乡金庄村。1780年，该村有能歌善舞的老者，正月十六早晨独自到村后小河边散步，忽见一条大鲤鱼跳岸，以为必是“吉祥”之兆，当年定获丰收，遂生“家家有余”之念。

回村后，向村民倡导扎制“鱼灯”，众人皆响应，制鱼灯20余盏，村上青壮年踊跃参加。逐步创出“鲤鱼跳龙门”“参神”“大滚身”“对头鱼”“金钩挂”“鲤鱼闹东京”“跳龙潭”“过金桥”“摆子”“盘窝”“回水湾”“二龙戏珠”“双龙舞”“争上游”“亲嘴”“挖窝子”等20多种舞蹈程式。

该舞规模庞大，领队指挥变幻纷繁。后来，与金庄毗邻的李庄村民在金庄鱼灯舞的基础上，又创造了比鲤鱼头大的“鳌鱼灯”。

旱船舞

旱船舞俗名“赶花船”。它是模拟《白蛇传》的戏剧故事情节，由一对青年男女扮演花船，用木棒或竹篾扎成轿子形，上端及四周悬挂绸带，五彩缤纷；下系绣球，轿顶周围插花朵，四角缀小铜铃。表演时，坐船的姑娘驾起船身，男演员手握船篙，边舞边唱做划船状，飘飘欲仙。

云彩灯

云彩灯是根据神话“上八仙”的人物造型扎制的灯笼，由12—15岁的小姑娘手执灯笼舞蹈，走“园场”“挫步”“8字”等，也有从龙灯身下配合每个舞龙者依次穿插走“8”字，象征舞龙驾云腾空而起，别有风味。

云彩灯的伴奏乐器与其他舞种不同，它是以优雅轻柔的表演形式，配合小打击乐和箫、笛、丝弦伴奏，显现出群仙飘舞于云端的场面。

新中国成立后，城东老蔡村的云彩灯社在县文化馆工作人员的辅导下，给灯的形制赋予了新的内容，代之以五谷丰登、国泰民安、工农兵形象等，增添了寓教于乐的效果。

莲花灯舞

莲花灯舞是吴城镇最早兴起的一种民间舞蹈形式。它是用灯座、灯体两部分组成的灯笼。舞者分别扮成一对对童男童女，每人各执一盏，列队起舞。另有两名童男各执一盏鲤鱼灯，穿插嬉戏于群莲之中，名曰“鲤鱼戏莲”。

姜公背姜婆

姜公背姜婆是一幕表现老年夫妇互相体贴的幽默喜剧，实为人在表演。一名穿老婆上衣的演员化作姜婆，另制一姜公假面具，穿老头上衣，与老婆下肢连在一起，由一名真演员站在道具的臀部扮作背人状，宛若两人。舞者走“园场”及步履由轻飘到艰难，表现出晚年乐观的思想风貌。

推车舞

推车舞又叫推小车，也是以反映农村老年夫妇团结和睦为题材的风趣故事。小车用竹竿或木辊扎成，车身用彩布遮掩扮老太婆的下肢，另做一老婆下肢的道具平放在车上做坐车状，由一老汉做滑稽推车动作。

表演时，走“园场”，边走边唱《回娘家》《夫妻观灯》《夫妻逛会》的唱段，做过桥、上坡、下坡、观景等动作。

高 跷

高跷，又叫“扭高腿”或“踩高跷”，由地摊戏演进而来。它是代替舞台演出便于观众观看的舞蹈形式。用约1.5米高的木棍做腿，棍上端一尺处安一横板，将演员小腿和脚缚于木棍上，使演员的身体增高，演员分别饰演生、旦、净、末、丑角色，成为一台完整的戏曲演唱队伍。

表演时，由丑角执花棍领队，乐队奏“大起板”，演员随节奏走“8”字、做“鲤鱼跳龙门”“过街俏”“立牌坊”“扑蝴蝶”“坐小车”“蹲双叉”等舞蹈程式。

高跷的唱词，丑角先唱“数板”，由慢到快，又叫瘪死驴。接着，其他角色各唱与自己饰演角色相符的唱段。

新中国成立后，因为高跷被群众喜闻乐见，且具有方便灵活的特点，把演员化装成工农兵形象，演唱结合党的中心工作的唱词，为社会主义革命和社会主义建设发挥了积极的作用。

肘阁舞

肘阁舞，顾名思义，是由成人肘幼儿之身体升高而进行演出的舞蹈形式。它是将成人两肩缚上供幼儿坐的铁架子，将5—7岁的幼儿缚在架子上，分别化装成生、旦、净、丑或神话里的孙悟空、猪八戒角色，大人在下边像肘木偶一样使幼儿扭动。动作虽然简单，却令人感到乖巧玲珑。

新中国成立前，这种活动多由富家子女为显示其豪华富贵而参加演出；新中国成立后，农民翻身做主，生活水平提高后，农家子女成为肘阁舞的主力军。

蚌壳舞

蚌壳舞，实为成语“鹬蚌相争，渔翁得利”的形象化。

蚌壳精是用竹篾和彩纸扎糊而成的，长约1.3米、宽约0.7米，中间由一俏丽姑娘支撑，翩翩起舞，张合自如。

鹬是用竹篾和纸扎糊而成，演员立于鹬的背部圆孔里，手执鹬颈，令其点头、仰脸、觅食、惊飞等。此外，还做出男女青年含情偷爱的表情。然后，渔翁披蓑衣、戴斗笠、执钓竿，三者斗智斗勇，寓意深刻，颇具生活情趣。

独杆轿

独杆轿，俗称“老杆”，是一则讽刺喜剧故事。

两人抬一根杉木杆，中间缚一罗圈木椅，里面坐一古装打扮的七品赃官。赃官面前用一长竹片挑一便壶，便壶随着轿杆的扇动，不时出现在赃官面前，令其作呕，表现出劳动人民对贪官污吏的憎恨和嘲弄之情。

选自1991年《漯河文史资料》第五辑

漯河梨园的春天

范奎恩

改革开放后，漯河市区的文化事业得到了蓬勃发展，特别是戏曲文化呈现出欣欣向荣的局面。职业剧团机制改组，走向市场；业余剧团异军突起，争奇斗艳。梨园阵地呈现出百花齐放、万紫千红的春天景象。

漯河市豫剧团在团长宋德甲的执导下，旗帜不倒，改组重建，一大批中青年优秀演员脱颖而出。武生陈首凯、祁长江，老旦李金环，青衣杨淑萍，须生时金全、李保志，娃娃生杨新芳都是出类拔萃的后起之秀。他们传承老剧团的优良传统，借鉴其他优秀剧团的先进经验，生、旦、净、末、丑行当齐全，唱、念、做、打、耍功夫到家。改老戏，唱新戏，一时名声大噪，享誉中原。

漯河市豫剧团原团长是享有豫剧沙河调传人、“豫南美小生”之称的武生张三旺，退休后，他宝刀不老，另起炉灶，和妻子（正旦）张新苗组建成漯河市沙河调豫剧团，广泛吸收各路名演员，须生王金安、谢全领、葛俊梅，正旦吕景萍，小旦吕秋梅，老丑史德轩等梨园佼佼者，闯市区、赴农村、奔山区、出外省，走出一条新路子、唱出一片新天地。以上两个豫剧团演出的主要剧目有《白莲花下凡》《麻疯女传奇》《宝莲灯》《白蛇传》《黄鹤楼》《韩信拜将》《窦娥冤》《卖苗郎》《反徐州》《转心壶》《三娘教子》《桃花庵》《穆桂英下山》《五堂会审》《泪洒相思地》等传统戏和新编戏，深受观众喜爱。

漯河股骨头专科医院董事长闫三毛领衔组建的闫三毛豫剧院崭露头角，声名鹊起。院长曹建设出身梨园世家，9 岁学艺，曾拜中国京剧院明春社张明义为师。团长由曹建国担纲。本团党支部书记张龙堂为唐派弟子，国家一级演员，另有国家一级演员青衣朱香芝，须生张自立，老旦王晓曾，黑头张良臣；唐派弟子于红卫、刘建立、名花旦刘秋芬，二级演员花旦杨凡英，名丑闫改照，武生李永昌、史小全，优秀青年演员刀马旦梁肖，闺门旦刘春红，娃娃生曹林林等。他们演出的主要剧目是《佘太君辞朝》《血溅乌纱》《朱元璋新婿》《包青天》《新五凤岭》《反阳河》《三哭殿》《对花枪》《打金枝》《京都风云》，新编现代戏《花喜鹊》《打碗记》和新编情感剧《三更生死缘》等。

上面3个豫剧团的共同特点是舞台大、演员多、名角齐、乐队全、道具新，音响、字幕、灯光一应俱全，演员唱、念、做、打、耍俱佳，生、旦、净、末、丑动作娴熟。

另有几支活跃城乡的豫剧团，有临颍樱桃郭的河南省华寓豫剧团，有郾城龙城新店一带由黄治业组建的郑州市青年豫剧团，还有舞阳人组建的舞阳县豫剧团等，以上几个剧团相对来说演职员较少，一般一个团30个人左右，一场戏一开演，全体演员齐动员，一个演员一专多能，既当兵又当将，既饰小姐又演丫鬟，既当皇上又当臣子，既唱小生又演青衣，一场戏下来，有的演员连扮两三个角色，不然人手不够，便会大煞风景，不过每个剧团都有几个台柱子，不然戏就唱不下去。

在漯河市区除几个大型豫剧团外，还有一支庞大的曲剧演出队伍。原郾城曲剧团团长、国家二级演员张振业退休后组建了漯河市曲剧团；原临颍县曲剧团解体后又重组一个曲剧团，也挂起漯河市曲剧团的牌子，他们在市区或者赴外地演出传统曲剧节目，如《斩杨景》《包青天》《陈三两》《赶花轿》《错配鸳鸯》《徐延昭打朝》《杨秀英告状》等。悲喜剧的故事情节和优美唱腔，加上诙谐滑稽的曲剧表演艺术，不时引起观众的阵阵喝彩。曲剧多是情感剧，武打场面少、用人少，二三十人唱台戏，人少戏价也便宜，流动舞台搭起来，庙会、庆贺都适宜。郾城王大丽、王二丽姐妹组建的湖北钟祥市曲剧团，经常活跃在漯河三区两县，深受戏迷朋友欢迎。

另外，还有挂各式各样招牌的豫剧团和曲剧团，有漯河市人组建的，也有外地人组建的，如开封豫剧团、洛阳曲剧团、南阳豫剧团、南阳曲剧团、驻马店豫剧团、周口豫剧团、安阳豫剧团、鄢陵花都豫剧团、平顶山豫剧团等，牌子挂得大，戏唱得也好，招徕观众自然就多。

各演出团体的演职人员，一部分来自各地原剧团解体后走向市场的老演员，一部分来自民间的戏迷和从各地戏校毕业的学生，他们优势互补，以老带新，边演边学，推陈出新，支撑起久演不衰的梨园阵地。

漯河市区的戏剧演出团体，除大型的剧团演出外，还有十个或八个人组建的小型艺术团，如鸿运艺术团、姜维艺术团、笑星艺术团、百花艺术团等。他们以演折子戏、歌舞、小品、杂技、魔术等为主要内容，或为百姓庆寿贺喜，或在集市进行商业演出，锣鼓、唢呐、电子琴，唱、念、做、打两三人，车厢展开当舞台，一场两场也光临。

随着经济社会的发展，人民群众的生活水平也提高了，对戏曲文化的需求也更强烈了，各地春秋庙会都唱戏，不少家庭老人庆寿、孩子金榜题名也唱戏。如临颍县皇帝庙乡冉庄村冉喜林承包煤矿发了财，除为本村委会 4 个自然村主干道铺上水泥混凝土路面外，有几年春节还慷慨解囊，为村里请来戏班唱戏；郾城区李集镇海庄村海会昌孙子、孙女同年分别考上复旦大学和北京大学，一家人欢天喜地，在村里唱一台大戏致贺。

年轻人在家创业业兴旺，奉献社会，丰富一下留守人员的文化生活，让他们颐养天年。在戏台场里看戏的人多是年过花甲迈入耄耋之境的老年人，他们的思绪随着剧情的变化或喜笑颜开，或泪流满面，陶冶情操，排除烦恼。漯河戏曲文化的繁荣，不仅为老年人，也为整个社会打造出一片新天地。

选自 2016 年《漯河文史资料》第二十三辑

漯河五班戏、四街戏、景乐班和第一个现代式剧场

范子文

五班戏 清朝同治、光绪（1862—1908）年间，郾城县衙门中有八班、十房，其八班中的捕役、皂家、马快、民壮领管四个戏班，十房领管一个戏班。民国初年，各戏班将瘫痪，由郾城城内杨某提议将五个戏班合并为一个戏班，名“五福班”，后称“五班戏”。

铁路通车后，“五班戏”人为谋生活投靠商务会，改名为“共和班”。

先后领班人（戏主）：杨敬宇（官绅）、王文才、万三妮（文才妻）。

著名演员：

红脸——王文才、马红脸、万春明

花脸——李庚臣、李福庚、陈铁头、魏金喜

名旦——金花、丁成耕牛、霍丽、刘遂、金凤芝、邓夺

文武小生——庆喜、庆五

名丑——老鸹儿子（本名不详，艺名）

武丑——郑三成

常演节目：

《过八州》《高旺背鞭》《刘大明开店》《铡赵王》《七辈孙》《雷音寺》《李刚打朝》《大闹沙河店》等。

四街戏 民初由漯河寨内的顺河街、南大街、牛行街、牛王庙街（后改为民生街）四条街的商业界赞助组成，后由商务会管领，改名“兴盛班”。先后领班人：王少文（官绅）、李顺、贾窝、茶房杨老大。1944 年 9 月更名“和平剧社”。

著名演员：

红脸——徐道、曹江

花旦——陈秀贞（艺名小姣）

名旦——王四赢

花脸——李庚长、李顺（马夫张村人）

文武小生——贾窝、贾振

小生——小垫窝、许照明

大副净——李富庚

胡子生——刘喜录

常演节目：

《蝎子山》《审子龙》《全家福》《青龙山》《武凤山》《李刚打朝》等。

景乐班 1933年入漯。

著名演员：

赵有才、王铎、王云、倪相山、鳖妞、马庆寅等。后闫立品、毛兰花、王付臣、文佩君来搭班。

1951年6月1日，由3个演出班社合并组成漯河剧团，1953年正式更名为漯河市豫剧团。演职员发展到70多人，阵容较整齐，行当较齐全。

主要演员安金凤（旦）、刘梅英（武生）、张佩玲（文生）、沈文献（须生）、吴金凤（旦）、李顺（花脸）、田德林（丑）、王庆元（丑）和一批初露头角的青年演员如张梅贞、张秀兰、郭建民、彭素贞等。

1920年前，漯河戏剧演出，均在极简陋的席棚小戏院里。

民国9年（1920年）二月，由漯河第一家餐馆经理陈超贤（滑县人，又名陈老二）投资兴建了第一舞台，同年五月竣工，开始营业。演出剧种，只限京剧。

舞台分楼上、楼下两种座位：楼上包厢、设备完好；楼下仅长条靠背椅，后有条板。座票容700人，站票容1000人。

1926年、1931年两次大水，舞台受到严重损坏。1938年，庞炳勋驻漯令用车站之白铁皮大瓦、木料进行大修。同年农历闰七月一天，日本9架飞机轰炸漯河，舞台北院投一炸弹，陈超贤惨遭炸死。陈的家属将戏院让给商会接管，旋即更名“人民会场”。

新中国成立后，改放电影，更名为“漯河人民电影院”。

先后掌班：韩致久、石瑞亭、历庆均、张妙香。

著名的八大班艺人：

陈家班演须生的陈凤岐，吴家班演须生的吴艳琴，历家班演刀马旦的历小霞，吴家班演须生的吴玉枝，蒋家班演青衣花旦的蒋小凤，罗家班演青衣花旦的罗小云，吕家班演黑头的吕永春，许家班演须生的许艳琴。还有八大班以外的名伶（京剧）韩玉娥、张妙香等。经常上演节目《清风亭》《大登殿》《汾河湾》《武家坡》《定军山》《空城计》《五元哭墓》《夜打登州》《四郎探母》《王佐断臂》《苏三起解》《玉堂春》《宝钗送酒》《坐宫》《盗令》《探母》《柜中缘》《乌盆计》《探阴山》《陈州放粮》《虹霓关》《铁弓缘》《十三妹》《红梅阁》《庄子点化》《通州奇案》等。

选自2003年9月《漯河文史资料》第十一辑

漯河的第一个现代式剧场——第一舞台

张仲清

漯河原属郾城县，为郾城附近各县之最大市镇。在铁道未通时，乃一不引人注目的弹丸之地，自1906年漯河车站通车后，经各大企业家之投资建设，居然尺地斗金而为繁华之市，商贾云集，买卖兴隆。在其经济繁荣的同时，也推动了文化事业的发展。

1920年之前，漯河的戏曲演出活动均在一个极简陋的席棚小戏院演出。后有一优伶董梨花之母，与当时漯河第一家、名噪一时的“第一轩酒楼”的经理陈超贤（又名陈老二），关系甚密，动员陈超贤建一所像样的剧场，于是陈便出资在马路街仁寿里（现在人民电影院处）始建漯河第一个现代式剧场——第一舞台。

第一舞台于民国9年（1920）2月动工兴建，同年5月底竣工落成，开始营业。剧场只演京剧。开业之日车马盈门，巨商官宦，争先往观。看戏分楼上、楼下两种座位。楼上设有包厢，设备整齐；楼下仅设长条靠背椅，后有条板，可供后排观众放茶壶、茶杯、水果、香烟之用。据称此长条靠椅共40条，系当时盐商行帮馈赠剧场之礼品。既可扩大盐业之影响，又可得到红票（戏票）之照顾。

第一舞台开业后，因受当时社会习俗成见所囿，妇女看戏者极少，即使有妇女看戏也多属上层人物之眷属。妇女看戏都安置在楼上之包厢内。男女不得混杂，虽是夫妇也不许坐在一起。随着社会的进展，后来妇女看戏者日渐增多。

在漯河这个新兴的小镇上，第一舞台确实是第一个现代式戏院。门口有人验票并高呼：“开戏啦！开戏啦！买票！买票！某某主演拿手好戏×××”。观众进场后，即有茶房笑脸相迎，安排对号，随即将茶送上，卖瓜子者亦趁势递来瓜子（三个铜板一小盘），茶房随时冲茶，茶资每场戏收两次，茶房一人执壶冲茶，随后一人手托小筐收费，茶资便赏。在看戏中间茶房还以热毛巾侍候（手巾把），遇有名人巨贾还特别洒点香水。这些招待可酌情给予赏钱（小费）。想吸烟者可高呼一声“烟来”！名牌香烟哈德门、三炮台、老刀、红锡包应声送到。

第一舞台只演京剧。院主陈超贤还买一架箱底（戏衣和道具），当时以出租的方式租给后台掌班（即戏班）韩致久和前台（即茶房班）李跃斌、关凤岗。后台掌班韩致久是河北梆子演员，第一舞台开业早期，韩致久家的河北梆子也曾参加过演出。韩离开漯河以后，后台掌班先后有石瑞亭、历庆均、张妙香。此外，唱京剧的班底有箱官、场面、底色演员30余人，主要演员为漯河有名的八大班的名伶艺人。如名伶韩玉娥演出的《清风亭》《五元哭墓》《汾河湾》《武家坡》等节目，一时颇为叫响。除韩玉娥外，八大班的名伶艺人还有：陈家班演须生的陈凤岐（漯河红极一时的名角，每每演出压轴戏）；历家班演刀马旦的历小霞；吕家班演黑头的吕永春；蒋家班演青衣花旦的蒋小凤；吴家班演须生的吴艳琴、吴玉枝；罗家班演青衣花旦的罗小云；许家班演须生的许艳琴，还有八大班以外的京剧名伶张妙香。她们都有自己的看家戏。当时经常上演的节目有《清风亭》《大登殿》《汾河湾》《武家坡》《定军山》《空城计》《五元哭墓》《夜打登州》《四郎探母》《王佐断臂》《苏三起解》《玉堂春》《宝钗送酒》《坐宫》《盗令》《探母》《柜中缘》《乌盆计》《陈州放粮》《探阴山》《虹霓关》《铁弓缘》《十三妹》《红梅阁》《庄子点化》《通州奇案》等。

1926年漯河遭受水灾，洪水退后，第一舞台房顶下落，须换顶重修。盖因始建时房顶大梁均系两根木料接在一起的两节梁，所以每梁中间都顶了一根柱子。影响视线，又不雅观。重修时，漯河驻军、国民党十四师旅长徐寿春命院主陈超贤，必须去柱换梁。陈因始建时已有负债，此时经济更形拮据，困难较大，后由商务会会长篙公选出面，一面发红票（每票一元），一面求得巨贾赞助，集资若干，从汉口买回加长木料始得换梁整修。

1931年漯河又遭水灾，第一舞台处积水腰深。水灾过后，仍由商务会出面，发红票和求得电报局黄文千等的赞助又做了一次大的修缮。

1938年日寇侵华，台儿庄失守之后，国民党军队节节败退，边退却边扒路（折毁铁路）炸桥。庞炳勋部暂时驻防漯河，此时第一舞台因房顶漏雨，破败不堪。庞炳勋命将拆毁车站票房之废料、白铁皮大瓦、木料等运回，给第一舞台修缮。此次修理仍由商务会出面，集资将第一舞台原小瓦房顶换成白铁瓦顶，又做一次较大修整。

同年，农历闰七月的一天，日寇飞机9架，轮番轰炸漯河车站，第一舞台北院也投下一颗炸弹，院主陈超贤惨遭炸死。从此之后，漯河防空成了第一要事，白天街上行人极少，夜晚商贾开门营业。但市场不振，生意萧条，第一舞台的演出，看戏者寥寥，很难维持。加上院主陈超贤已故，舞台之租赁费由陈之家属领取。此时陈家已家道中落，其家属想将产业卖掉，但商务会不允，因历次修缮均由商务会筹办，实际已成公产矣。不久，商务会将第一舞台改为"人民会场"。

选自1987年11月《漯河文史资料》第一辑

民谚诗文

童曲多响亮

晁凌音[①]

数年前，有部影片《城南旧事》曾在我县放映过。银幕上有这么个镜头：有一位老太婆为了哄小孩睡觉，嘴里哼唱着一支小童曲：

板凳板凳摞摞，那里坐个大哥。
大哥出来买菜，那里坐个奶奶。
奶奶出来烧香，那里坐个姑娘。
姑娘出来梳头，那里坐个孙猴。
孙猴出来耍耍，那里坐个娃娃。
娃娃睡醒啦，屁股打肿啦！

这支饶有风味的小曲，我童年时候最爱唱。那时候唱童曲简直成了风气，大街小巷成群结队，大部分没学上的小孩儿，整天跑着玩，欢天喜地地唱呀唱。当时临颍城里有一所高等小学堂、一所师范附小和一所清真寺小学，私塾不多。在私塾读的是“油盐酱醋，蒸酒烧黄”，乏味无趣，在学堂里读的是“人手刀尺，马牛羊”，也没法唱。只有童曲最适合小孩口味。凡是有小孩的地方，就能听到童曲声，他们蹦着、跳着、转着、坐着，看谁唱得好。全城每个角落里，都充满着童曲声，有的是拍着巴掌唱，还有的是一问一答对着唱。大人家对童曲也很有兴趣，抱着小孩唱，背着小孩唱，扯着的、驮着的，闲着没事就给小孩唱。老婆婆们让小孙子坐在腿上，睡在摇篮里，拉着长声哼着唱。

童曲是一种大众文学，又是儿童文学，大多数童曲都富有文学价值，为很多文学家所珍爱。兹将回忆所及，选其优者，录写几首于后。

① 晁凌音，1912 年出生，河南临颍人。曾任临颍县高中教师、临颍地方志编辑、《临颍文史资料》编辑等。

荠荠菜水上漂

荠荠菜，水上漂，我和大姐一般高，
大姐穿个花衣裳，我就赤个驴脊梁。
大姐穿个花裤子，我就赤个驴肚子。
大姐穿个花花鞋，我就穿个泥歪歪。
大姐枕个花枕头，我就枕个老母狗。
翻翻身，咬一口。

哽哽哽天明了

哽哽哽，天明了，一朵菊花开成了。
开几朵？开三朵，爹一朵，娘一朵，
剩下一朵拜鹦哥，鹦哥拜的会扫地，
扫出一个卖糖哩。啥糖？芝麻糖，
给我一点尝尝，咂巴咂巴，老香。
卖糖的，你别走，我回家给你偷豌豆，
俺娘投我十砖头。我回家给你偷豆子，
俺娘打我十扣子。我回家给你偷芝麻，
俺娘敲我十镰把。卖糖的，你走吧！
俺娘出来没好话，撅尖鞋，牡丹花，
一脚踢你一个仰八叉。

小板凳　晒粉子

小板凳，晒粉子，俺大娶了个花婶子。
脚又大，脸又洼，秃拉舌子好说话。
（注：大：叔。“俺大”即我的叔父。）

小孩子儿　坐门墩儿

小孩子儿，坐门墩儿，哭哭啼啼要媳妇儿。

要媳妇干啥哩！
点灯说话哩，吹灯打架哩，明晨给我梳小辫儿。

豌豆花儿紫深深

豌豆花儿紫深深，俺去姥家住一春。
姥娘看见喜欢欢，妗子看见白瞪眼。
妗子妗子你别瞅，豌豆开花俺就走。
走一场，哭一场，不想妗子想姥娘。

我到了9岁那一年，从白衣阁搬到东大街，在福音堂错对门住。这时，五四运动已经过去两年了，民风渐开，上学的儿童逐渐多起来，小学课本也有较大的改进，好些课文很适合儿童的口味，唱小曲的不多了，儿童们都唱起："小白兔乖乖，把门儿开开，我要进来！不开不开不能开，母亲不回来，谁来也不开……"同时，兵荒马乱，大人们哪还有心教小孩唱曲哩！从此，唱曲的风气，渐渐消沉下去。

选自1990年《漯河文史资料》第四辑

乡土俗谚

谭星白

说　明

俗谚是流传在民间的俗语（俗话）。这份资料中所辑录的俗谚都出现在本乡本土（其中一部分是本地独有），所以题名为“乡土俗谚”。

今漯河市辖各县、区，俗谚浩瀚，老年人俗话不离口，这表现了本地民间语言的丰富，又丰富了民间的语言。在内容上，它具有社会价值和教育作用。有些是反映季节和天气变化规律的，有些是说明立身处世、待人接物生活道理的。它所称道的人生哲理至今还有教育意义，它所指斥的丑恶现象在现实生活中也没有完全消失；它又是一面镜子，透过它的折射，可以窥见社会上各种各样人的精神面貌和心理活动，比那旧风土志上所写的“土风端愿，民俗勤劳，推诚相接”之类的笼统语句要有用处得多。因此，它是研究本地民风人情的感性资料，对史料也有补充作用。这是我辑录乡土俗谚的原因之一。其二，它是民间文学的一种，在语言上它具有鲜明的艺术性。其运用借喻、陪衬、反衬和夸张等修辞方式来寓褒贬、辨善恶，有些句子结构凝练如诗，掷地有声；有些语句、顺口溜，其优点是说着顺口，又便于记忆；不过也有些俗语太粗野，甚至带有秽语（这些都弃而不取），但为数甚少，大部分是亦俗亦雅、亦谐亦庄。它尽管被文人雅士讥为引车卖浆者的语言，但现代文学作家在自己的作品中还是引用它。可以毫不夸张地说，它的文学和语言价值与我国古谚、外国谚语相比，毫不逊色。其三，辑录乡土俗谚也是让后世有志于研究乡土人情和民间文学者有文字可考，因为这些俗谚除散见于报刊和某些文学专著外，大量地还只保存在人们的口头上，随着岁月的流逝和时代的变迁，其中有些将会被淹没。

这份资料共收俗谚475条。分三部分：（一）自然（季节、天气、农事活动等，即农谚）。（二）社会（一般的风土人情）。（三）家庭（父子、夫妇关系、家庭生活等）。各条目没有按内容分类，而是杂乱罗列。此外，还要说明几点：

一、有些条目，略加注说，但不加评议。

二、原句不动，以保持原貌，个别词（字）是方言土语或过分陈旧落后，改动后，括号里注“原作××”。有两种说法的，注“一作××”。

三、俗谚里省略的成分很多，括号里补充上。

四、个别俗语虽消极落后，但现在还为报刊和人们说话时所引用，也不舍弃，只在原句下说明，因为这份资料是存旧，不是宣传品。

五、古代谚语和日历上某些人自撰的新谚语，概不收录。

（一）

1. 春交六九头五九尾。

2. 打春一百一（十天），拿镰割麦吃。——本地人至今还称立春为打春。打春，即打春牛。旧时，立春前一日，农村献春牛（原为土制后改为纸制）于府、县衙前。第二日凌晨，知府、知县率僚属莅临，由僚属持红绿丝鞭正转、倒转各三圈打春牛，叫作“打春”，以表示劝农和春耕的开始。从立春到芒种120天，芒种前七八天即开始收麦。“一百一”，取其整数。

3. 打春到清明，一天落雨一天晴。——春季一般无连阴雨。

4. 草芽发青，防备伤风。

5. 清明前后，麦（苗）埋老鸹。

6. 枣芽发，种棉花。

7. 蛤蟆叫哇哇，四十五天吃疙瘩。——本地谷雨前后就听到蛙鸣，一月半后就可以吃到新麦面馍。（疙瘩：蒸馍）

8. 芒种一半茬。——无闰月年，芒种前二三日割麦。

9. 小麦去了头，高粱（秆）埋住牛。——小麦收割后，高粱秆已有1米多高。

10. 夏至种芝麻，劈顶一朵花。——芝麻要在芒种前或芒种后三二日内种，到夏至种，梢上只开一二朵花。无花就无果。

11. 头伏萝卜二伏芥，三伏里头种白菜。——芥，指大头菜。

12. 七月十五，砍倒麻谷。

13. 秋分前十天种麦，不早，后十天种麦，不晚。——近30多年来，本地一般在秋分后种。

14. 秋旱小，麦旱老。——秋苗小时和麦将熟时，不宜多雨。

15. 麦盖三床被，头枕蒸馍睡。——冬季如果能下几场大雪，来年麦子就可丰收，所谓“瑞雪兆丰年”。（三，约数；被，喻雪）

16. 麦收八（月）、十（月）、三（月）三场雨。——八月、十月、三月，如能下几场透墒雨，麦子就能保收。这是一个十分凝练的浓缩句。

17. 稠谷子稀麦哄死人。——谷子不能密植，麦子不能稀植。

18. 干打麦秧湿轧豆（一作“焦麦轧豆”）。——麦秧要晒干才能脱粒，豆秧要趁湿碾，才能把豆粒从豆荚里轧出来。

19. 芝麻、豆，紧跟溜。——先种、收芝麻，后种、收豆。

20. 蚕老一时，麦熟一晌。——一时、一晌，都形容时间短。

21. 种一葫芦打两瓢。——即种一得一，指种的庄稼薄收。

22. 一亩园，十亩田。——种一亩菜跟种十亩庄稼所用的肥料、人力和经济效益相等。

23. 不种百亩，不打百石。

24. 该冷不冷，五谷不整；该热不热，五谷不结（籽）。

25. 十年九旱，久旱必有一涝（十、九都是虚数。九旱，指旱的年份多，包括大旱、小旱）。

26. 淹了，一条线；旱了，一大片。——水灾是局部的，旱灾是大面积的。

27. 立夏湿了老鸹毛，麦从水里捞。——本地立夏以后就进入雨季，如雨水多，割麦时就会下连绵细雨或中雨（如 1956 年就是如此），但立夏这天，不一定就下雨。

28. 入进七月节，夜寒白天热。

29. 人能趁天，天不等人——这里指趁墒抢种，趁晴收、打。

30. 狗伸舌，鸡翘脚。——上句指最热天，下句指最冷天。

31. 十月天，窑婆（一作“小孩儿”）脸。——妓院的女老板（老鸨）俗称窑婆，她们喜怒无常。比喻十月天气变化无常，阴多晴少。

32. 入进十月节，风来就下雪。

33. 一场秋雨一场寒，十场秋雨就穿棉。

34. 十月一，穿棉衣（一作“棉唧唧”）。

35. 过了三月三，脱了棉衣换上单。

36.“九”里天气温，来年要反春。（反春，即倒春寒）

37. 吃了冬至饭，一天多做一根线。

38. 冷在三九，热在中伏。

39. 头九、二九不出手，三九、四九（冰）凌上走，七九、八九抬头看柳，九九杨落地，十九杏花开。——节令只有九九，本地人在九九之外又加上一九。交十九时正是春分。

40. 三月清明榆（钱）不老，二月清明老了榆（钱）。——当年或前一二年不闰月，清明在三月，如果闰月，清明在二月。这是因为节气跟着太阳走，跟朔望月没有关系。榆钱（荚）到清明节已硬。

41. 三月还下桃花雪。——无闰月年，公历四月，气温突然下降，下起雪来，这是正常现象。从 1925—1985 年的 60 年中曾出现过 8 次。

42. 八月十五云遮月，正月十五雪打灯。

43. 冬雾雪，夏雾热。

44. 收雾晴，塌雾雨。

45. 七阴、八下、九不晴，十一、十二看分明。——雨水调顺年贽，大多是第一天阴，第二天下雨，而且要连绵二三天，但具体日期不一定都是七、八、九。

46. 冬走十里不明，夏走十里不黑。

47. 晚晴十八天。——“十八天”，说明晴的时间长。

48. 云往南，雨涟涟；云往西，披蓑衣；云往东，刮场风；云往北，锅烟黑。

49. 清早下雨一天晴。——不尽然，淫雨季节要下一天雨或浓云密布。

50. 晌午日头出来现一现，还得三天不得见。——阴天中午，云层变薄、裂开，往往是由于中午云顶升高，雨滴蒸发而造成云层变薄的暂时现象，还有雨在后头。

51. 早起红云雨滴滴，晚起红云日晒壁。——日出前后，云彩被阳光“烧”得一道红一道黑或云底云边发红（霞），云底发黑，预兆当天下午或夜间有雨；日落时或日落后出现红霞，染透半边天，之后随着夜幕降临而慢慢消失，预兆未来几天天气晴朗。

52. 早看东南，晚看西北。——情况同上。

53. 久旱西风不下雨，久雨北风天不晴。——干旱天，常刮西风、西北风；涝天，常刮北风、东北风。

54. 云绞云，雨淋淋。——空中乌云重叠，高低不同，流动方向不定，形成云绞云的现象，这时天空水气充足，云层浓厚，大气不稳定，很快将有阵雨或雷阵雨，并伴有大风。

55. 下雪不冷化雪冷。

56. 雨夹雪，下半月。——半月，说明天数多，并非实数，是凑韵。

57. 星星眨眼，下雨不远。——眨眼，用拟人法比喻星光闪烁，星呈这种现象，说明水蒸气大。

58. 屋檐滴水，雨有四指。——四指，指田野里地表有四指深湿土。

59. 知湿鸟叫三声，不下雨便刮风。——竹鸡，本地俗称为知湿鸟。出于生理本能，这种鸟能反映天气变化，如果断断续续地鸣叫不已，不久就要下雨。加上“刮风”，是凑韵。

60. 小雪雪满天，来岁必丰年。

61. 干冬湿年节。

62. 大二、小三，月出一竿；十五、六，两头露；十七、八，黄昏瞎；

二十整整，月出一更；二十二、三，月落正南。——大二、小三，即大进初二、小进初三。两头露，即黄昏和天亮时都能见到月亮。这几句是记录月亮隐现的时间的。

63. 水开“母猪圈”，一淹十八县。——沙河水流经翟庄东折向北流处，俗名“母猪圈”。新中国成立前，沙河水常在这里决口，冲向东南，郾城、商水和上蔡等县均成泽国。十八县，是夸张的说法，形容面积大。

（二）

64. 一家有事百家忧。——一家出了事故或有了灾难，亲戚、邻里都关心、忧虑，表现了邻里同情互助的美德。

65. 亲不亲，顾乡邻。

66. 远亲不如近邻。

67. 兔子不吃窝边草。——用兔子做反衬，指斥为害乡里的匪盗。据说，有些匪盗不在本乡作案，就是根据这句俗语。

68. 亲戚只巴亲戚富，邻居只巴邻居穷。——下句所指的是为富不仁的邻居。

69. 屈死不告状，饿死不做贼。

70. 饱汉不知饿汉饥，骑马不知步行的。

71. 饱时给一斗（粮），不如饿时给一口（饭）。

72. 雨不大，湿衣裳；话不多，恼心肠。

73. 穷到眼前没人问，富在深山有远亲。

74. 穷汉乍富，挺腰撅肚（原作“扛腰挖肚”）。

75. 有志不在年老少，没志枉活一百年。

76. 烧香敬佛，不如修桥铺路。

77. 烧香念经，不如救人一命。

78. 能挡住万人手，捂不住万人口。

79. 学会（技）艺不压身。

80. 会曳磨，也会曳碾。——比喻会干某种活或技术，也会干同类的另一种活或技术。

81. 早不忙，晚慌张。

82. 平时不烧香，临时抱佛脚。——常用来比喻某些学生平时不认真学习，临考试时猜题、找题眼。

83. 临阵磨枪，不利也光。

84. 河里没鱼市上看。——一条河里没鱼，但到鱼市上却多不胜数。比喻某种人才、商品或社会现象一处缺乏，但到与上述三种有关的集中场合却很多。

85. 礼多，人不怪。——这是说，礼节、礼貌周到，别人会喜欢，不是说越多越好。

86. 上山砍柴，下河脱鞋。——比喻到哪个地方要适应哪个地方的人情风俗或谋生方式。

87. 人到四处行四处（一作“入乡随乡”）。——意同上。

88. 一只巴掌拍不响。——即“孤掌难鸣”。

89. 人死如灯灭。——不相信人死后有鬼魂。

90. 只见活人受罪，不见死人遭殃。

91. 坐画路，夜画肚。——坐下来时用棍在地上写，睡觉时用指头在肚皮上写。这是书法家练字功夫。

92. 好事不出门，坏事传千里。——做了好事，没人知道;做了坏事，却传扬很远。这有二义：一是人要注意自己的名誉，不要做坏事；二是指社会上有些人专门扬恶隐善。

93. 人过留名，雁过留声。

94. 人有脸，树有皮。——人不要脸（不知耻）像树剥掉皮一样，无法活下去。

95. 不经一事，不长一智。

96. 树根不动，树梢（一作“枝”）干摇。——比喻当局不发命令，采取行动，属下（部下）和老百姓着急、喊叫都无用。

97. 菜里虫，菜里死。——借喻为匪作盗，终于要因做匪盗而死。

98. 闯一闯，长一长。——闯过一道难关或险关，就增长一分知识。

闯，也含初次实践意。

99. 害人如害己，害不了人家害自己。

100. 人心隔肚皮，虎心隔毛羽。

101. 隔山渡水不知深，知人知面不知心。

102. 好话说三遍，惹得人人（原作“神鬼”）不耐烦。

103. 怕处有鬼，痒处有虱。——本来没有鬼，因为自己心理上怕鬼，就认为有鬼。借喻做事，越怕越会出岔。

104. 远（处）怕水，近（处）怕鬼。——上句是事实，下句是心理作用。换个说法便是：远处不怕鬼，近处不怕水（因为了解水的深浅）。

105. 不怕一万，就怕万一。

106. 三天打鱼，两天晒网。——比喻干活的时间少，闲着的时间多。

107. 周瑜打黄盖，一家愿打，一家愿挨。

108. 有智（一作“知”）吃智，没智吃力。——有的凭脑力劳动吃饭，有的凭体力劳动吃饭。

109. 喝凉水，靠树根，忍个自在饥。——这是讽刺懒汉的。

110. 万事开头难（一作“头出戏难开”）。

111. 鱼皃上水，人争上游。

112. 官大衙役粗。

113. 三百六十行，行行出状元。

114. 拿人家的，手（一作“理”）短；吃人家的，嘴软。——本地人称好偷窃别人小东小西的人为“手短”，这是反语，实际上是手长。

115. 一正压百邪（一作“邪不压正”）。

116. 卖瓜的不说瓜苦。

117. 老王卖瓜，人家不夸自己夸。

118. 说真方，卖假药。——原为揭露江湖骗子，也泛指某些人言行不一或宣传跟实际相反。

119. 满口仁义道德，满肚子男盗女娼。

120. 灯不拨不亮，话不说不明。

121. 只有错拿，没有错放。——这两句话只指旧中国的统治机构。

122. 百样通，不如一样精。

123. 上梁不正下梁歪（一作“大梁不正二梁歪”）。——旧式瓦房有两根梁：大梁上有根小梁叫作“二架梁”。因此，大梁歪了，二梁也不正。俗谓“上梁不正下梁歪”，是用来比喻上级和下级官风的。

124. 一瓶子不满，半瓶子晃荡。——比喻某些人无真才实学。

125. 比上不足，比下有余。

126. 胳膊扭不过大腿。——比喻弱者敌不过强者，民敌不过官，下级敌不过上级。

127. 只看贼挨打，不看贼吃饭。

128. 不服教师得挨打，人受教育（原作“教调”）武艺高。——教师，这里指旧时传授武术的人，俗称教师爷。

129. 不占便宜不上当。

130. 不见兔子不撒鹰。——比喻不见敌人不放枪，不见货物不付钱，也比喻办案要准。

131. 望山跑死马。——上山去，望见山已在眼前，实际上还有一段很远的路程。

132. 远路没轻重。——意谓路远，不能挑过重的担子，不是不分轻重。

133. 撑死山里人，饿死城里人。——旧时有“饱山饿城”的说法。“城里人”在这里指的是一般无业市民。

134. 住山不嫌山高，住坡不嫌坡陡。——意即住在哪里，就在哪里安居乐业，热爱本乡本土。

135. 这山望着那山高。——比喻不安心本职工作，见异思迁。

136. 靠墙，墙倒；靠水，水跑。——比喻靠不住。

137. 狗嘴里掏不出象牙来。——比喻坏人嘴里没好话。

138. 老姜没有嫩姜辣。——借喻年老人不如年轻人办事泼辣、能干。

139. 老猫不逼鼠。——猫老了，老鼠不害怕。比喻人到老年，失去魄力和管理能力，年轻人不听从。

140. 英雄出少年，人老就不中。——正意在上句，但有时在下句。

141. 老手旧胳膊，做事没差错。——说的是对某事或技术有经验，熟练。

142. 老将出马，一个顶俩。——这是人们对有某种专长的老年人担任某种工作或干某种活时的鼓励语。

143. 说人不揭短，打人不打脸。

144. 能吃过天饭，不说过天话。——过天话，即过头话、绝话。

145. 财不露白，货不离身。——白，指银币。旧时出外经商，常被扒手、盗贼偷窃，故有此诫。

146. 吃着碗里，望着锅里。——形象地讽刺社会上某些人贪得无厌。也称“得一望二”，成语“得陇望蜀”。

147. 船家不打过河钱。——坐渡船要先付钱。借喻现钱买现货或双方做某种交易时要先总现，然后才承办。

148. 嘴是软的，舌头是扁的。——指某些人惯说歪理，出尔反尔，说东道西。

149. 打破砂锅问到底。——比喻对一件事情或一个问题追问到底。

150. 背着秕谷笑糠。——比喻某些人本身的缺点和缺陷很多，反讥笑别人的缺点和缺陷。

151. 自己一身红毛羽，反说别人是妖精。——据传说，妖精满身红毛。比喻某些人满身肮脏，反诬别人不干净。

152. 鳖咬一口，入骨三分。——鳖吻长，咬住人，痛入骨髓。比喻坏人中伤或诬赖好人。

153. 好鞋不踏臭屎。——好人或身份高的人不跟市井无赖汉较量、争斗。

154. 打盆说盆，打罐说罐。——比喻就事论事，不要扯与本事无关的其他事。

155. 舍不得孩子打不得狼。——借喻舍不得这样事物，就得不到另样事物，或舍不得心爱的事物，就除不得有害的事物。

156. 吊起骡子叫马看。——意同“杀鸡儆猴”。

157. 大河没水小河干。——比喻国家、集体穷，个人也不会富。

158. 会看戏，看门道；不会看戏的看热闹。

159. 会说话，两头瞒；不会说话，两头传。

160. 活到老，学到老；一样不学，拙死了。

161. 货有好歹，价有高低。

162. 紧趁庄稼，消停买卖。

163. 跟着好人学好人，跟着师婆学假（一作“下”）神。

164. 人怕输理，狗怕夹尾。

165. 狗走千里只吃屎，虎走千里只吃肉。

166. 好狗不挡路，挡路没好狗。——狗卧在路上，比喻阻挠个人或社会前进的保守势力。

167. 狗咬扤篮的[①]，人敬有钱的。

168. 好人不怕多，坏人怕一个。

169. 一块鳖肉沾得满锅腥。——比喻一家或一个单位里出了坏人或发生了丑事，全体成员都蒙受羞辱。

170. 光说不算，做了才看。

171. 好话不背人，背人没好话。

172. 好货不怕人看，真金不怕火炼。

173. 交人交心，浇花浇根。

174. 紧了没豆腐，慢了一锅浆。——制豆腐，豆汁煮熟，下卤汁后，火要不大不小，不紧不慢。比喻办事情，处理问题，不能过急或过缓。欲速则不达，事久则生变。

175. 有借有还，再借不难。

176. 见怪不怪，其怪自败。——见了妖怪，不吃惊胆怯，妖怪就自行消失。借指看见某些反常或不常见的怪现象，不要大惊小怪，它本身不会持久。

177. 脚踏两只船，防备被水淹。——比喻依违于对立者之间，非常危险。

178. 看花容易绣花难。

---

① 指旧社会逃荒要饭的人。

179. 看人下菜碟。——什么样的客人，准备什么样的酒肴。泛指对待人根据人的身份、地位。

180. 买起马，备起鞍。——比喻买起整件、大件，也能买起零件、小件。

181. 人有几等人，木有几等木。——“几等人”，不只指贫富贵贱，也指智愚优劣。

182. 人不可以貌相，海水不可以斗量。

183. 穷没根，富没苗。

184. 高不成，低不就；穷嫌富不爱。

185. 偷鸡摸狗，手短脸丑。

186. 只跟戏子对门，不跟学生作邻。——旧戏班上的艺人循规蹈矩，而私塾里和旧学校里的学生却扰害邻居甚至调戏妇女。

187. 雨多必浅，言多必失。

188. 善有善报，恶有恶报；该报没报，时辰没到。

189. 明白人好说，糊涂人难缠。

190. 朝里有人好做官。——旧中国，历代统治者任人唯亲，官府里有亲友，就可以谋得一官半职。朝里，这里泛指一切统治机构。

191. 人有福，带起满屋。——家里有一人做了官，全家都成了富人，跟着享福，即古语所谓“一人得道，鸡犬升天”。

192. 雷声大，雨滴小，干打雷，下不了。——比喻声势大，行动小或没有行动。跟“虚张声势”不同。

193. 理是直的，弓是弯的。

194. 路不可走尽，话不可说绝。

195. 邻居是根秤，众人是圣人。

196. 没有不透风的墙。——比喻说话、做事不管如何秘密，总会泄露出来。

197. 要想人不知，除非己莫为。

198. 明枪易躲，暗箭难防。

199. 能大能小是条龙，光大不小是根虫。

200. 牛不喝水强按头。——比喻强制别人干不愿干的事情。

201. 强扭的瓜不甜，强结的姻缘不长远。

202. 牛皮不是吹的，火车不是推的。

203. 三幅衬单（一作“床单”）包不住嘴。——这是用夸张的说法讥笑吹牛皮的人，本地方言叫“大喷”。

204. 跑了和尚，跑不了寺。——借指人逃跑了，还有家。

205. 骑着驴好找马。——比喻先找到低地位，小职业，然后逐步往上爬。

206. 前边有车，后边有辙。——车行过去，留有辙印，后边的车循着辙印行进。比喻有先例可循。

207. 走东行不说西行，三句话不离本行。

208. 强量不压地头。——某些人在本地强横，势力大，但到了外乡，却压不倒当地人。

209. 会者不难，难者不会。

210. 病从口入，祸从口出。

211. 巧买哄不住拙卖。

212. 精细伶俐钱买的。——聪明是从吃亏、上当、花了冤枉钱的教训中得来的。

213. 成事不足，败事有余。

214. 靠山吃山，靠水吃水。——因地生财。

215. 人不亲，行（业）亲。

216. 同行是冤家。

217. 话是劈心斧。——说的话能顿开茅塞，改变原来的想法或改正错误。

218. 只叫累死牛，不叫搁（原作“打”）住车。——借喻宁可叫人累坏，不叫活计或工作停住。

219. 阴来阴去阴下雨，病来病去病倒身。

220. 不怕官，就怕管。

221. 没吃过猪肉，能不知猪咋走的？——比喻没做过，难道没见过?

222. 听说风，就说（有）雨。——道听途说的意思。

223. 维持一个人开条路，得罪一个人打堵墙。——维持，本地方言，结交的意思。这两句话在旧社会是一般人的口头禅，影响很大，流行很广，现在也没消失。

224. 寨子萝卜临颍蒜，神垕烧的大黄碗。——舞阳县吴城乡有四个称为“寨子”的自然村，种的萝卜个头大，脆甜。

225. 货出地道价值高。

226. 拔个萝卜地皮稀。——比喻走一个人，就空一个位置，减少人满之患。

227. 萝卜快了不洗泥。——菜市上萝卜供不应求时，菜农就不洗它，连泥卖出去。借喻商品紧俏时，生产者便粗制滥造，购者也不择优次。也比喻其他类似的事物。

228. 庙里神，沟里鬼，一处不到就噘嘴。——神、鬼，比喻主管某种权力的官员和豪绅。下句是说，不给一处或一人送礼纳贿，他们就烦恼。

229. 福是积，祸是作。——祸福都是人自作的，但说话人的重点常常在下句，意即“咎由自取”。

230. 在家千日好，出门一时难。

231. 不听老人言，必定受风寒。

232. 喊着卖的没好货。——借指自我吹嘘的人。就这句话本身说，却不尽然。

233. 人上有人，天外有天。——意思是世上没有独一无二、至高无上（不是指地位）的人。

234. 人是衣裳，马是鞍装。——句中的两个“是”字，应分别为穿和配。衣冠楚楚，能表示人的仪表、神情。

235. 人向高处走，水向低处流。

236. 软了捏，硬了怯。——即欺弱畏强。（捏:本地方言，随意欺负）

237. 杀人抵命，欠债还钱。

238. 身闲口自在，饿成皮布袋。

239. 无风不起浪，有烟必有火。

240. 无官一身轻。

241. 做官丢了印，回家去拾粪。——印信是做官的凭证，有官印（公章）才能发号施令，没有印，就是平民百姓。历代官员如果丢了印，要罢官。

242. 养兵千日，用兵一时。

243. 师傅领进门，修行在个人。

244. 讨过三年饭，回家懒支锅。

245. 兔子不急不咬人。——兔子是不咬人的，但追得急了，也会咬人。比喻善良人民被逼得走投无路时，也会起来反抗。

246. 外行瞒不过内行。

247. 王子犯法，一律同罪。——原意是说，贵族犯了法，也跟平民一样要治罪。后泛指官、民犯法，同样治罪。

248. 聪明一世，糊涂一时。

249. 聪明反被聪明误。

250. 抱住葫芦不开瓢。——比喻心里有话说不出来，现在叫作不暴露思想。

251. 没有家神，不引外鬼。——比喻内外勾结做坏事。

252. 人多势众，财大气壮。

253. 赶（原作“撵”）着瘸子使棍敲。——跛人走路本来困难，还要用棍打着他叫走得快。比喻有重大困难，又发生了灾祸或事故，有“祸不单行”的意思。

254. 无事不登富贵门。

255. 管闲事，落不是。

256. 说住病，不要命。——别人指出了自己的讳莫如深的毛病或问题后，便暴跳起来，要跟人家拼命。

257. 拉着不走，打着倒退。——本指牲口，这里比喻不愿进步或不接受别人劝告去做某事的人。

258. 只长前心，不长后心。——前后是钱、厚的假借。

259. 瞎子有钱扎鳌山（灯山），王八有钱鳖大哥。——瞎子看不见灯光，但广有钱财的瞎子却要耗费巨资扎鳌山放灯。这是讽刺摆阔气的有钱人。王八是鳖的别称。旧称妓女院的男老板为鳖头，也叫王八，是最下等人，但是如果他钱多，就有人尊称他为大哥。这是讥刺那些趋炎附势无耻之徒的。这两句，句子结构凝练，用的是肯定判断。

260. 自己筐里没烂杏。

261. 行家眼里没假货，强将手下无弱兵。

262. 仇可解，不可结。

263. 人是铁，饭是钢，一天不吃，心里慌。

264.（炉）火心要虚，人心要实。

265. 人善被人欺，马善被人骑。——旧社会，坏人横行，好人受欺。后来“善”变成“懦弱”的代名词，不善的人也常发这种牢骚。

266. 没有高山，不显平地。——比喻经过比较，才能显出高低。

267. 货到地头死。——货销不对路，卖不出去。

268. 有货不愁贫，没货愁死人。

269. 不怕不卖钱，就怕货不全。

270. 一分价钱一分货。

271. 百样生意百样做。

272. 薄利广销，生意越做越好。

273. 物以稀为贵。

274. 不怕不识货，就怕货比货。

275. 乡下佬不识货，光拣大的摸。

276. 货有高低三等价，客无远近一样亲。

277. 一头碰到南墙上，不拐弯。——一般指办事不委婉，硬碰。

278. 两好合一好，一好好不了。

279. 打开窗户说亮话。——比喻把话说到明处，不背背藏藏。

280. 人敬我一尺，我敬人一丈。

281. 人有情，我有义。

282. 耳听是虚，眼见是实。

283. 看景不如听景。

284. 十里不同俗，五里改规矩。

285. 天（下）无绝人之路。

286. 听话听音，共事共心。

287. 新官上任三把火。

288. 衙门口朝南开，有理没钱免进来。

289. 羊肉包往外臭。——比喻把内部的丑事宣扬出去，跟“家丑不可外扬”意相反。

290. 捉贼捉赃，捉奸捉双。

291. 一遍生，两遍熟，三遍、四遍当师傅。

292. 人熟多吃四两肉。

293. 是亲三分向。——向，偏向。

294. 疑人不用，用人不疑。

295. 一朝天子一朝臣。——新皇帝即位，就另任用他所信任的新臣下。借指主管、上司换了，下属也随之更换。

296. 一步走错百步歪。

297. 走错一步路，输了满盘棋。

298. 好船只一渡，好店只一宿。——“好”，这里指好或坏两种。

299. 水淹下洼地，墙倒众人推。——下句的原意是：墙倒是因为众人推，借喻众人攻击，某人才下台，后来演变为“落井下石”之意。

300. 枣木橛子，只折不弯。——比喻为人刚直不阿。

301. 有理不用辩，没理辩三分。

302. 有头发不装秃子。——比喻有钱不装穷。

303. 有饭送给饥人，有话说给知（己）人。

304. 雨后送伞，时间已晚。

305. 墙里说话墙外听。

306. 千里去做官，只为吃和穿。——这是民间的认识。实际上，自古及今，无论清官、贪官、做官的目的都不只为吃穿。今人引用这句话，有的是批判，有的是说明衣食的重要性。

307. 撑死胆大的，饿死胆小的。——意思是敢于经营某种冒风险的经济活动，发财致富，谨小慎微，只能受穷。但这句话常被坏人利用，去为非作歹。

308. 天塌有地顶着。——本指天大的事，有人能支撑，本地人也指地为田地，以为惹了祸或遇到灾害，只要田地多，就能应付。

309. 张果老骑驴，倒着走。——张果老（张果）据神话传说是八仙之一，他骑驴，身体朝后。借喻人不向前看、总向后看。

310. 生意钱，六十年；庄稼钱，万万年。——六十年，即本人一生；新中国成立前，多数人的寿命是六十几岁。万万年，即永久。乡下人认为做生意赚的钱不是用汗水挣的，只能维持本人一代。这反映了农民重农轻商的思想。

311. 执法犯法，罪加一等。

312. 只讲过五关，不说败麦城。——借喻只夸耀胜利，不说失败。

313. 问路加称呼，少走二百步。——下句是说少走弯路。

314. 瘸子里头挑将军。——从瘸子里挑选出瘸得轻的人来领队。比喻从无才能的人中选出较有才能的人从事某种工作。

315. 离了张屠户，不能连毛吃猪。——借指走了某个有专长的人，也一样能办成事。

316. 不怕日本人来烧杀，就怕十三军来驻扎。——这是今漯河市辖各区、县的人民对抗日战争时期汤恩伯部队蹂躏人民所发出的愤激语（汤曾任十三军军长，十三军是他的基本部队）。日军侵占本地期间所实行的“三光”政策远远超过十三军，何况日军是帝国主义侵略军，事实证明这种说法是错误的。

317. 树叶还要落在树底下。——比喻事物总有一定的归宿。转喻作客他乡的人最终要回到本乡。成语“叶落归根”。

318. 水流千里归大海，流来流去归回来。

319. 水落石头现，话出收不回。

320. 不可不信，不可全信。——即“半信半疑”。

321. 坐着不是，站着歪。——即“动辄得咎”。

322. 添人不添地，饿断喉咙系。——系，借字，无字表达。本地方言，称喉咙为喉咙系、喉咙眼。

323. 好人不长寿，祸害一千年。——上句是痛惜好人早亡，下句是痛恨坏人不死。“一千年”，极言寿长。

324. 祸害，祸害，死了再过来。——痛恨坏人重病不死。

325. 端人家的（饭）碗，由人家管。

326. 不怕没钱，就怕没权；手里有权，腰里有钱。

327.（用）老张锤捶老张眼。——用那个人的拳头捶那个人的眼睛。借喻自己付给某人的钱或实物还是从某人身上得来的。锤，拳。

328. 羊毛出在羊身上。

329. 提起簸箩米动弹。——比喻提起一件事，引出了一大堆事，提出了一个人，拉出来一大群人。

330. 一俊遮百丑。——借指有一个突出的主要优点，就能掩盖住其他缺点。

331. 一人为私，二人为公。

332. 先为好，后变（原作“为”）恼。——指亲戚、朋友间始以物质利益友好结合，终以利害冲突而翻脸。

333. 有理不骂人，骂人不占理。

334. 争着不足，让着有余。

335. 中间无人事不成。

336. 老来俏，老来不俏没人要。——一般是要笑爱装饰的老妇女的。

337. 力是奴才，不使不出来。

338. 有钱能使鬼推磨。——跟“钱能通神”意略同。

339. 千里送鹅毛，礼轻人（一作“情”）意重。

340. 打了孩子娘出来。——有单指，有泛指。

341. 请客不去，是个没趣。——请人家赴酒宴，人家不去，是自讨没趣。

342. 害人之心不可有，防人之心不可无。

343. 山河易改，禀性难移。

344. 山中无老虎，猴子称大王。

345. 捎话捎多，捎东西捎少。——缺乏道德的人向人传达对方的意见时，有意无意地添油加醋，而给别人捎东西时却从中窃取一部分。

346. 生意好做，伙计难搁。

347. 对真（心）人不说假话。

348. 己不正，不能正人。

349. 一物降一物，蛤蟆降癞肚。——指有一种事物就会有另一种事物来制伏它。蛤蟆，这里指青蛙。癞肚，即蟾蜍，俗称癞肚蛤蟆。

350. 好了疮疤忘了疼。

351. 阎王面前没老少。——迷信的人认为，人死是阎王叫去的。这里是说，人的死亡不一定都是自然淘汰，即生死无常。

352. 顺气丸好吃，生辣椒难咽。——比喻说服人要因势利导，不要说呛话。

353. 路远知马力，日久见人心。

354. 听人劝，吃饱饭。

355. 嘴上没毛，说话不牢。——指有些年轻人的话不可靠。

356. 苦的是良药。——大黄、黄连，性寒，味极苦，是凉药。但后来“凉”转作“良”，以为疗效好的药都是良药，借喻忠言逆耳。

357. 敢捣长虫洞，不捅马蜂窝。——蛇虽毒，只一条；马蜂窝却是一大群，捅不得。比喻某人或某单位势力大，人数多，不敢惹。

358. 年到四十五，才是出山虎。

359. 二十四五力不全，三十四五正当年。

360. 船小掉头快，车轻行路疾。——比喻小企业转变生产性质和经营方式容易。

361. 酒逢知己千杯少，话不投机半句多。

362. 置业容易守业难。——指某些人靠做官、经商或其他不正当手段置买了巨大产业，其子孙承继后就任意挥霍，终至倾家荡产。

363. 财去人安乐。——这是安慰遗失财物者的话。

364. 隔行不取利。——隔：不通晓；隔行：外行。

365. 漫天讨价，就地还钱。——旧时，不单指买卖双方的讨价还价，也泛指一切交易（含政治交易）。

366. 人无千日好，天无百日晴。——人们不会年年不犯毛病（含疾病、过失），正像天气不会月月都晴朗一样。也指人与人之间的关系，由亲密变疏远、友人变仇人。

367. 县官（一作“上边”）动动嘴，衙役（一作“下边”）跑断腿。

368. 鸡蛋碰不过石头。

369. 一竿子插不到底。——比喻事情还做不到底。

370. 有礼（一作“例”）不可断，没礼不可兴。

371. 宰相肚里能（一作“好”）撑船。——今泛指领导人要有度量，能从言纳谏。

372. 忠厚不折本，刻薄不赚钱。

373. 不知是驴不走，还是磨不转。——比喻事情办不好，不知责任在哪一方。

374. 是福不是祸，是祸躲不过。——下句是说，自己闯了祸，躲避不过去。算命者则妄说是“命中有灾星”。

375. 花（一作“瓜”）里挑花，挑会儿眼花。

376. 人多不刷碗，鸡多不下蛋。

377. 雨（原作“龙”）多必涝，人多断靠。

378. 人多好干活，人少好做（一作“吃”）饭。

379. 有钢使到（刀）刃上，有钱用到正事上。

380. 一桶水泼地上，收不起来。——即成语“覆水难收”。

381. 热萝卜碰上快擦子。——擦子：擦萝卜的工具。夏天的热萝卜很硬，而锋利的擦子能把它擦碎。比喻泼辣人碰上强悍人。

382. 狗咬狼，两怕。——比喻两个恶人或两个反动集团势均力敌又各有顾忌，谁也不敢先上手攻击对方。

383. 家鸡打得绕堂转，野鸡不打绕天飞。——这个比喻的对象不一。民间一般指亲生的子女即使受到父母的打骂，也不肯离开家庭，对外边的孩子不打不骂，也留不住。这既说明了父母与子女的骨肉关系，也反映了旧时封建的家庭教育。

384. 只听楼梯响，不见人下来。——比喻只有声势，不见有人行动。

385. 不管黑猫、白猫，逮住老鼠就是好猫。——比喻不管用什么办法，只要收到良好效果，就是好办法。

386. 三、六、九，往外走；七不出门，八不回家。——这是一种迷信，但流行很久，至今还有人当作“信条”。三：即福禄寿三星。六：六顺。本意是“君义、臣忠、父慈、子孝、兄爱、弟敬，谓之六顺”。（见《左传》）俗只取“六顺”二字。九和久同音。七、八：星相家说，七煞、八煞是凶日，主有疾病、灾祸。

（三）

387. 不当家不知柴米贵，不养儿不知父母恩。

388. 生儿养女防备老。

389. 严教（原作“棍头”）出孝子，娇养（必成）忤逆郎。

390. 娇养儿无（好）下场。

391. 老的嘴碎，小的耳背。——年老人嘴絮叨，做子女的只装没听见，不讨厌，不顶撞。

392. 儿孙自有儿孙福，不为儿孙做马牛。——福，不单指福分，也含有本领的意思。就是说，要让儿孙们自己去创造幸福生活。

393. 好男不争分家钱，好女不争嫁时衣。

394. 当官不让父，举手不留情。

395. 司务长打他爹，公事公办。司务长是军队中管官兵生活的军佐。这句俗语，新中国成立前在本地很流行，但这种事却少见少闻。

396. 前十年看父敬子，后十年看子敬父[①]。——“看父”“看子”，有两种情况：一是有钱有势，人们畏敬；二是为社会做了有益的事情，人们尊敬。

397. 儿大不由爷。——爷即爹，旧称。

① 也有“前三十年看父敬子，后三十年看子敬父”的说法。

398. 一儿一女一枝花，多儿多女是冤家。

399. 只有重生儿女，没有重生爹娘。

400. 金棺银棺，不如活着吃饱穿暖。

401. 除父有长兄。——在家里，除了父亲外，以老大哥为尊，所以弟弟要尊敬兄长。

402. 要友好，大让小。——兄弟们要和好相处，做兄长的要对弟弟表示谦让、爱护。

403. 儿不嫌母丑，狗（一作“母”）不嫌家贫。

404. 年轻人休笑年老公，春花能有几日红。

405. 年老不娶年少妻，娶来也是两生气。

406. 男大当婚，女大当嫁。

407. 种不好庄稼一季子，娶不好老婆一辈子。——说话人的正意在下句。

408. 不是冤家不聚头。——指的是夫妻俩本无感情，整日吵闹不休。

409. 不是一家人，不（聚）到一家门。——指的是夫妻俩的感情、爱好和生活习惯相同或相近。

410. 一夜夫妻百年恩。

411. 酒肉朋友，米面夫妻；没这没那，你的我的。——建立在金钱和吃穿享受上的朋友、夫妻关系是不能持久的。

412. 丈夫是个耙，妻子是个匣。——耙和匣比喻丈夫能开源，妻子能节流。

413. 家里有贤妻，不给丈夫惹是非。

414. 日头是圆的，小两口打架是玩的。——这是夫妻打架别人劝解时说的笑话，其实并非闹着玩。

415. 天上下雨地上流，小两口打架不记仇。

416. 情人眼里出西施。——男女相爱，感情融洽，即使女方不美，男方也认为她美。

417. 少年夫妻老来伴，一天不见问三遍。

418. 满堂儿女比不上半路夫妻。

419. 光棍娶后婚（妇），同床两条心；他想他的前妻，她想她的夫君（一作“亲人”）。——这类半路夫妻大多是女方被强迫再嫁（如被出卖）。

420. 丑媳妇害怕（一作“不怕”）见公婆。

421. 老猫叫屋檐，辈辈往下传。——比喻家风和父母的立身行世一代传一代，但有好有坏。因此，这句话也有褒有贬。

422. 年年防歉，夜夜防贼。

423. 烙馍省，疙瘩费，要吃锅盔卖了地。——疙瘩：馒头。锅盔：形如铁锅的大厚饼。

424. 是衣挡寒，是饭充饥。

425. 有了撑着，没有了忍着。——有钱了大吃，大喝；没钱了忍饥挨饿，不会细水长流。

426. 细水长流，吃穿不愁。

427. 只叫顿顿稀，不叫一顿饥。

428.（即使）吃不穷，穿不穷，打算不到也是穷。

429. 日子不可（不）常算。——有两种含义：一是日子不可不常打细算；二是一事、一时用费虽少，日积月累却多。

430. 要想富，卖酒醋。

431. 家有千金，不如薄技在身。

432. 自己跌倒自己爬（起来）。——比喻自力更生。

433. 指亲戚，靠邻居，不如自己有本事。

434. 亲是亲，财帛分。

435. 亲戚不共财，共财两不来。

436. 女大十八变，越变越好看。

437. 闺女出了门，成了人家人。

438. 娘家只管三尺门里，不管三尺门外。

439. 穷家不可富葬。——意思是办丧事要量力而行，并非专指穷家。

440. 风水自在人心。——不相信地下有风水，只求心地正，行为正。

441. 心多误了事，搅家一世（一作“时”）穷。——下句指泼妇悍妻，人称之为“搅家星”。

442. 公说公有理，婆说婆有理。——也泛指双方各持己见。

443. 一家不知一家，和尚不知道家。——上句是说各家都有自己的困难和问题，下句是陪衬。

444. 家有千口，主事一人。——家庭不管人口怎样多，都得有一个当家的（家长）。泛指一切团体、地区和国家都得有主管人、首脑。

445. 宁吃少年苦，不受老来贫。

446. 清官难断家务事。

447. 家家灶屋都冒烟。——比喻各家都有家庭不和的问题，但也不尽然。

448. 家丑不可外扬。

449. 三年不吸烟，省个大老犍。——节省下来的钱可以买个大牛。

450. 主不吃，客不饮。——招待客人吃饭时，主人要先举箸让客，客人才吃；喝酒时，主人要先斟酒，客人才喝。这是我国汉族招待客人的传统礼俗。这个句子结构是一个特殊的省略句。

451. 金家银家，舍不了穷家。——反映了农民安土重迁的思想，也指不愿离开农村老屋到城市去住高楼大厦。

452. 白天游荡逛四方，夜里点灯补裤裆。

453. 走路防跌，吃饭防噎。——本指年老人走路，脚步要稳，不暴饮暴食。也比喻“居安思危”。

454. 外面光，里面慌。——指有些家庭表面摆阔气，讲排场，其实经济拮据，债台高筑。

455. 编筐织（原作“握”）篓，吃穿不愁。

456. 山高遮不住太阳，儿大遮不住爹娘。——下句本意是儿女长大了，即使做官，也不能忘记养育之恩，高居父母之上。现在有些人不理解此意，将“遮不住”解作“超不过”而妄加批判。

457. 儿走千里母担忧，母走千里儿不忧（原作“究”）。

458. 前人栽树，后人乘凉。

459. 家有一老，胜过一宝。

460. 酒多伤身，气大伤人。

461. 吃馍喝水，瘦成干鬼。

462. 黑毛轻，白毛重，吃了黄毛要人命。——蒸馍放得时间长了要发霉长绒毛，毛呈黄色时，吃了必中毒。

463.（门）前不栽桑，（宅）后不栽柳，院里不栽鬼拍手。——本地和外地一样，住宅内外栽树有个不成文的传统布局：大门前栽柳树（也有栽槐树的），院里栽果树（杏、石榴等），柳绿花红，可以美化住宅环境。而桑树枝叶稀疏，落地上又脏，不能在树下纳凉。大叶杨是乌鸦常栖之所，乌鸦叫和杨叶响，同样噪耳难听。旧时坟墓里才栽杨树。民间不懂其所以然，加以迷信解释。说“桑”和“丧”同音，门前栽桑树为“丧门”，要死人。“柳”和“流”同音，宅后栽柳树，财产要从后边流走。院里栽大叶杨，要招鬼用（“鬼拍手”是为凑韵，并无其事）。

464. 人生三不幸：幼年丧父（母），中年丧妻，老年丧子。

465. 进果园不扶帽，进瓜园不提鞋。——这是为避免园主疑惑自己是摘果摘瓜。

466. 寡妇门前是非多。

467. 当面教子，背面教（一作“劝”）妻。——下句是说要照顾妻子的自尊心，妻对夫更应如此。

468. 在家千日好，出门一时难。

469. 病怕没名，疮怕有名。——旧中国，缺乏现代医疗器械，有些病凭中医诊断不出来成为不治之症。疮有名称，常常是毒疮，如疔疮、肿瘤（皮癌）等。

470. 来如枪刀，去如抽丝。——这是形容疾病初起时猛烈、迅速，病情转好时却很慢。

471. 病恹恹，熬过跳蹿蹿。——衰弱多病的人比身体强健的寿数大。这不是一般现象，而是就个别人如此下的断语。

472. 生瓜（生）梨（生）枣，吃了不好。

选自 1990 年《漯河文史资料》第四辑

漯河地区农谚选编

周运生[①]

一、天气

春风不动地不开，秋风不动籽不来。

春旱不算旱，秋旱减一半。

春得一犁雨，秋收万石粮。

春干谷满仓，秋干断种粮。

宁受春冻，不挨春霜。

雷打正月节，二月雨不歇，
三月桃花水，四月田间裂。

春分前后怕春霜，一见春霜麦苗伤，
有钱难买五月旱，六月连阴吃饱饭。

六月盖被，有谷和米。

正月怕暖，二月怕阴；三月怕冻，四月怕风。

立春早，收成好。

春分地气通。

清明有雨麦子壮，小满有雨麦头齐。

麦怕清明连夜雨，稻怕寒露一朝霜。

冬雪天若玉，春雨地生金。

六月凉，稻不长；六月热，稻头结。

---

① 周运生，1938年出生，源汇区人，曾任郾城县老窝公社党委书记、漯河市人民政府办公室副主任。1985年被聘为河南省农村发展研究中心特约研究员。

冬腊多雪不为多，明年定有好田禾。

瑞雪兆丰年。

麦秀毛毛雨，稻秀微微风。

早禾最怕午时风，小麦只怕五更雨。

谷子怕急雨，麦子怕旱胎。

荞麦不怕连绵雨，麦子不怕火烧天。

雨打秋头，无草饲牛。

雨洒清明，麦好收成。

春雨贵似油，下多了就发愁。

秋不凉，籽不黄。

伏里雨多，谷里米多。

早禾南风节节瓢，晚禾北风农家笑。

天上起有鲤鱼斑，明天晒谷不用翻。

落雪来得早，年成来得好。

冬雪是宝，春雪是草。

麦怕老了雨，谷怕老了淋。

一月里来好阳春，下一场大雪盘麦根。

大麦收割遇雨，麦子粒粒落地。

雷打秋，没得收。

雷响冬，十家牛栏九家空。

春暖麦丰收，春寒麦子丢。

冬雪是麦被，春雪是麦害。

干冬湿年，快活秋田。

谷怕寒露风，麦怕碗霜冻。

寸麦不怕尺水，尺麦却怕寸水。

雨洒清明，麦好收成。

冬雪天藏玉，春雨地生金。

今年有大雪，明年好收麦。

麦收八、十、三场雨。

麦盖三层被，头枕蒸馍睡。

二、农时

春累夏紧秋不闲。

春分春，麦苗起身。

清明到，麦秆叫。

清明已到，农民起跳。

芒种忙，麦登场。

晚禾不过秋，过秋九不收。

立了秋，挂锄钩。

春分蚂蚁满地走，农民田间汗流流。

二月清明不要慌，三月清明早下秧。

立夏见三新（大麦、蚕豆、樱桃）。

谷雨麦怀胎，立夏麦生芒，小满麦齐穗，芒种麦登场。

季节不等人，一刻值千斤。

人误地一时，地误人一年。

小麦种迟没头，油菜种早没油。

春争日，夏争时，五黄六月挣回楼。

夏至棉花根边草，好比毒蛇爬上咬。

春打六九头，耕牛遍地走。

寒露（油菜）籽，霜降麦。

死节气，活办法。

柳毛开花，点豆按瓜。

种是金，土是根，错过季节无处寻。

种田无命，节气抓定。

春分麦起身，一刻值千金。

过了芒种，不可强种。

山满花，不到家。

立夏种芝麻，老死不开花。

小暑种黄麻，头顶一棚花。

白露早，霜降迟，寒露种麦正当时。

白露节，快种麦。

白露种高出，秋分种平川。

谷雨前后，种瓜点豆。

晚种十天，晚收十天。

早种三分收，晚种三分丢。晚秋一过秋，十有九不收。

麦到场，日夜忙。

栽秧要抢先，割禾要抢天。

秋分不出头，割了喂老牛。

晚播弱，早播旺。

适时播种麦苗壮。

冬种一日，夏种一时。

早种麦强似晚上粪。

清明高粱寒露麦，立秋时候种荞麦。

过了寒露节，不分大小麦。

寒露到霜降，种麦日夜忙。

三、土、肥、水谚语

庄稼要好，耕深肥饱。

深耕加一寸，顶上一茬粪。

秋耕要深，春耕要浅。

隔冬划道印，等于上道粪。

惊蛰不耙地，好像蒸馍锅上跑了气。

田不翻冬，来年草凶。

马无夜草不肥，田无冬耕少收。

冬耕深一寸，春天省堆粪。

冬耕不如秋耕，春耕不如冬耕。

犁田过年，好过用粪填。

三耕六耙九锄田，一季收成胜一年。

薄地上熟土，一亩顶两亩。

犁得深，耙得烂，一年收成当年半。

要想庄稼收成好，三犁三耙不可少。

深犁深耙，野草不发。

庄稼一枝花，全靠肥当家。

油多菜香，肥多苗壮。

人是铁，饭是钢，地里缺肥庄稼荒。

人瘦脸皮黄，地瘦少打粮。

庄稼要好，水肥要饱。

流不尽的泉水，积不尽的农家肥。

绿肥压三年，薄地变良田。

量体裁衣，看苗施肥。

下肥下得当，还比多施强。

庄稼施肥没啥巧，看天看地又看苗。

冬天比粪堆，夏天比谷堆。

丰收无他巧，一勤二肥三锄草。

萝卜白菜葱，多用大肥攻。

粪放三年变土，土放三年变粪。

如要花生好，磷钾不可少。

冷粪果木热粪菜，生粪上地连根坏。

猪粪肥，羊粪壮，牛马粪儿比不上。

大粪一季，油饼一年。

七月草是金，八月草是银；

九月草渐老，十月草不好。

撒粪一大片，不如放条线。

清明以后追麦子，落把黑叶子。

年外不如年里，年里不如掩底。
多上粪，庄稼好，还看巧不巧。
惯养出娇子，肥田出秕谷。
有收无收在于水，收多收少在于肥。
有水无肥一半谷，有肥无水望天哭。
不怕田瘦，就怕田漏。
按时喂奶小孩胖，合理用水禾苗壮。
上粪不浇水，庄稼噘着嘴。
玉米从小不怕旱，开花缺水要减产。
犁得深，地力壮，深耕才能多打粮。
土地不深翻，麦根无处钻。
麦收底墒。
足墒种麦，十种十得。
墒坏墒好，底墒水不能少。
机器耕，小驴耙，地里窝着大坷垃。
过了七月节，犁地不能歇。
前期积水不发根，后期积水要烂根。
黄根有病，黑根送命。
庄稼不上粪，等于瞎胡混。
腊粪发棵，春肥发穗。
农家肥，养分全，上一季，壮三年。

四、种、管谚语

种子年年选，产量节节高。
好种出好苗，好树结好桃。
种地选好种，等于土地多几垄。
母大儿肥，种好苗壮。
种子田，好经验，忙一时，甜一年。

提纯复壮，保证种子质量。

家有三套种，不怕老天哄。

麦种晒几遍，多收多出面。

良种是个宝，还要种得好。

麦收三件宝：头多、穗大、籽粒饱。

麦怕金，稻怕瘟。

小麦不怕草，就怕坷垃咬。

若要玉米结，除非叶搭叶；若要玉米大，不叫叶打架。

玉米去了头，力气大如牛。

棉花不打杈，光长柴火架。

苗要好，除虫早。

稻怕枯心，树怕剥皮。

三分种，七分管，十分收成才保险。

种地不锄草，种子白丢了。

苗多欺草，草多欺苗。

麦要种好，秋要锄好。

一晚三分薄，麦耩适时打头重。

谷播浅，麦播深；芝麻只要影着身。

麦种深，谷种浅，豆子种得翻着眼。

提耧谷子，按楼麦。

早种稀，晚种密。

小麦密植是窍门，种一亩，多三分。

宽行匀播麦苗全，苗壮苗全能丰产。

五、中耕谚语

锄板响，庄稼长。

夏季少锄一窝草，秋季半天锄不了。

干锄棉花湿锄豆，不干不湿锄芝麻。

春锄泥，夏锄皮。

头遍精，二遍深；三遍、四遍出黄金。

早中耕，地发暖；深中耕，通气促发根；勤中耕，防涝又防旱。

谷锄深，麦锄浅，豆子露着半个脸。

谷锄寸，豆锄荚，高粱、玉米锄喇叭。

头遍浅，二遍深，三遍把土壅到根。

夏秋划破皮，强似秋后耕一犁。

干锄壮，湿锄旺。

旱锄地皮涝锄根，不旱不涝下半寸。

松土不用问，多松如上粪。

锄头底下有水有火。

谷锄八遍没有糠，棉锄八遍白如霜。

麦子耪三遍，隔皮看见面。

玉米见了铁，一夜长一节。

光种不管，不能增产。

三月惊蛰春雷响，麦田管理春耕忙。

豆子锄三遍，豆角结成串。

棉花、芝麻不论遍，越锄越好看。

立了冬，耙麦不透风。

十月锄麦如封葱，防旱保墒不受冻。

入春先耙麦。

麦地锄浅不锄深，锄深伤麦根。

麦子锄三遍，等于吃白面。

惊蛰不锄地，等于蒸馍跑了气。

麦子碾一遭，穗齐穗大又不倒。

六、病虫害防治及收获谚语

选得好，晒得干，来年多收不黄疸。

锄麦地皮干，能减轻黄疸。

玉米螟，危害大，连治三遍消灭它。

地老虎，四月中，毒谷、诱杀加拌种。

各种虫害并不怕，治早、治小、消灭它。

治了虫，苗足苗全绿盈盈。

立了夏黄鹭叫，麦收快来到。

打春一百，拿镰割麦。

大麦不过小满，小麦不过芒种。

小满十八天，不熟自己干。

麦怕四月风，风过一场空。

麦熟一晌，龙口夺粮。

麦怕老来雨，麦熟不过夜。

麦要腊熟割，豆要摇铃收。

麦熟八九动手割，莫等熟透麦粒落。

腊熟收，干时丢。

拉到场里一半，装到圈里才算。

选自 1991 年《漯河文史资料》第五辑

民　谚

周声远[①]

马村街的好高楼，北舞渡的好蒸酒；
舞阳城的好香油，吃香喝辣不发愁。

山头店儿出磨扇儿，段窑烧的好盆罐儿；
繁城街的花红带儿，临颍出的好蒜瓣儿。

新店街的好吹手，漯河牛行常有牛；
坐上火车南北走，能上北京下汉口。

想吃稀罕上南山，红薯芋头面蛋蛋；
泽蒜野菜没有边，河坡绵枣儿随便剜。

山南坡儿，山北坡儿，除了白草都是药。

舞全蝎，舞桔梗，观沟百合贡朝廷。

年年朝贡上北京，穷得百姓难活命，挖苗断根无人种。

选自 2003 年《漯河文史资料》第十一辑

① 周声远，舞阳县人，1914 年出生，曾任舞阳县政协副主席。

漯河赞

刘天恩[①]

自古漯河立中原，人文景观多灿烂。
说文鼻祖是许慎，农民皇帝有王建。
杨再兴抗金捐躯，陈星聚首任台湾。
贾湖骨笛可知中国音乐之源，
小小商桥竟是天下第一桥涵。
孔圣人历问十不耻下问，
杜诗圣观公孙舞剑器留下名篇。
齐桓公会诸侯盟誓召陵，
岳元帅战得兀术人仰马翻。
冯玉祥招兵为民平乱，
贺龙兵战商桥功勋赫然。
刘伯承、陈毅赏“三绝”于繁城，
中共罗常委与漯河水利结缘。
杀敌开国四少将，科技兴军曹刚川。
陈用志、王谷大画家历史记载，
田曼诗、董铁志诸新秀华夏名传。
全国劳模黄保成，主席接见万炳炎。
申凤梅唱活诸葛亮，周祖训育人早领先。
高济宇中科院士，韩儒林史学挑尖。
舞阳临颍有八景，郾城前八景、后八景，景景相连。
漯河古来有特色，如今特色更娇艳。

① 刘天恩，郾城区质量技术监督局退休干部。

漯河百姓福气大，沙澧二水流其间。
游艇穿梭满船笑，冲浪拍岸惊童顽。
岸边小山一座座，山上瀑布水相环。
九龙壁画世界最，十里绿廊人流连。
草毯块块似席梦，桂花丛丛香风旋。
各式桥梁飞天起，铁路公路纵横贯。
双汇肉类行天下，食品名城已多年。
南街共走富裕路，北徐种出新农田。
体育场喜看比赛，文化园尽情心欢。
人民公园早有建，宜居沙澧更完善。
澳的利走出国门，沙河烟稳占中原。
银鸽纸治污有招，金星啤兼并扩展。
富平春香辣四溢，少康酒清醇悠远。
大中小学全都有，豫越曲剧各成团。
有吃有喝有娱乐，赞山赞水赞不完。

选自 2010 年《漯河文史资料》第十八辑

古诗

范子文

《诗经·周南·汝渍》

遵彼汝渍，伐其条枚，未见君子，惄如调饥。
遵彼汝渍，伐其条肄，既见君子，不我遐弃。
鲂鱼赪尾，王室如毁，虽则如毁，父母孔迩。

螺湾贾棹

王季立（明·郾城知县）

沙河东流碧，螺湾汇双河，
舟行此焉薄，估客南来多。
江淮百货萃，此处星辰罗。
地卑物产少，耕稼惟刍禾。
木棉茧如雪，收入云间梭。
巨商割民脂，民赖苏沉疴。
逋与岁时积，吾其奈民何！

溵　水

佚名

学剑攻书两不成，年来踪迹如浮萍。
而今溵水无鱼钓，收拾纶竿海上行。

澺江渔灯

王季立

月弦夜色暗，霜降澺水收。
长年治生计，群然理渔舟。
鸣榔惊水底，篝灯耀船头。
星桥跨云际，火树明中流。
红影碧渊湛，清光镜波浮。
以兹足赏玩，绝胜眠黄紬。

澺　水

杨祥元（郾城人·清举人）

河流曲曲绕城头，欸乃声随一叶浮。
洄溯中流谁作砥，几行凫鹭隐沙洲。

螺湾河上独游

孙履嘉

独步东城外，螺湾水气凉，
连村勤稼穑，曲岸列帆樯。
市近鸡鸣舞，风高叶染霜，
莫嫌估酒薄，自饮菊花旁。

《曾教墓铭》诗

谢公翼（郾城人·清举人）

西山隐隐，汝水洋洋，
中有丘陇，哲人所藏。
无今无古，后世其昌。

村园即事

郭子嶙（郾城人·清举人）

春光何以见，日日烟浮村。
款竹多碍路，扁舟直到门。
开溪引细水，移柳种荒园。
门倚太湖石，苦吟无一言。

过洄曲河有感

郭子嶙

裴相屯兵洄曲河，衔枚雪夜哄池鹅。
论功可驾羊开府，铭烈堪同马伏波。

水城闲居

郭子嶙

汝波围四面，独坐如空山。
闲鹤立阶砌，忙蜂绕树间。
卷帘竹个个，倚杖水潺潺。
伸缩自如意，俗情尽可删。

濦水风帆

谢公翼

城头烟色映春山，城底清流复几弯。
何处客舟楼外过，东风吹送一帆间。

濦水风帆

谢德征

雉堞参差映远山，俯临城下面河湾。
一声雁度还留影，舟后孤云已自闲。

溵　水

清・力棣园

烟光隐显水涯东，片片飞帆度晓风。
绕郭清波溪漾锦，迎流楼舫客推篷。
旌旗仿佛巡长岸，橹舵停凝达远空。
一刻神行均破浪，须臾但见影迷蒙。

溵之水三章

赵遵律（郾城人・清进士）

溵之水，可以方，可以舟。与子偕往兮，以遨以游！
溵之水，可以读，可以耕。与子偕作兮，斯迈斯征！
溵之水，可以渔，可以钓。与子偕行兮，弗谖弗告！

溵　阳

明・车玺

三月轺车过溵阳，漫收清景入吟囊。
麦浪卷雨翠千顷，桃萼迎风锦万行。
闾巷有声喧读诵，流逋无数返耕桑。
素飧愧我才何补，独幸垂衣仰圣王。

选自 2003 年《漯河文史资料》第十一辑

后　记

整理建市以来前三十年《漯河文史资料》是七届漯河市政协确定的一项重点文化工程。任务确立之后，聘请熟悉我市历史文化并热心文史资料工作的学者组建了专项工作小组。专项工作小组首先认真学习了中国文史出版社出版的《文史资料学概论》（卞晋平、方兆麟等著），对主席会议确定的“去伪存真、去粗取精，补充完善、按系分类”的原则进行了认真的讨论和领会，在此基础上着手开展工作。

纳入本次整理范围的是1986年至2016年市政协征编的《漯河文史资料》共24辑、813篇、351万字，经剔除不符合文史资料体例和不宜出版的内容之后，确定选入史料共计630篇，280万字。

整理工作确立了“遵循国家有关法律、法规，遵循文史资料工作统战性特点，尊重历史见证人对历史事件的表述，以服务大局、服务社会为宗旨，深入挖掘史料价值，全面提高政治、史实和文字水平，更好发挥‘存史、资政、团结、育人’作用”的指导思想。专项工作小组逐篇审读这些史料，建立每周工作例会汇总审读中发现的问题，提出了“校、勘、注、附、表、补、删、插”八字整理工作法，并依据内容将纳入整理范围的文稿划分为八个部分，采取集中研讨、分工负责的方法开展整理工作。整理过程中，经过多次研讨并听取中国文史出版社梁洁同志的建议，又调整了分卷方案，确定为目前的12分册，其中曹代颖、张艳负责《古韵新辉》《百业春秋》《桑梓情思》3册；刘西森、陈思盈负责《抗战岁月》《解放战事》《河上风物》3册；马恒祥、蔡慧娟负责《沙澧英才》《杏坛双星》《生态今昔》3册；鲁锁印、夏跃进负责《民国往事》《校园漫忆》《沧桑巨变》3册。除了较为繁重的文字校勘之外，各组重新审读原文，进行充实梳理，在尊重撰稿人原稿的基础上，根据新发现对史料进行补充完善，对内容存疑或失实的进行更正。其间，收集并参阅大量的外来资料，不厌其烦地进行史料比对，可谓夙夜不息、历尽艰辛。

整理工作的全程中，吕岩同志两次主持主席会议进行专题研究，肯定了本次文史资料整理工作的意义，确立了文史资料整理工作的方案和原则，并多次听取汇报提出指导意见，使整理工作始终沿着正确的方向前行。分管副主席田冠亭、胡新峰同志在日常工作中高度关注，在关键节点协调帮助，为工作顺利推进提供了保障。安清跃、史凤民、刘颖峰为整理工作收集资料提供了有力支持。参加专项工作小组例会的牛青、李永杰、翟媛媛长期牺牲节假日休息时间，为专项工作小组精心服务，作出了应有的贡献。丛书送审稿校定后，秘书长袁国亮组织机关的黎联峰、杨为、李庆峰、蒋向军、刘勇、李聪燕、王玉、崔博、吕煜辉、王文君、赵彤、康家浩等参与审读并提出修改意见；出版社一校二校完成后，各专项小组进行了复审，最后由鲁锁印对复审发现的问题进行统筹，力求使各卷标准统一，格调一致。

丛书整理虽历时三年有余，仍觉时间紧促，加之庚子年疫情的影响，一些图文资料采集计划未能如期实施。参与整理的诸君虽倾心而为，亦力有未逮，实乃囿于学识。期待出版后读者斧正润色，为后继者立标杆，助漯河文史资料工作日益上台阶。

编　者

2021年12月30日